李遠哲傳

下

Yuan T. Lee :A Biography

藍麗娟——著

目錄

第三部　與家鄉父老同甘苦

第二十五章 返臺旋風

十二月十七日，李遠哲與吳錦麗從瑞典搭機返抵臺灣，一下機，國科會就爲他在機場召開記者會，鎂光燈閃爍此起彼落。

李遠哲預定返回新竹老家的時刻將近，新竹武昌街三十五號，亭仔腳下守候不少記者。透過樸實木造門板鑲嵌的透明玻璃看進黝暗的室內，神龕上立著李家祖先牌位，牆面高懸祖父母遺照，李澤藩與李蔡配坐在木椅上引頸期待。由於政府將道路重劃，李遠哲住過的房間早已被徵收，並夷爲馬路，老家的面積也因而小了很多。

一時，相機喀嚓喀嚓聲此起彼落，李遠哲與吳錦麗步下車，在簇擁的人群中走進六月時才回來過的老家。六月時適逢李澤藩八十大壽，李遠哲特地回家祝壽，祖孫三代同堂團聚，兩老笑得合不攏嘴。此刻李遠哲踏進家門，兩老更開心了。李家出奇人，第一位榮獲諾貝爾獎的臺灣人已來到祖宗牌位前捻香，這是李澤藩最好的生日賀禮。

相機聲稍歇，待記者們一一退出客廳，李家人終能得空自在談話。

李蔡配皺起眉責備李遠哲：「遠哲，我之前聽人家說你會得諾貝爾獎，特地問你這件事，你還跟我說不會。你這個孩子，怎麼這麼不老實呢？」

「媽媽，我當時跟妳說我不會得獎，我說的是眞話。化學動態學領域的人知道我研究做得不錯，我們確實是全世界最好的團隊。但我做的物理化學、化學反應動態學是非常基礎的科學，我一直認爲諾貝爾化學獎很少頒給這些基礎研究的人。」李遠哲解釋自己的無辜。

家人談及他得獎之後各種搶新聞的情形：有記者擠入家中拍照；親友頻繁被要求提供他的照片或書面資料；某大報未經同意刊載李遠哲留美前繪贈表妹劉敏敏的「事事（柿柿）清白（白菜）」文人畫，並杜撰劉敏敏受訪，將「柿子與白菜」寫成「橘子與茄子」；不少民眾打電話指名他出面解決某些當前的社會與教育問題，例如一位家長希望他要求教育當局禁止學校福利社賣冰淇淋，幾乎是把這位諾貝爾得主當作了萬靈丹。家人談起這類事件，雖覺榮幸又感無奈。

李遠哲想，或許是因爲東海大學生物系教授林俊義赴美採訪的報導「立足小分子，縱情大宇宙」在《中國時報》刊出，介紹他做學問的態度和社會主義理想的文章，發揮了正面的影響力吧。

返臺的隔天下午，國科會安排他與二十四位高中大學理科學生座談一小時。儘管返臺行程緊湊，他一聽要跟年輕學生談，主動要求增加爲兩小時。

「我回到臺灣最高興的事，就是能和年輕的你們見面。每個人都知道，國家的將來、社會的將來都在年輕人的身上，我看到你們就覺得我們是有希望的。」李遠哲開宗明義說。

學生問起他如何做研究、獲致靈感、分配時間並平衡工作與生活，又是如何挑選學生、爲何從化工系轉化學系、爲何讀完碩士才出國、基礎科學有何用處等……也問及他對臺灣教育制度的評價，以及對臺灣、中國大陸與國外學生的比較、如何鼓舞臺灣的基礎科學研究環境等。更多問題則落在對前途的徬徨、該出國讀研究所或留在臺灣、什麼樣的人適合當科學家、在選擇科系上如何不受家人或社會影響等。林林總總，反映著高中與大學理科學生所思所想。

其中一位學生問：「您是否能以過來人身分來看國內的科學教育，您覺得優劣點在哪裡？李教授得獎後，報章雜誌常說，這是中國人應該眞正值得驕傲的；可是相對地，也是值得我們去反省的，所以想請李教授談談您的看法。」

「你給我的問題很大！」李遠哲隨即舉了一個實例回答：

十月十五日諾貝爾獎宣布後兩天，一位素未謀面的臺灣女留學生來到他的辦公室，一進門就說她看到他在臺灣受教育的報導，並說：「我不相信，在臺灣受教育的人怎麼會得諾貝爾獎呢？」她說自己在臺灣念中學，習題很多，每天都在背誦，學不出所以然。後來到義大利就讀美國學校，發現老師教書具啓發性，而非僅塡鴨式地背誦歷史朝代。因此，她無法想像在臺灣受教育的人竟能得到諾貝爾獎。

「李教授，請你告訴我，你不是在臺灣受教育的。」

「我確實是在臺灣受教育的。」李遠哲強調。

「在那樣的教育體制下，怎麼能有如此的成就呢？」這位女學生很困惑。

「雖然我讀書的時候，臺灣的教育並不是非常的理想，但是至少我沒有變成臺灣教育的犧牲品。」李遠哲表示，一個學生如果迷迷糊糊每天上學做習題，而從未深思，等到三、五年後畢業，不過像是機械廠加工出來的人一樣。

「但是，你如果好好把握自己的生命，在年紀小的時候就想：我將來要做什麼？而爲了達到這目的，該怎麼樣把握自己的時間；也就是說，學習如果是積極的話，所得到的和消極被動的學習是很不一樣的。」

他談起自己中學時立志把握生命，爲了當一名科學家，選讀臺大化工系再轉入化學系，在系上請教學長該如何成爲好化學家，並發憤學習與自修的歷程，強調主動學習的重要。

在座談會中，李遠哲講述此眞實事件，並表示：「這樣不知道是否回答了你問題，我想，優缺點說來話長。不過，我認爲在臺灣的中學、大學讀書，缺點是，學生的主動性是不夠的。」

「那您覺得最大的優點是什麼？」學生追問。

李遠哲回答，優點與缺點往往是事情的兩面，「如果你覺得老師上課教不好，或是你問老師問題，他無法好好回答的話，這是很大的缺點；但是因爲老師教不好而促使你好好努力的話，這就變成是優點了……」

他說起中午吃飯時，聽見很多教授批評大學生蹺課。「我就問這些教授，蹺課有什麼不好？爲什麼我這麼問，因爲我大學念書的時候，很多課我一堂都沒上過。」

「我蹺課並不是因爲我不想念書，而是我上第一堂課之後，發現老師拿著一本教科書慢慢講課，我自己看書的話，差不多要快三倍，我就覺得我爲什麼要坐在那兒？反正他講的是同一本書，講得又慢，也沒帶給我多少啓發。與其如此，（省下來的時間）爲什麼不多想想、自己多看一點書呢？所以我就沒有去上課。但是很多教授說，現在很多學生蹺課並不是因爲他念書念得快、念得好，而是懶惰、不努力，那就不好了。」

李遠哲接著舉自身的求學經驗、讀書方法，如何做研究爲例，娓娓回答問題。在態度上，他強調學生應該更主動，有批判性思考，了解並分析自己的長處，對科學與生活追根究柢，維持運動習慣，並下定決心好好努力。「不要相信天才這類東西，沒有這回事的，聰明的人很多，但要成功就是要靠自己努力。」

李遠哲在座談會上答覆明晰，然而，會後卻出現始料未及的負面報導。諸如，「愛蹺課的大學生找到了護身符，因爲諾貝爾獎得主李遠哲也蹺過課……」新聞還列舉贊成或反對者的意見。見報後，社會上也出現質疑他鼓勵學生蹺課的言論，意外引來波瀾。

二十幾歲時曾在臺大與李遠哲一起組讀書會自修求學問，臺大物理系教授鄭伯昆與清大物理系教授劉遠中看到報導，都知道是斷章取義；有同事談起，他們都會爲他澄清。而李遠哲看到原意被曲解，更感無奈。

儘管「蹺課論」在大學校園掀起陣陣漣漪，李遠哲所到之處仍受到熱烈歡迎。

返臺後的第一場學術演講在臺大，李遠哲與吳錦麗前往臺大時訝異於「臺北的交通變好了！」從圓山飯店到臺大竟然只要十幾分鐘。旁人提醒方知，座車有前導車開道，而不願享有特權的李遠哲，隨即直言反對類似安排。

演講會場人山人海，擠進來的聽眾有學者、臺大學生，還有不少高中生與民眾。李遠哲雖然說中文，講題卻是高深的學術演講，原子與分子碰撞的研究連不少碩士生也似懂非懂，何況是社會大眾。儘管如此，向隅的學子們得知第二場學術演講將在清大舉辦，就在場外奔相走告。

李遠哲也回到多年不見的母校新竹國小與新竹中學。

「小時候新竹國小桌球隊代表新竹縣贏得全省冠軍的『全臺之光』錦旗，不知道還在校長室嗎？」

返臺第五日上午，在校長與學童的歡迎下，李遠哲回到小學三年級起就讀的新竹國小，也直驅校長室，遍尋不著當年努力拚鬥贏來的錦旗，不禁悵然。兒時卯足全力，即使放棄跳級考初中也要打球、比賽，此生至今唯一一件爲了榮譽而追求的目標，就是贏得全省桌球賽冠軍。當時的心意猶然溫熱，誰知往事已矣，足跡也不在了。

這時，新竹教育局劉前局長出現了。他開玩笑問起，兒時劉局長爲了鼓勵他們爲新竹爭光，曾說若贏得冠軍就要送蝴蝶牌球拍給新竹國小桌球隊選手。

「一定會實現諾言。」劉前局長當場說道。爾後劉局長確實將球拍送給李遠哲。

他繞行久違的校園，當年呼朋引伴打棒球的操場仍在，如今小男孩已長成為五十歲的化學家了。校長邀請他在校園手植一棵樟樹作為紀念，他欣然種下樹苗。行經大禮堂時，看見學童正在打桌球，他一時技癢，也上去對打了幾場。離別前，他贈言「天下無難事，只怕有心人」勉勵小學弟妹們，隨後轉往新竹中學。

「恭賀本校第八屆畢業校友李遠哲博士榮獲諾貝爾化學獎」，大大的書法字寫在醒目的紅色海報，張貼在竹中校門口。這一天，正是竹中六十四週年校慶暨運動會。

李遠哲出現了，竹中管樂隊奏響宏亮的樂聲，多年不見的恩師彭商育與學生們包圍著他，「校友好！」「學長好！」「博士好！」此起彼落地喊著。

此行的要務，是將諾貝爾獎章的複製品送給竹中，師生熱烈鼓掌致謝。他向諾貝爾基金會訂製三個鍍金的複製品，一只送給母親，一只送給竹中，「因為我在高一的轉變，我在臺灣成長的美好回憶，與同學討論，大量閱讀，每天下午三點以後就去打球……」他說。

參訪竹中意外使他百感交集，回到飯店，他記述心情：

這是我出國後第二次回到母校。第一次回母校是一九七二年的春天，在清華大學當客座教授，那次訪問也是星期天。我同太太帶著小孩回到竹中，看到操場的綠草早已不見。黑黑的泥土地使我怎麼也回想不起年輕時，大家在操場上盡情奔馳的情景。也聽說竹中已遠離當年，許多因素使竹中一直往下走。

這次回校，校內很多師生迎接，樂隊與學生的歡樂聲中，我被帶入了校史室。這一天剛好是竹中校運會，是個喜氣騰騰的日子，操場上發出的聲音一直使我不能平靜下來，我很想也和學生們一起跑跑跳跳、丟丟鐵餅。在校史館裡看到很多陳列，許多以往的校史尤其是日治時代的，我也不熟悉。看到了辛校長的陳列，也有不少感觸。我不免想到，現在竹中最好的部分，就是這個校史館嗎？以前確是有一段光輝的日子。

我們從校史館走到操場時，剛好大隊接力正要結束，有兩件事使我很驚訝，一個是操場上的綠草長得那麼美好；另一個是跑道上的接力學生缺少衝力，我起初以為我是在看著電視上的慢動作。不過，他們確是用足九牛二虎之力，不過兩隻大腿似乎不管用。

大隊接力後大家集中在一起，校長要我講幾句話。我剛開始講兩句便想起我們幼時聽辛校長的講話，總是持續很久。在強烈的陽光下，我不忍心多說話。

談起竹中六年，給我一輩子最美好的回憶，也是我真正這一輩子走過的路中最重要的時刻。那時的竹中還算很不錯，辛校長是真正辦學的人，三育並進的教育對我們身心發展有很大的幫助。但是我覺得更重要的是，那時我們學生似乎對世事很清醒，一直努力不同流合汙，不做一個教育制度的犧牲品，總想走出一條路。

我在師生的歡樂聲中離開了竹中……我覺得現在的年輕人是很可憐的，升學主義把他們弄得精疲力盡，連中午休息時間也沒精力到操場上奔跑，我們該好好救救他們。

竹中有些好的傳統還是繼續著，比如合唱團一直很出色，樂隊的樂器很好，音色好多了。

李遠哲寫著，當年難以忘懷的事一一浮現。片刻，遁入青春年少的回憶。

返臺之行受邀參加官方活動，李遠哲也有所感觸。

在家鄉，新竹市政府舉辦的慶祝晚會，李遠哲感謝眾人的盛情。但見到一些言行不甚理想的地方官員與民代，不免感到失望，也懷念起以往李克承醫師、二伯母李劉玉英那樣正直、眞正關心地方的人士。

政府也在圓山飯店爲他舉辦了慶祝晚宴。

宴會上，他應邀上臺致詞，回座時，卻聽見場中有人高聲批評：「他也不感謝國家栽培他！」

「國家眞的栽培我了嗎？在臺灣時，我一直擔心政治迫害，我是靠自己努力的啊。」他並未作聲，心想他不能認同威權統治，從未加入國民黨或拿國民黨的獎學金，而是憑自己努力與父母家人的支持出國留學，在美國認眞做研究，一步步走過來的。

「你應該還是要謝謝主人，也該說些應景的話。」吳錦麗提醒他。

李遠哲想了想，自己確實不善於交際應酬。

遠處有人大喊著要見他，他循聲望去，原來是大門口有人要進來遭到阻擋。走過去仔細一看，竟是讀竹中時被憲兵抓走的同窗好友歐阿港。他原以爲這位同學凶多吉少，欣慰的是對方仍健在。

作爲白色恐怖受害者與倖存者，歐阿港感慨地說：「李遠哲，很高興看到你回來，希望有機會好好跟你談談。我說我是你同學，只想看你一面，但是他們不讓我進去見你。我已經（從獄中）出來了……」

兩人相見，恍如隔世。李遠哲感嘆，原本覺得榮獲諾貝爾獎而家喻戶曉是件「悲慘」的事，然而若非如此，也不會和歐阿港重逢。此刻，想起籠罩國內多年的白色恐怖，他更感沉重且難以接受。

此行返臺，李遠哲受安排會見副總統李登輝、行政院長俞國華；後來，總統蔣經國也召見他。走進總統府，他注意到總統雖不良於行，但是一見他就說：「你回國以後，我注意到你是非常謙虛的人，而且你非常念舊。」

會見時，李遠哲心裡掙扎不已，想起先前原分所大樓工程招標時，一位政府高層的官二代所主持的公司做了一些不好的事，到底該不該向總統說？最後，他還是忍住了。

中研院也為他舉辦了晚會，滿臉笑容的吳大猷院長親自主持盛會，並感謝他一九八〇年以來倡議並籌設原分所，協助行政院同步輻射研究中心等基礎科學機構的努力。李遠哲夫婦也應邀展示諾貝爾獎章與獎狀。

行程最後幾天，李遠哲終於能再度捲起袖子，在原分所調校最新裝設的光分解專用分子束儀器，參加原分所的工作檢討會、諮詢委員會會議。在原分所籌備處主任張昭鼎的努力與他的協助下，原分所第一期五年計畫將告尾聲，第二期五年計畫也將展開。

離臺前，他應臺大校長之邀與學弟妹座談，談起求學生活與做學問的態度，勉勵學弟妹主動學習。他也談起當年沒有去上三民主義課，期末考試時卻得了高分，老師還公開稱讚他：「你們班上有一個人是真正讀懂三民主義的人。」

「我中學時曾認眞讀過政治經濟學相關書籍，甚至讀過宋慶齡所寫，提及孫文後期的觀念已轉變並逐漸接受社會主義的文章，」李遠哲建議，大學生應該多念政治經濟學基礎課程，三民主義只是其中的一部分。

不料，這番言論卻又見諸報端，被曲解報導爲「李遠哲認爲不需要上三民主義課」。再度引發軒然大波。

十二月二十八日，李遠哲夫婦離臺前，先向中研院院長吳大猷辭行，接著鄭重召開記者會。他意有所指地表示：「發展中的社會一定會有很多不同的力量互相衝擊，這是進步社會的正常現象，大家要有耐心，不要以爲進步是一蹴可成的。而年輕人衝勁大，要求快速改革的心理應該被諒解，社會大眾不妨以較寬容的心情看待。」他也肯定文化的發展：「看到不少嚴肅多元的刊物發行，帶給社會很大的影響與啓示。」

對於臺灣學子，他諄諄提醒，不要只看到他的名氣。「其實我是一個很平凡的人，只是二、三十年來在自己的工作上不斷努力而已。如果自己還有一絲値得效法之處，就是站在自己的崗位上好好努力。」

他希望學子思考自己想做什麼，而非仿效他，誤以爲人人都做科學家才有貢獻，事實上，社會需要各種人才，推動各方面的進步，「就像一部汽車，每一個零件都有用處，只要努力於個人的本分，就是對國家社會最好的貢獻。成爲傑出的人，名譽跟著你走，也許無可厚非，但是年輕人應該追求的是理想，而不是名利。」

最後，他委婉指出，記者窮追不捨的精神令他感動，但可能是他話說得太多、太快，近日一些談話被引述與原意有出入，他感到遺憾。

結束十二天的旋風式返臺，打包了種種觀察與感慨，李遠哲與吳錦麗踏上回美國的班機。

獲得世界最高的科學桂冠後，各式各樣的期望與問題接踵而至，料想不到的責任與義務紛至沓來。

未來，他還會遭遇什麼難題？他又將挑起哪些責任與義務？戴著諾貝爾的桂冠，一條條未知的路正在等待著他。

1

2

1 李遠哲榮獲諾貝爾化學獎的消息席捲全國，並於同年十二月十七日偕吳錦麗返臺。照片攝於瑞典。

2 受獎當天，在臺灣的家人興奮地聚在電視前看新聞報導。

3 李家三代團圓。（前排右起）李蔡配、李澤藩、（後排右起）李以欣、李以群、李遠哲、李以旋、吳錦麗合影。

海內外華文媒體的諾貝爾獎相關報導相當熱烈。

4 與二十四位高中、大學理科學生座談，互動熱烈。

5 回國後，（左起）李遠哲伉儷與當時的行政院院長俞國華、國科會主委陳履安會面。

6 李遠哲伉儷在中研院舉辦的歡迎會上，應要求展示諾貝爾獎得獎證書與獎章。

7 李遠哲向諾貝爾基金會訂製三個諾貝爾獎章的複製品，一只送給母親，一只送給母校新竹中學。

第二十六章 鄧小平與躁動的中國

李遠哲獲得諾貝爾化學獎之後，中國科學院院長周光召也邀請他前往中國講學；一九八七年暑假，他抽空成行。

自一九七八年初訪中國起，中國邀請李遠哲前往講學，他都秉持著科學無國界、與人民站在一起的信念赴會，起初也自付美中往返的機票費用。由於中國科學院若邀請賓客到高級餐館吃飯，價格幾乎等於一般人的月薪，李遠哲很不以爲然，因此他講學時也總是謝絕邀宴，堅持在機構內的食堂與學生一起用餐。

此行先赴上海復旦大學演講，並與師生座談。李遠哲注意到復旦大學的學生嚴詞抨擊並抗議「官倒」（官員貪汙）與腐敗，印象極深。不過，也有一位學生問：「我們同學都希望過高品質的生活，只是沒有這個條件。請問李教授您年輕時怎麼克服的？」

李遠哲說：「我年輕時生活條件不好，但我的心中滿懷理想，追求學問、眞理，物質上克勤克儉，內心過的卻是高品質的生活。」在場的老教授們紛紛感動地點頭，但提問的學生似乎不甚理解，並解釋：「高品質的生活指的是擁有名牌服裝、手錶……[159]」

事實上，從他初訪中國到一九八七年的九年之間，中國社會已然改變。

一九八五年，中共領導人鄧小平公開談話：「我們的政策是讓一部分人、一部分地區先富起來，以帶動和幫助落後的地區，先進地區幫助落後地區是一個義務……這是加速發展，達到共同富裕的捷徑。」

此一政策推行後，李遠哲到中國就常聽見人民批評：「鄧小平說讓一部分人先富有。誰先富有？馬上就看到有關係的人成爲了『萬元富[160]』。」或「萬元富大多是搞個體戶發展出來的；個體戶沒幾個人有本事，都是靠關係。」

他見證中國社會上的貧富差距拉大，「一般人的普遍貧窮，是眞的。」

除了講學，此行中國科學院也安排他會見上海市長江澤民，他也談及上海學生與市民反對官倒貪汙的議題。

李遠哲對江澤民的改變非常好奇。因爲，在中共的社會主義革命時，江澤民曾是學生運動領袖，但是到了一九八六年底，上海市卻是壓制學生運動最激烈的地方。

---

159 這位學生的提問並不代表所有中國或復旦大學學生。李遠哲表示，他在美國看到的中國留學生，有的非常勤奮，也有的一到美國便計畫到夏威夷渡耶誕假期，不能一概而論。

160 在一九八〇年代中葉的中國經濟，有一萬元就是有錢人，稱之「萬元富」。

江澤民表示，自己當年念大學時，十人住一間宿舍，每週能吃一塊肉就很好了，生活條件很艱苦。李遠哲說起自己當年讀臺大時也是十人一舍，每個星期也是頂多吃到一塊肉，生活條件雖苦，但大家都想要追求學問。

江澤民話鋒一轉說：「現在的大學生生活比我們以前過得好多了，他們還有什麼不滿意的？」

這九年來，李遠哲看到中國人民的生活水準確實提升了一些，但是貪汙腐敗卻也越來越嚴重，中共允許個體戶大賺財富，讓一般人民萌生不滿，已經悖離了當初中共發動社會主義革命與無產階級站在一起的初衷，身為市長的江澤民不可能沒有看到這個問題。

他問江澤民：「您對目前的上海滿意嗎？對中國滿意嗎？對官倒腐化不覺得該改善嗎？對太子黨的問題不是也得處理嗎？」

「這些問題當然要改革。」江澤民說。

他勸江澤民：「您可以向學生和市民說，我明白你們現在的不滿，但是這些情形需要時間解決，我會和你們站在一起來努力。我相信您如果這麼說，學生們會跟您走在一起，而不會站在您的對立面。」

江澤民並沒有回答。

他頓時覺得江市長似乎已經漸漸遠離了人民。

會面結束，他離開時，中國科學院隨行人員頗有微詞，說：「您好像不是很好的客人喔。」

他受邀在北京中國科學院的研究生院演講，隨後有很多位學生提問。

畢竟中國社會是管控思想的，主持人要學生把問題寫在紙上傳到前頭，挑出一些紙條放在一旁，只篩選一些無關痛癢的問題請李遠哲回答。此舉使得學生們很不高興，有些學生站到前面指著主持人說：「你不要替我們選擇，讓李教授回答所有的問題。」

李遠哲看見前面有麥克風，就向學生們表示：「前面有麥克風，你們來前面排隊一個個問。」於是，馬上有一位學生上前發問。後面隨即排上了一大群想發問的學生。

李遠哲答覆完畢，第二位學生才要發問，主持人就搶著說：「李教授還有行程，我們應該在這裡結束。」就將李遠哲帶離了現場。

他也受邀到北京大學演講，與學生座談時，學生們包圍著他問了許多問題。其中一位問：「最近方勵之[161]教授說：『春風吹，戰鼓擂，現在誰也不怕誰。』李教授，您怎麼看？」學生問了許多中國改革的問題。李遠哲感覺到，學生已經相當關心時政，並具有批判性。

「不，據我的觀察，我不相信中國已經到了這個階段。你們不妨看，若繼續朝這方向走，怕會流血的。」李遠哲提醒他們。

中國科學院安排的另一個行程，是由諾貝爾物理學獎得主李政道陪同他去見中共領導人鄧小平。鄧小平患有重聽，由其女鄧楠近身，雙方對談時，鄧楠就大聲地向鄧小平複誦李遠哲與李政道的回話，讓對談能進行。

161 一九三六～二〇一二，中國異議人士。天體物理學家。曾任中國科技大學副校長。六四事件後離中赴美。

鄧小平首先問李遠哲：「聽說你是在臺灣長大的。」

「是啊。」李遠哲回答。

鄧小平問他的第二個問題是：「民進黨爲什麼要獨立？」

李遠哲想，既然需要鄧楠複誦，自己應該簡短回答，不能長篇大論。於是他說：「我長居國外，對民進黨並不了解。」他接著說：「以前蔣介石是臺灣人民與大陸人民共同的敵人，但是你現在跟他[162]好了，矛盾的關係跟以前不一樣了，臺灣人說被你們出賣了，你們變得不可靠了。」

「以前你們在從事社會主義革命的時候，臺灣人民跟你們有共同的敵人國民黨，現在你們得到政權之後就說愛國沒有先後，要他們（國民黨）回來，說可以保持現狀，保持軍隊，似乎完全忘記國民黨的腐敗與社會貧富的不均，對臺灣人來講，這就是保持被壓迫。有些臺灣人民覺得被你們出賣了，所以很多人就想獨立。」他說明。

鄧小平看似理解了，說：「這事情讓我們下一代的人去解決吧。中國需要經濟發展，社會要進步，這是比較優先的事。」

儘管鄧小平是中共領導人，但是李遠哲並不擔心說眞話會遭到不測，也不覺得該說好聽的場面話，因爲，科學家本應追求眞理、說眞話。當下他覺得，鄧小平是眞的想要了解世界的脈動。

對李遠哲而言，自己是來講學並與中共領導人會面罷了，但是，對家鄉的國民黨與政府來說，卻不這麼認爲。

隔天，國民黨黨報《中央日報》刊出「李遠哲與匪認同」的報導，登載了他和李政道與鄧小平在北京會面後走出室內的照片，並大肆批判。

原本李遠哲預定從北京先飛東京再飛回臺灣，但是，中研院院長吳大猷看了報導，卻對原分所籌備處主任張昭鼎說：「你叫李遠哲這次不要回來了。」

李遠哲沒有妥協，他依照原定行程抬頭挺胸回臺灣。因爲，他向來與人民站在一起，他反對兩岸的執政者壓迫人民。

不過才半年前，李遠哲領取諾貝爾獎返臺受到旋風式歡迎，但他在許多場合的談話卻頻遭報刊斷章取義與抨擊。半年後的此時，他因訪中再受報刊抹紅，顯示國民黨對他仍深具敵意，短時間內並不會改變。

不妥協，不討好，李遠哲從未改變，他堅持與受壓迫的人民站在一起。「我幫助美國、義大利、臺灣、中國，不是出於血緣或民族主義，而是因爲我和世界的人民站在一起。」他的立場非常清楚，相信全世界變成一家人，人類的新紀元才會開始。

在兩岸政權的夾縫中堅持自己的理想，既單純也艱難，未來，李遠哲還會遭遇什麼樣的波瀾風雨？

162 一九八七年時，蔣介石已經過世，在此指的是蔣氏政權。

第二十七章 非光環，是責任

一九八九年二月，李遠哲回到臺灣開會。中研院原分所籌備處興建的研究大樓已完工，第一部分子束儀器已啓動，赴美受訓的研究與技術人員也已經回來履行任務，研究人員陸續增聘中。

此行，他也抽空回新竹老家探視父母親。

他凝視畫室中，父親李澤藩在病苦中仍創作不輟的〈孔廟〉。畫面上，占地甚廣的孔廟坐落在蔥鬱的林野間，父親年少時曾天天帶板凳到這裡上漢文私塾，那是屬於父親的生命記憶。

父親日日作畫的毅力，使他深受感動。「在美術館中看父親傑作的人往往讚嘆他的藝術成就與天分，但我們都知道，天分是他慢慢積年累月、不斷地學習、研究、探索，慢慢培養出來的。沒有辛勤的耕耘，何能有豐盛的收穫？」

他看到父親已經布滿皺紋的雙手，想起兒時，「我在家裡最喜歡看父親用他那雙精巧的手，做出無窮盡的新東西與藝術創作。他似乎可以修好任何東西，也常不拘傳統地做出新的嘗試。」

他自己在做研究時，也需要運用雙手和想像力，創造精巧的儀器或設備。「科學的創造與藝術的創造其實並無根本上的不同。每次在實驗室裡絞盡腦汁，想解決充滿了難題的實驗設備時，常想起不厭其煩追根究柢的父親。」

可以確定的是，李遠哲自小耳濡目染李澤藩的觀察力、創造力、豐富的想像力，以及擅長運動的靈活手腳，在科學上為人類開出新局面，也得到相對應的榮耀桂冠。

李遠哲看到父親一切安好，放心不少。是時候該離開了，他還有好多責任未完成。他輕聲說：「年底我會再回來，和大家一起慶祝母親八十歲的生日。」

道別時，父親臉上泛起微笑，那是近年來李遠哲逐漸認識的父親的新面孔，他喜歡這樣溫柔的父親。

＊＊＊

李遠哲榮獲諾貝爾殊榮後，人生樣貌起了極大的變化。

來自僑社、亞裔社團、各大社群紛紛邀請李遠哲與吳錦麗出席週末活動。

如果是向學者或學生講述學術，李遠哲可以滔滔不絕，但應邀出席這類活動並對大眾致詞，他確實不習慣。有時一入席，吳錦麗就提醒他：「大家對你很好奇，等一下會要你講話，你不能只是坐著而已。」

「我要講什麼？」李遠哲起初問吳錦麗的意見。隨著類似的邀請增多，他也逐漸掌握公眾演講的訣竅。他事先蒐集資料、擬講稿，慢慢從寡言的科學家成為能在公開場合表達看法的影響力人物。後來在他發言之前，吳錦麗改而叮嚀他：「不要講太久。」

只是，這類出於好奇而邀請他的場合占據他不少週末時間，「有一陣子非常悲慘，就是變成一個公眾人物，大家想聽我講話，我也要講很多話。有時候講同樣的話也覺得無聊。」

吳錦麗知道他的掙扎，曾不只一次說：「遠哲，你何不把諾貝爾獎送回去給他們？你在實驗室裡與學生們過得這麼快樂，何必變成一個公眾人物，做你不喜歡的事，還得到一些餐會講話呢？」

但是他無法婉拒這些邀約，因爲自己有責任。正如諾貝爾獎得主前輩葛連．席柏格教授在他獲獎時曾提醒他的話語：

「遠哲，從今天開始，每個人碰到你，都會問很多你不曉得答案的問題；但是，你還是要回答。從今天開始你要好好用功，很多事情你不能說：不。」

得獎之前，他致力於美國、歐洲、日本、海峽兩岸的學術交流；獲獎後，海內外許多公共事務組織紛紛邀請他參與，他也依理想性、意義與能否有著力點而選擇投入。在教育上，他擔任柏克萊加大的亞裔事務委員會共同主席、加州理工大學董事；在政府的政策建言上，他是加州科學與科技委員會[163]成員、美國能源部部長顧問等，著力甚深。

他選擇致力於亞裔族群的公共事務有其原因。

甫得獎時，柏克萊加大的行政副校長很高興地對他說：「遠哲，你得獎極具象徵意義，因爲你是華裔，還是亞裔！」副校長的一席話其來有自。

海曼校長自一九八〇年上任後，在柏克萊加大實行平權政策（affirmative action），讓大學部新生的弱勢族群比例漸漸提高，然而，亞裔新生的比例卻逐年超越加州其他少數族裔的比例。一九八六年，學校竟以「大學生的英文程度對學習有實質影響」爲由，要求大學部中，移民第一代或第二代比例較高的亞裔入學英文成績必須達到某一標準，此舉導致該年的亞裔新生人數銳減。由於美國誕生的白種人的英文成績也有很多未達此標準，於是，這種對特定族群的歧視，使加州的亞裔族群與華裔僑界譁然，不僅向校方抗議，也引起全國關注。

事後，海曼校長決意籌組亞裔事務委員會，邀請一些亞裔教授擔任委員，也希望甫獲諾貝爾獎的李遠哲擔任委員會主席。不過，李遠哲堅持：「美國是個以移民爲主的社會，亞裔的議題是美國的問題，不是亞裔的問題。如果不找其他族群的學校成員一起進來委員會，我不會同意。」

海曼校長覺得他的建議很有道理，於是也邀請其他校內歐洲裔教授、非洲裔教授加入。他隨後就與日裔行政人員小山女士出任委員會的共同主席。

亞裔事務委員會成立後定期召開會議，李遠哲花費許多時間參與，解決並改善亞裔族群遭遇的問題。

---

163 California Council on Science and Technology, CCST，一九八八年依法成立，無政治色彩，中立的非營利組織。由頂尖的科學家與研究機構組成，針對科學相關政策對加州政府提供建議。

光是美國對亞裔族群的刻板印象，就使亞裔學生很受挫。

有委員指出：「許多亞裔移民到美國已是第三、四代，但是教授一看到亞裔臉孔就慢慢地說話，以爲他們聽不懂。」也有學生反映：「教授一看到我是華裔，就叫我寫中國人結婚儀式有關的報告，但我其實想要寫的是美國社會！」

李遠哲也在委員會談到兩個親身經驗。

早在一九六八年他在芝加哥大學任教時，有個週末到大樓的倉庫取零件，這時另一位教授走進來找東西，問他放在哪裡。

他回答：「我不知道啊。」

該教授就說：「有人應該要知道的啊！」（Somebody should know!）言下之意是看到亞裔臉孔的李遠哲，就誤認他是工讀生。而在當時，「工讀生常是文史或社會科學院的亞裔外國研究生，因爲理工科研究生通常有獎學金。」

另一件事發生在一九六九年，李遠哲帶著妻兒搬出位於貧民區的芝加哥大學教職員宿舍，住進密西根湖不遠處一棟雙拼三層樓公寓的二樓。原屋主舉辦小型歡迎會，邀請其他五家住戶來認識李遠哲夫婦。

會中，屋主問他：「請問你在芝加哥大學教的是中文嗎？」

「不是啊。」李遠哲回答。

「那你教什麼？」屋主問。

「我是化學系教授，我教化學。」他回答。

「那你父親是開餐館致富的，還是經營洗衣店？」屋主又問。

李遠哲明白對方對華裔族群有先入爲主的印象，耐心說明：「我是臺灣來的。我的父親是畫家也是老師。」

在李遠哲領導下，亞裔事務委員會提倡改善族群刻板印象，促進校內學生了解多元族群文化，通過多項決議並提給校方。其中影響最深遠的是：一，積極選擇亞裔教授出任柏克萊加大的高階層行政主管；二，提議募款興建以亞裔知名人士爲名的大樓，以凝聚亞裔師生對學校的認同感[164]。

亞裔事務委員會僅是李遠哲承擔的責任之一。而諾貝爾獎看似「光環」，但是，世人寄予得主高標準的期待，使他的行程表被各種社會責任塡滿，留給自己與家人的時間極度被壓縮。

李遠哲五十歲生日時，吳錦麗在餐廳預訂慶生午餐會，邀請學生們參加，還事先「串通」學生們別讓他知道這件事，只讓他知道有場飯局須出席即可。但是，時間到了，學生們等了又等，就是不見他。這時，負責邀他的學生來了，卻說：「遠哲還在解決儀器的問題，他說他不餓。」

吳錦麗無奈，只好請一位學生到實驗室向他和盤托出：「今天是你五十歲生日。夫人幫你辦了一場慶生會，大家都在等你，快點來吧！」

164 詳見後章。

身為一名大學教授與科學研究團隊的領導者，李遠哲自理各項隨著諾貝爾獎而來的公共事務邀約，益加忙碌。反觀其他學校卻是立即為得主增聘祕書協助[165]，只能說，柏克萊加大並未注意到一位得主額外負擔的社會責任遠比校內工作繁雜許多，因此並未減輕他在大學部的教學工作。不過李遠哲也從未向校方爭取，只是常將工作帶回家做，把時間運用到極致，「大家很難想像我每天緊湊的日子是怎麼過來的。」

李遠哲全家原本就打算搬離柏克萊山上住了十多年的房子。得獎後，他們搬到離校園稍遠的新居，期待他緊湊的工作與公共事務不再進一步壓縮所剩無幾的家庭生活。

然而，在這日出時從窗戶探頭就能浮沉於雲海間的新居，儘管有著漂亮的泳池與結實累累的果樹，李遠哲也很少能享受。少有的一次甜蜜時光，是女兒李以旋翻閱雜誌，看到很精美的戶外野餐木桌，正在高中選修木工課程的她，很想親手打造這樣的野餐桌椅，於是父女兩人就一起去挑紅木，在車庫裡動手做，完工後置於戶外，成為全家人的日用家具。

＊　＊　＊

一九八九年六月初的中國北京，學生與民眾要求民主化的聲浪在天安門廣場周邊集結。當示威正烈，李遠哲正在義大利參加一場化學動態學研討會，與會者都非常關心天安門廣場的情勢。一些科學家對兩位與會的中國學者說：「萬一北京政府真的發動武力鎮壓，我們就抵制中國，不再到中國講學。」與會者與兩位中國學者都認同。

一天早上，他走過旅館旁的廣場，看到廣場上豎著偌大的立牌，上頭寫著：「中國大屠殺」（Massacre in China），令人怵目驚心。這才知道，六月四日，血腥鎮壓竟然眞的發生了；世人無法接受中共竟如此對付手無寸鐵的人民。

他想起兩年前訪問中國時感受到的躁動氣氛；學生提問時，他擔心如果學生們眞的相信「春風吹，戰鼓擂，現在誰也不怕誰」的說法，可能「會流血」。孰料預言成眞。

長年與中國大陸民眾及學生站在一起的李遠哲，哀傷的心情難以言喻。

六四事件後，民主國家同聲譴責並抵制中共政府，暫停與中國的學術交流和經貿合作。

李遠哲從義大利返美不久，諾貝爾物理學獎得主李政道與中國科學院院長周光召來訪，帶了一封聯名信，大意是要求中共公布在天安門廣場死傷的知識分子名單，希望他能簽字成爲發起人之一。

但是，李遠哲拒絕簽字。他說：「在天安門廣場上受難的不是只有知識分子，更有許許多多的民眾。我希望中共不只公布知識分子的名字，還有每一位民眾的名字。」他站在中國人民這邊，並決定暫停前往中國，直到中共釋出善意並做出適當的處置。

他猶然爲中國受苦的人民悲泣之時，雪上加霜的是家鄉臺灣傳來的消息，父親李澤藩確診爲肝硬化末期，臥床不起，病情復惡化，家中一片愁雲慘霧。怎料同一時間，李遠哲必須參加德國林島

---

165 一九九二年魯道夫・馬可斯獲得諾貝爾化學獎時，任教的加州理工大學主動為他增聘祕書，原因是「他以後會很忙」。

（Lindau）諾貝爾獎得主大會，這是由諾貝爾獎得主與愛好科學的青少年見面、互動的科學營隊。他很早就承諾參加這場匯集三、四十位諾貝爾獎得主，向六、七百位來自世界各地的年輕學生講學的活動，加以這陣子以來，父親病情時有起伏，於是他在忐忑不安中出席得主大會。

出發不久，旋即接到消息，父親於七月十日病逝，自此天人永隔。

懷著驚慌與歉疚的心情，李遠哲兼程偕同吳錦麗搭機趕回臺灣新竹的家，想再看一眼父親的面容。然而，踏入熟悉的家門，只見停靈在家中的父親，嘴裡咬著一顆鴨蛋，面容與記憶中大不相同，一時淚水從眼眶中迸出，他再也壓抑不住，嚎啕大哭，久久不止。

在一旁拭淚的吳錦麗注意到，向來理性自制的李遠哲竟然也會有這樣無法壓抑情緒的時刻。

而李遠哲淚眼中只看見他一九六二年出國前，父親與他相處的每一個記憶片刻：疏開時父親帶著他一起抓魚；小學時父親示範做猴子爬樹的玩具，帶他到臺北遊動物園，鼓勵他自己決定要跳級還是打棒球；中學跑完馬拉松後帶他去醫院看病；臺大畢業時要他幫忙配顏料；出國留學時到機場送機；在芝加哥任教時來美國同住與作畫……

李遠哲憶起自留美起，他與父母親相處的時間極爲有限，儘管近年返臺次數較多，卻也因忙於工作，只能在週末時回新竹老家相處幾個小時，並在書房與客廳細細欣賞父親的畫作。他想起幾年前父親舉辦回顧畫展，當時父親表示要將畫作分送八位兒女，還說：「遠哲，你先挑。」而他也從中挑選了父親各時期的代表作帶回美國，弟弟妹妹們還曾開玩笑抗議父親不公平。孰知僅僅幾年內，父親就永遠離開了，日後只能透過畫作遙念父親了。他越想越難過，眼淚無法停止。

早在他返臺奔喪前，家人已張羅後事，因此不時有尼姑來室內誦經。有一天，尼姑請假，改用錄音帶播出誦經聲。母親李蔡配很擔心，一直問他：「這樣誦經有效嗎？」他並不理解這些習俗的來龍去脈，但深表尊重，於是勸母親：「有啦，有效啦。」

七月底舉行的告別式備極哀榮，來自總統府與政府官員的輓聯與花籃排滿會場，許多親友、師生、仕紳與各級政府官員前來致哀。這位桃李滿天下的教育家與藝術家身後長眠新竹家鄉，家屬所收的奠儀全捐給新竹師範學院（今新竹教育大學）作為藝術教育獎學金，遺愛人間。

世人總認為崇高的諾貝爾獎是「光環」，殊不知，諾貝爾獎相應的社會責任更為深重。李遠哲毫無預料自己一一履行各種公共事務的承諾時，竟然還是遲了一步，連父親臨終前的最後一面也未能見到。只能說，諾貝爾獎的公眾性與他的個人特質，讓他逐漸成為世界共有的李遠哲，而非僅是李家的李遠哲。

「最近奔波於世界各地，每每在頭髮發白的長輩們臉上，看出他們一輩子努力奮鬥的痕跡時，必也想起勤儉的父親，內心泛起無比的溫暖。」李遠哲在追悼文中寫道。

未來，還會有多少公共事務，讓李遠哲忙得無法兼顧尋常人的人情世故？

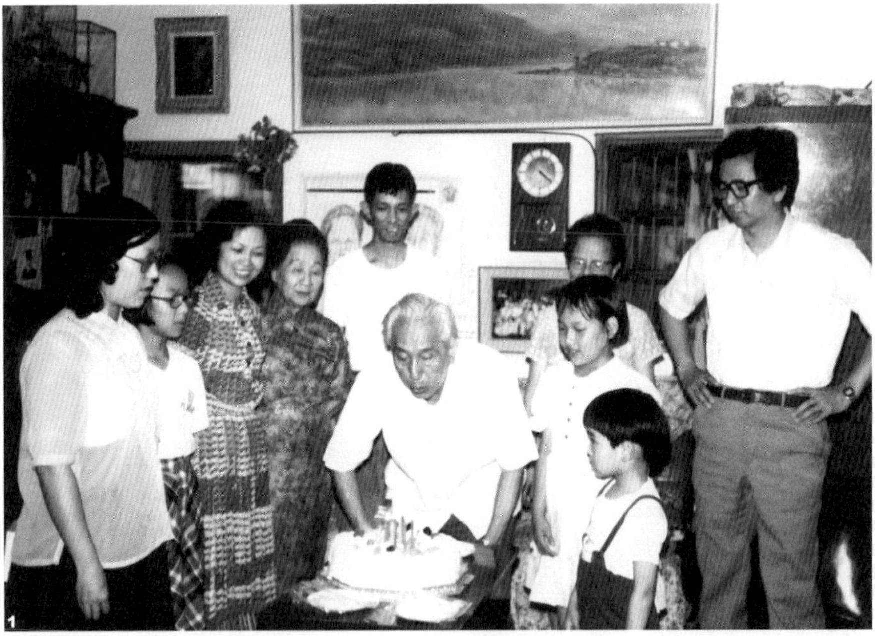
1

1 李遠哲自留美後與父母聚少離多，照片為李澤藩七十四歲生日，他特地抽空為父親慶生。

2 一九八九年，父親李澤藩在病苦中仍創作不輟，讓李遠哲深受感動。

第二十八章 放棄美國官職

一個人選擇做什麼，可得見他是什麼樣的人。

一位諾貝爾獎得主亦然。

在學術之外，李遠哲選擇承擔的公共事務，亦透露出他的價值觀。

一九八九年十月十七日五點四分，美國舊金山附近發生芮氏六．九級的洛馬普利塔地震（1989 Loma Prieta Earthquake），海灣大橋損壞，高速公路斷裂、政府建築與重要設施塌陷，民宅傾倒、土石流、土壤液化……導致多達六十三人死亡、三千七百五十七人受傷。

地震發生時，李遠哲正在校內聆聽一位以色列籍物理化學家演講，聽眾們當場飽受驚嚇。

震後，專門提供科學政策建言給加州政府的機構——加州科學與科技委員會迅速召開會議，商討因應對策，畢竟加州位於地震頻仍的斷層帶上。

李遠哲也是委員之一。會中，頂尖的地震學家講述地震波傳遞的原理，並說明最先進的地震預測、防範與避難措施。李遠哲從中了解，地震波在陸地上每秒鐘行進約十公里，若能得知震央與所在地的距離，就能計算逃生時間。加州政府採取委員會的建議，在加州各地進行詳細的斷層調查並建立地震預警系統[166]，使各地建築物能援引這些數據因應防震；萬一發生大地震，各地也能收到信息，得知地震波抵達的時間。

防震政策只是其一。一九八八年，依法成立的加州科學與科技委員會一直關注中學的科學教育，並向加州政府提出具體的教育改革建議。

「加州的中學教育並不理想，尤以科學教育爲甚。許多中學生畢業時，物理與化學都沒有打下很好的基礎。」李遠哲觀察。

委員會曾建議在三個月的暑期，加強中學老師的科學教育訓練，卻遭教師協會反對，因爲他們擔任老師的要因之一是享有寒暑假，不願假期用來受訓。不僅如此，一些辦學不理想的高中，許多科學課程竟是由體育老師任教。「委員會發現，在各校，高中的教育改革幾乎是不可能的任務。」他說。

後來委員會建議，如果高中沒有修習附有實驗的物理、化學、生物等課程，畢業生就不能申請進入州立的加州大學。這外加的制約，將對中學科學教育有深遠的影響。加大在三年後增加這些入學標準後，家長大爲緊張，因爲加州大學是聞名國際且學生爭相申請的高等學府。因此，在家長施壓之

166　一九九九年臺灣發生九二一地震時，住在臺北市的李遠哲當下根據擔任加州科學與科技委員的見聞推算，停電後約十五秒鐘才抵達的地震波，意味著震源大約在臺北南邊一百五十公里處（因為南電北送）。不過，當下吳錦麗不以為然地說：「地震了還不逃命，怎麼還在算地震波！」詳見第三部「與家鄉父老同甘苦」。

下，加州各高中紛紛設置物理、化學、生物實驗室，有些高中教師也願意在暑期進修相關科學教育課程，學生的科學程度也因而有所提升。

諸如科學教育、生活安全、科技產業、科技與經濟的關聯性等議題，委員會成員們貢獻所長，促進加州繁榮與永續；委員間跨領域的交流與互動，也讓李遠哲深感「在委員會中學習了很多。」

比起加州科學與科技委員會，李遠哲對柏克萊加大亞裔事務委員會的參與更深，進展也大。

有一天，柏克萊加大的海曼校長來訪李遠哲。

「下一任柏克萊行政主管可能由亞裔人士出任。」海曼校長說，已推薦柏克萊加大前任副校長田長霖[167]先到爾灣加州大學（University of California, Irvine）擔任首席副校長磨練行政資歷，以備日後柏克萊加大校長出缺時，可推薦給加州大學董事會。此外，海曼校長又提到「下一棟即將興建的校舍將會是坐落在你們化學學院裡的化工大樓，將有機會以亞裔人士命名。」

聽海曼校長這麼說，李遠哲很高興。自從他一九八六年擔任亞裔事務委員會共同主席，就致力推動亞裔族群權益，並對校方提出多項建議。最重要的兩項：一是積極選擇亞裔人士擔任學校的行政主管；二是以興建以亞裔人士爲名的建築物，以提升亞裔族群的認同感。因此，海曼校長這麼說，可謂委員會的重大進展。

李遠哲詢問海曼校長：「請問募款要募到多少，才能以亞裔人士的名字蓋大樓？」

海曼校長說明，加州大學鼓勵向私人募款興建校舍，募款多少金額，加州政府也會再撥出相對的金額。而私募資金占私募總金額的三分之一，就能得到命名權。

誰是能凝聚亞裔認同感的人呢？

李遠哲曾聽一些華裔教授說，在東南亞德高望重、久居南洋的已故華僑實業家陳嘉庚（一八七四～一九六一），既是鼎力協助孫文推翻滿清的革命家，亦為創辦福建的廈門大學、集美學校（集美小學、集美中學、集美師範學校、集美航海學校等多所學校）的教育家；在二次大戰時組織軍備，大力支援盟軍的抗日活動。

在臺灣受教育時，李遠哲從未聽過陳嘉庚。他主動了解後才明白，陳嘉庚曾資助孫文革命，襄助蔣介石北伐，發現國民黨腐敗轉而支持延安的中共社會主義革命。

陳嘉庚與中國現代政治發展的關係雖密切，後來卻對政治失望，「他曾說革命成功有用嗎？如果人民都沒有受教育，社會也不會改變的。他領會到教育才是國家的未來，於是一九一三年回到廈門，創辦集美各種學校與廈門大學等校。中共實施大躍進時，他勸誡廈門大學學生不要加入土法煉鋼，應該專心讀書求知，才能報效國家。上半生興學，下半生疏難，陳嘉庚是一位了不起的人。」李遠哲說。

一九八八年，李遠哲到新加坡參加陳嘉庚發明獎頒獎典禮，並赴福建參觀廈門大學、集美中學，「更深刻地領略到陳嘉庚真正偉大的地方。」他深受其精神感召，更注意到陳嘉庚基金會仍繼承其遺

167 一九三五～二〇〇二，美國普林斯頓大學博士，曾任美國柏克萊加大第七任校長、機械工程系教授。

志，長期推展海內外各項教育工作，包括頒發獎學金給中國大陸、東南亞的優秀學子等。

李遠哲受陳嘉庚基金會的建議與邀請，組織以研究陳嘉庚為主的陳嘉庚國際學會[168]，並出任會長。這是李遠哲另一個國際公共事務的長期承諾。

一九九〇年，海曼校長任期將屆，加州大學董事會已開始遴選新任柏克萊加大校長。一如海曼校長曾言，一九九〇年二月十五日，加州大學董事會任命華裔的田長霖出任第七任柏克萊加大校長，並將於同年七月上任。

任命記者會上，加州大學總校長大衛・賈德納（David P. Gardner）被記者提問，田長霖擔任校長，是否和前幾年柏克萊加大對亞裔入學設限而受批評有關？賈德納堅決否認，表示「田長霖是優秀的學者，也有豐富的行政經驗[169]。」

然而了解內情者皆知，亞裔事務委員會是因亞裔入學設限風波而設立；而委員會建議由亞裔人士擔任學校主管。如今由在臺灣成長讀書，留學美國，任教並擔任行政工作多年的田長霖出任校長，確實有其淵源。

＊ ＊ ＊

一九九〇年，中國六四事件的影響力仍餘波盪漾；三月，東歐共產國家紛紛脫離蘇聯獨立。

三月十六日，臺灣發生野百合學生運動[170]，在中正紀念堂前集結的示威學生向政府提出民主化的主張。六月四日，天安門事件滿一週年，世界各民主國家仍爲殉難者追思。

李遠哲抵制中共而暫停前往中國講學已逾一年。

六月底，他到香港新亞書院演講時指出，六四事件使中國知識分子對中共政權幻滅，年輕人與大都會一般市民不再像以往那樣相信中共的領導；而且中國知識分子大多認同海外華僑繼續抵制與抗議中共的作爲。他也在演講中呼籲：「一，中共應該要實事求是，客觀地公開天安門廣場發生的事；二，不可將爲了反官倒、反貪汙而走上街頭的人與少數叛亂分子混爲一談；三，停止強迫送大學生到軍校。」

七月下旬時，曾服務於舊金山中國領事館的朱進寧[171]先生來訪，並對他表示：「知識分子的抗議沒有多大用處，因爲中共不重視知識分子，且國際的經濟來往已經恢復。也許知識分子到中國幫助中

---

168 陳嘉庚國際學會於一九九二年八月二十日在香港正式成立，李遠哲為首任會長，楊振寧、丁肇中、李遠哲、田長霖、王賡武為發起人。一九九三年三月二十五日在廈門成立董事會。

169 引自《田長霖的柏克萊之路——華裔校長的輝煌歲月》，劉曉莉著，天下文化出版，一九九七，頁七二。

170 發生於一九九〇年三月十六日至二十二日，是國民黨政府遷臺後規模最大的學生運動，四大主訴求是：解散國民大會、廢除《動員戡亂時期臨時條款》、召開國是會議，以及提出政經改革時間表。其後李總統採納並履行訴求。這場學運也蘊生許多年輕世代參與日後的政治改革。

171 朱進寧於二〇〇七年擔任中國科協國際部部長。李遠哲曾在北京與朱進寧見過幾次。

國的知識分子與教育，特別是與江澤民、宋平[172]等人談話，會更有幫助。」

「再等一段時間吧！」李遠哲決定繼續觀察中共的作爲。

同年下半年，陳嘉庚基金會將前往廈門頒贈獎學金給年輕學子，須由李遠哲代表前往廈門頒獎。去或不去中國？他感到爲難。

幾經長考，他承襲當年陳嘉庚致力於以教育改變人民的行誼，決定成行。

頒獎典禮上，不僅陳嘉庚基金會的相關人員，中國科學院院長周光召與一些官員也來了。李遠哲演講指出，「兩年來，世界各地起了極大的變化，冷戰的結束帶給人類無限的希望，核子大戰的陰影逐漸消失，人類將學會和平相處。隨著這變化，尤其是東歐發生的變化[173]，世界上將有許多地方以更快的步伐往前走。而中國要急速往前，卻仍面臨許多問題。」他強調教育與科學技術的發展，「如果沒有辦好教育，誰來現代化？沒有科學與技術的進步，怎能提高社會的生產？」

透過陳嘉庚基金會，李遠哲觀察到陳嘉庚在中國與東南亞的德澤深入民心。

而這時，李遠哲仍繼續推動亞裔事務委員會以亞裔人士之名興建大樓的目標。他詢問化學學院院長關於新研究大樓的事，院長表示，院內必須要募款才能確保新校舍興建，因爲，儘管校長的工作是募款以推展校務，但不確定新校長田長霖是否會把化學學院新大樓的募款列爲優先。

李遠哲思考一個雙贏的辦法。如果他自己出面幫忙化學學院募款，依照校內的募款機制，一棟三千兩百萬美元的研究大樓，例如募款一千六百萬美元，政府就相對出資一千六百萬美元，而私人募款只要有八百萬美元就能命名爲陳嘉庚大樓。「或許我到東南亞與臺灣一趟，爲陳嘉庚大樓募款，也能幫助化學學院。」

他向化學學院院長提出此議，院長很感激他幫忙，田長霖校長也同意這個建議，並答應跟他一道募款。倒是校內負責校務發展的副校長聽說此事，語帶嘲諷地對化學學院院長說：「那樣募款是募不到錢的！」

無論如何，募款之旅成行。李遠哲夫婦與田長霖夫婦回到臺灣，也前往香港、新加坡、馬來西亞、泰國、印尼等地。李遠哲尤為感動的是，許多僑胞聽到能以陳嘉庚之名在美國一流學府興建校舍時興奮不已，紛紛響應。一些東南亞僑胞表示，當年陳嘉庚曾鼎力協助革命與抗戰，並曾想在東南亞募款時，購買一架戰鬥機送給蔣介石作為五十歲生日賀禮，未料募到的款項足足可買十二架戰鬥機，可見其號召力。

即使港臺多數人未曾聽聞陳嘉庚其人其事，李遠哲仍發揮其影響力，光是在臺灣就募到一百五十萬美元，而香港也有數十萬美元，其他大筆款項則來自新加坡、馬來西亞、印尼與泰國。募款過程極為順利，共募到六百萬美元，讓那位當初譏笑此事的副校長也跌破眼鏡。

不妙的是，此事卻出現波折。

田長霖校長對李遠哲從臺灣募來的其中一百萬美元提出意見，想挪給正在募款的法學院大樓使

---

172 曾任中共中央政治局常務委員等高位。據傳曾舉薦胡錦濤與習近平，為後兩人日後成為中國國家主席之職鋪路。

173 一九九〇年三月，立陶宛首先發表獨立宣言，其後各蘇聯成員國紛紛響應，導致一九九一年十二月二十五日蘇聯宣布解體。

用。李遠哲非常不以爲然，他認爲移用捐助款項必須先請示捐款人。經徵詢，臺灣捐款人明確表示該款項必須專款專用於陳嘉庚大樓。

募款名目一波三折又峰迴路轉，後來，樓高十層的陳嘉庚大樓終於動工興建，提供學院師生足夠的實驗空間，李遠哲也實現了亞裔事務委員會以這棟大樓來凝聚亞裔認同感的重要任務。而完工後的大樓一樓入口廳內展示著陳嘉庚半身塑像，並載明陳嘉庚的思想與個人事蹟。這也是有史以來美國知名公立高等學府中第一個以華人爲名的大樓。

李遠哲奉獻於校內與加州的公共事務，也受聘擔任加州理工大學校董事會的董事。參與董事會的工作後，他對私立大學的經營與管理有了深入的了解，能用大格局來看校務，明瞭學術與教學機構的運作方式。

李遠哲自從獲得諾貝爾獎，就受聘擔任美國能源部長的顧問。擔任官職必須經過國家安全調查。他通過調查後，得到特有的安全資格[174]，簽署聘任同意書前才獲悉，美國政府要求他與共產國家人士討論科學議題或接觸後，必須提交一份詳細的報告。

李遠哲沒有簽字，並抗議：「我是科學家，我們在研討會中討論很多研究，是不分國界的，會中有沒有共產國家的科學家也不容易分辨。再說，如果我跟他們講話還要花時間寫報告，那我就沒有時間做研究了。」因此他拒絕了這特殊的安全資格。能源部尊重他的堅持，但仍希望他擔任能源部部長顧問時，能源部長的會議討論核能與國防議題時必須迴避。

一九九一年，李遠哲接到一位白宮官員來電：「李教授，布希總統想請您擔任一個由總統任命的職位。」

照例，李遠哲接受美國嚴格的國家安全檢查，順利通過。

對方表示，總統希望能聘請他擔任美國國家科學獎委員會的委員，這個官職必須負責一系列的遴選與評選工作，決定受獎人，並由總統來頒發這個美國國家最高的科學獎項。

李遠哲曾獲得美國國家科學獎章，對評選過程略有所知。

這時，對方問他：「我們知道，您在臺灣官方有參與一些工作（中研院原分所設所諮詢委員會主委、行政院同步輻射研究中心指導委員、國策顧問等），請問您從美國往返臺灣的機票是自付嗎？」

「當然不是。」他回答。

「擔任美國這個官職後，政府規定官員不能接受任何其他國家的經費，所以您以後在臺灣參與的事情都必須自付機票。」

李遠哲一聽，若接受美國總統任命的官職，他就必須放棄選擇承擔美國以外公共事務的自由。他覺得，自己是美國公民，對美國國家與社會盡力貢獻；但他也是世界公民，更從未忘記自己留美前的承諾——與家鄉父老同甘苦。

---

174 Q Clearence，美國能源部安全檢查，類似一種身家調查。嚴格程度等同於美國國防部最高機密安全檢查。

當下，他笑著說：「反正我遲早會回臺灣的，我還是不要接受這個美國總統任命的官職好了。」

放棄官位，揮揮衣袖，李遠哲沒有眞正走入美國政府高層。

這個選擇，也讓他堅定了之後的人生方向。

這段日子，李遠哲常搭機往返舊金山與華盛頓。

有一回鄰座坐著一位加州大學教授，她看李遠哲到處奔忙，就問起國家效忠的問題。

「我是美國國民，當然效忠美國。但是，美國是一個偉大的民主國家，美國國民應該也能夠幫助世界上需要受幫助的人，促進世界大同。」

「李教授，我很抱歉質疑您的忠誠，聽您說明之後，我反而很欣賞您的態度，謝謝您。」她說。

放棄美國總統任命的官職，對美國公民而言並不是一件容易的事。

作爲一名滿載社會與世界期望的諾貝爾獎得主，李遠哲所選擇承擔的公共事務，透露了其獨特的價值觀。只是，他留美之後就一直想回臺灣服務，卻苦無發揮正面影響力的著力點。眼下，他何時會眞正回臺灣與家鄉父老同甘苦？著力點是什麼呢？

1 為了凝聚亞裔的認同感，李遠哲推動並募款籌建陳嘉庚大樓，1997 年落成於加州大學化學學院。共十層樓，提供學院師生足夠的研究實驗空間。是美國公立高等學府第一座以華裔人士命名的校舍。

2 李遠哲發起成立陳嘉庚國際學會，並擔任首任會長。

第二十九章
象牙塔的內與外

「叩叩叩……」

「請進。」

「李教授，我剛從戴維斯加州大學（University of California, Davis）拿到博士學位，我想跟您做研究。」身材魁梧的金柏莉．普哈瑟[175]詢問。

「啊，謝謝妳。不過，我研究團隊的人數已經額滿了。」李遠哲歉然。

暑假前，李遠哲推薦了幾位博士後研究員與剛完成學位的博士生到外面求職，有的找到教職，有的轉赴其他研究機構。這時，慕名而來的新生已爭相想進入他的團隊從事博士學位研究。畢竟能跟他做研究是許多人夢寐以求的，另一個因素是研究設備限制了研究人數。由於應試者眾，他面談了幾位合適的申請者，團隊很快就補滿了。

於是，一九九〇年，當普哈瑟來敲門，李遠哲也只能硬著頭皮婉拒。

然而普哈瑟並未離開，說話速度飛快的她，連珠炮般地自我介紹，還說：「我知道你們慢速疊球隊缺一個好的二壘手！我能守二壘！」

這話正中一位運動愛好者的靈魂。李遠哲驚喜地問：「妳怎麼知道我們缺二壘手？」

「我之前跟團隊的人聊過，知道您的研究團隊組了一支壘球隊，原先的二壘手最近轉守一壘，也知道缺一名二壘手。」普哈瑟落落大方地應答。

李遠哲從小打棒球就是二壘手，他的研究團隊自組球隊後也守二壘；但是來到中年，覺得二壘手的守備範圍過大，就退而改守一壘，二壘手因而出缺。普哈瑟對團隊的球隊守備變動狀況如此清楚，「顯然，這個學生有備而來。」他印象深刻。

「那妳想要做什麼樣的研究主題？」他問普哈瑟。

普哈瑟不僅了解他的研究，細心探知團隊的各項情形，並說了不少對未來研究工作的看法，於是，他破例收了普哈瑟爲博士後研究員。

博士後研究員的薪水由李遠哲的研究經費支付，通常一名博士後研究員的薪水約當於兩位博士生薪水，他破例收普哈瑟，不僅要認眞指導，也不是毫無負擔。

普哈瑟學習設計交叉分子束儀器，性急的她常看見李遠哲專注地動手解決問題，耐心應對學生，循循善誘，因此深受影響，「遠哲是一位很好的導師（mentor）與模範（role model）。」

175 Kimberly Prather，美國物理化學家，專研大氣化學與細懸浮微粒。聖地牙哥加州大學化學與生化系名譽教授，曾獲美國國家科學基金會青年研究獎等。戴維斯加州大學博士，一九九二年完成在李遠哲研究團隊的博士後研究。

李遠哲不僅專注於研究與教學，也須常出國開會，週末更撥空參與科學與教育的公共事務。普哈瑟與團隊成員們都知道他的行程滿檔，但從不覺得被冷落，「我們照常和遠哲約時間，他也都會依約來跟我們討論。」

普哈瑟的觀察，與李遠哲指導過的學生大致相同。

一九八五年拿到博士學位的羅莉．巴特勒說：「如果檢驗器出問題，尤其是遠哲設計的分子束儀器出問題，他知道後會捲起袖子爬到機器上面，幫你把檢驗器指出來並修理好。」

巴特勒經李遠哲推薦到芝加哥大學化學系任教，直到自己設計儀器才了解，「以前覺得遠哲爬到機器上幫忙修東修西是理所當然，現在我才知道有多困難。」她嘆服地說：「那麼大的一個研究團隊，有那麼多雜務，他還能對研究如此事必躬親。」

由於李遠哲溫和有耐性，學生都和這位師長打成一片。當然，也有學生確實很調皮。曾有學生把實驗室周遭弄得一團亂，連垃圾桶都被惡搞，工友每每向李遠哲抱怨；李遠哲只好對這位學生說：「你如果要引起我的關注，請用你的研究成果，不是調皮搗蛋。」

巴特勒回想起自己讀書時的「沒大沒小」，也覺得不好意思，不忘說：「謝謝遠哲當年對我們這群調皮學生的包容！」

其實，李遠哲也常對熟悉的學生開玩笑。

他的團隊也收少數大學部學生，馬修．列文（Matthew Lewin）就是其一；而且，兩人感情融洽總愛互開玩笑。有一天，他們兩人在討論研究，李遠哲一時想到，列文是加大足球隊的守門員，就認眞打量了列文，心想：「他沒有我這麼高，體格也不特別像個很好的運動員啊。」於是他故意說：

「我知道你是守門員，但是，你是個好的守門員嗎？」

列文不服氣說：「遠哲，你踢五顆罰球，我確信我可以擋下五顆。」

李遠哲也霸氣回應：「怎麼可能。你守門，五顆罰球我可以踢進一半！」

「你說眞的？敢打賭嗎？我如果能把你的五顆十二碼罰球都擋下，你就讓我使用你的辦公室，也包括祕書處理行政事務，一個星期！」

「好啊。如果你輸了呢？」

「那我把加大足球隊的制服送給您。」

五點鐘，團隊成員浩浩蕩蕩地前往足球場觀戰。

兩人擺好架式，李遠哲把球放在地上，開踢了！

第一個球踢出去，踢高了，擊中門框左上角，沒進。

「沒想到遠哲踢的球速這麼快！」雖然不需要擋下這顆球，列文仍很吃驚。

「嘩！」學生們在旁邊爲李遠哲加油打氣。

李遠哲踢出第二球，這下，從球門右下角進球，列文沒來得及擋住。

「哇！」學生們紛紛叫好。

列文願賭服輸，當場脫下足球隊制服給李遠哲。但是，李遠哲搖搖手，調皮地說：「我不會收的。你得要帶回去洗乾淨再拿來送我啊。」

李遠哲贏了賭注有些飄飄然，團隊成員也津津樂道。他將列文的球衣高掛在辦公室牆上，訪客來問起，他不免要解釋一番。

畢竟是五十三歲的教授贏了二十歲的柏克萊加州大學足球守門員，李遠哲的好友們都覺得很佩服。曾與他合作研究的物理系教授沈元壤說起此事，彷彿能看見他的得意。

＊＊＊

即使是每隔幾年都進行一次的學術休假，他仍會抽空回柏克萊加大指導學生，往往學生渾然不覺他其實在休假。

一九九〇年下旬，他預先規畫了一年後回臺灣做學術休假，並昭告團隊成員，提前指點研究主題與方向；屆時由普哈瑟等博士後研究員領導其他人。

一九九一年八月下旬，李遠哲夫婦一同回到中研院原分所籌備處進行半年的學術休假。在臺大校園這由他耗費近十年推動籌設的單位，不少研究人員是他從美國一一面談延攬回臺工作。

雖說是學術「休假」，李遠哲專注於研究之際，能與志同道合的學長兼好友張昭鼎相處，也算實現年少時「做一流的科學家，與志同道合的人一起打拚」的理想。除了張昭鼎等極少數朋友，李遠哲很少透露自己「與被壓迫的人民站在一起」的信念，只因「我從小受到白色恐怖陰影的影響。」

然而，此時的臺灣正來到關鍵時刻。抵臺之後，他從許多管道聽到風聲，政府要抓人了。

政府要抓誰？

近因要從野百合學運說起。

前一年（一九九〇年）的三月，國民大會選出第八任總統李登輝。人民不滿四十幾年前在中國大陸選出的民意代表未經改選，長期擴權；三月十六日至二十二日，上千名大學生在中正紀念堂廣場發起規模龐大的學生運動，要求政府正視民主化的呼籲，提出四項主訴求：解散國民大會、廢除《動員戡亂時期臨時條款》、召開國是會議、提出政經改革時間表。

張昭鼎是李總統的舊識，居間傳遞李總統與學運領袖的訊息。後來李總統與學生會面，承諾會實現學運訴求，學運和平落幕。

不久，李總統任命參謀總長郝柏村擔任行政院長，引起臺大心理系教授楊國樞為首的知識界、社運界與反對黨不滿，上街頭抗議軍人干政。

一年之後（一九九一年），立法院於五月增訂《中華民國憲法增修條文》並廢除《動員戡亂時期臨時條款》，國民大會也因而解散，結束了「萬年國會[176]」的運作。李總統對學運學生的承諾履行了一大部分。

---

[176] 一九四九年，國民政府遷臺前選出的中央民意代表（國民大會代表、立法委員、監察委員），數十年間無法真正代表臺灣的民意。一九九一年，李登輝根據《憲法》將五百名國代全數優退，廢除國民大會。一九九二年舉行第二屆立法委員改選，監察委員改由總統任命。「萬年國會」走入歷史。

但是，五月九日發生「獨立臺灣會」[177]案，遭逮捕的四人中有一位是清大學生，且軍警是進入清大校園逮人的，導致張昭鼎在內的清大教授群前往臺北的調查局抗議。

依《刑法》第一百條與《懲治叛亂條例》第二條第一項[178]，這四人可被處以死刑，輿論譁然。社會大眾警覺到，即使解除戒嚴後，臺灣逐漸邁向民主化，白色恐怖仍陰影罩頂。

立法院也因而動作。五月十七日廢止《懲治叛亂條例》。但是，學界人士如臺大法律系教授林山田[179]等人指出，依《刑法》第一百條第一項與第二項，仍可能構成思想叛亂；爲了不讓思想成爲入罪的依據，不讓白色恐怖重演，建議廢除《刑法》第一百條。

《中華民國刑法》第一百條（內亂罪）：

意圖破壞國體，竊據國土或以非法之方法變更國憲、顛覆政府，而著手實行者，處七年以上有期徒刑；首謀者，處無期徒刑。（第一項）

預備或陰謀犯前項之罪者，處六月以上、五年以下有期徒刑。（第二項）

八月與九月，臺獨聯盟美國本部主席郭倍宏[180]與副主席李應元[181]相繼因《刑法》第一百條被逮捕，臺大經濟系教授陳師孟[182]在街頭靜坐抗議遭軍警毆打。

後來，陳師孟與臺大醫學院幾位教授前往看守所探望李應元，李鎮源[183]院士也前往探視。陳師孟認爲應要求廢除《刑法》第一百條，釋放臺獨案被關押者，否則要在雙十節反閱兵。陳師孟也成立

「一〇〇行動聯盟」，邀請蛇毒研究國際權威李鎮源擔任名譽召集人。

「《刑法》第一百條的言論叛亂罪，規定主謀者無期徒刑或死刑，限制人民言論自由及集會自

---

177 又稱「獨臺會案」。法務部調查局宣稱清大歷史系碩士生廖偉程、臺大社會所畢業生陳正然、民進黨籍的社運人士王秀惠、傳道士林銀福，以及協助林銀福張貼文宣的安正光等五人，受在日本的臺獨人士史明資助，在臺灣發展獨立臺灣會組織，有叛亂之嫌，遂進行逮捕。但實情是這五人只是閱讀了史明撰寫的《臺灣人四百年史》，赴日拜會史明，回臺後協助發放文宣。

178 《懲治叛亂條例》第二條第一項條文：凡觸犯《刑法》第一百條至第一〇四條者，處唯一死刑。簡稱「二條一」，亦即，若法官認為被告有顛覆國家的意圖（思想犯），就會被判刑，而在動員戡亂時期更加重刑度為唯一死刑。許多白色恐怖受害者皆因此條文遭槍決。

179 已故刑法學權威。曾任臺大、政大、輔大、中央警官大學等校法律系教授。參與一〇〇行動聯盟，推動廢止《刑法》第一百條。曾任臺灣教授協會會長、建國黨副主席、陳定南教育基金會董事長等。

180 一九五五～，北卡羅來納州立大學土木工程博士，碩士。在美國從事臺獨運動，被國民黨政府列入黑名單，後闖關回臺遭逮捕，《刑法》一百條修法後獲釋。曾經營建築與營造業，現為民間全民電視臺董事長。

181 一九五三～，北卡羅來納州立大學醫療經濟學博士。在美從事臺獨運動，被列入黑名單，後偷渡回臺，之後被捕，於《刑法》一百條修法後出獄。曾任立法委員。現為環保署長。

182 俄亥俄州立大學博士，經濟學者。臺大經濟系兼任教授。曾任總統府祕書長、中研院三民主義研究所研究員等。祖父為蔣介石文膽陳布雷，父為經濟農業學者陳遲。

183 一九一五～二〇〇一，蛇毒研究國際權威。對神經性蛇毒研究造詣尤深，曾獲國際毒素學會最高榮譽Redi獎。曾任臺大醫院院長、中研院院士、國際毒素學會會長等。晚年致力推動臺灣言論自由與民主化。曾創辦臺灣醫界聯盟、建國黨。

由，是一個百分之百的惡法。」[184]七十五歲的李鎮源深知，「我的時間不多了，快要來不及了，我應該要趕快推動廢止《刑法》一百條……這些年來，我埋首實驗室裡研究，不問世事。但是最近幾年，卻常常想起當年這些不幸罹難的同事和好友[185]，深感內疚。我一定要為他們平反，並且廢止這個惡法。」

李鎮源挺身支持後，知識界一行人到立法院請願、抗議，赴國民黨中央黨部要求辯論，議題受到社會重視，聲援民眾越發增加。國民黨高層人士居間溝通願意修法，「但不被行政院長郝柏村同意。後來李登輝派集思會[186]的人士及清華大學的張昭鼎來，說郝院長會派軍隊鎮壓，會造成流血。我們的反閱兵是和平、非武力的，要送花給閱兵的軍隊，放氣球寫諷刺的字，後來改在臺大醫學院門口舉行靜坐[187]。」李鎮源說。

「一〇〇行動聯盟」頓時成為新聞焦點，同一時刻，剛回臺展開學術休假的李遠哲頻頻聽見「政府要抓人了」的風聲。

李遠哲不清楚臺灣近來追求民主化與言論自由的脈絡，也不熟悉李鎮源院士；但秉持知識分子的道德良知，他認為政府應該傾聽人民的聲音，而非流血鎮壓，「政府抓人，只會引起更多的反抗。」

他詢問清大物理系教授沈君山[188]：「聽風聲說政府要抓人。是誰能做決定抓不抓人呢？」

「行政院長郝柏村。」曾任行政院政務委員的沈君山在國民黨的黨政層峰有人脈，一語道破眼下的政治權力局勢，郝柏村掌有比李總統更高的實權。

「還有一位，是國安局局長宋心濂（一九二二～一九九五）。」沈君山又說。

沈君山所言也證實了李遠哲曾聽過的一種說法：「李登輝並不是眞的有能力決定抓人，或不抓人。」

「那麼，你能幫我安排見郝柏村嗎？」李遠哲決心挺身而出。

就這樣，八月底，李遠哲去見了郝柏村。

見面前，李遠哲思索，「該怎麼取得郝柏村對我的信賴？」

他前後見了郝柏村三次。

第一次，他跟郝柏村談科學與教育，因爲這是他的專業，「我希望郝柏村能明白我關心臺灣的科學教育，我也是關心社會的人。」

第二次，李遠哲跟郝柏村談臺灣歷史，尤其著重二次世界大戰前的臺灣，那是國民黨軍旅出身的

---

184 引自《臺灣的良知—李鎮源教授》，李明瑱、林靜靜合著，商周出版。頁二三三。

185 包括臺大醫院第三內科主任許強、眼科代主任胡鑫麟、耳鼻科蘇友鵬、皮膚科胡兩神、曾任學生會主席的葉盛吉等人，李鎮源指出，他們都是有正義感的臺灣菁英，想要救臺灣，想要改革臺大醫院，因而經常集會討論，卻遭白色恐怖毒手。詳見《臺灣的良知—李鎮源教授》，商周出版。頁二二一。

186 國民黨內親李登輝的次級問政團體，成員有黃主文、陳哲男、吳梓等人。

187 同注184。

188 一九二三〜，物理學者。曾任清大校長、理學院院長等。其父為協助土地改革、水利與發展農業經濟的農業專家沈宗瀚。

外省人郝柏村陌生的。

直到第三次會面，李遠哲對郝柏村談起臺灣社會。他強調，社會進步與民主化過程裡會有多元的聲音，並希望郝柏村不要「抓人」。

他們談到清廉，郝柏村表示自己和李遠哲一樣清廉；不同的是，李遠哲沒碰過「大錢」，但郝柏村自己是經常處理大錢的人。

他們也談國家，郝柏村也向他說：「我們有軍隊，我們有《憲法》，依照《憲法》選舉，我們怎麼會不是一個國家呢？」

結束與郝柏村的會面後，李遠哲去見了掌管我國最主要情報工作的國安局局長宋心濂。談話中，宋心濂誤以爲李遠哲是從事政治運動的學者。他表示，自己從美國回來，並沒有參與最近這一波民主運動，「我只是希望你們不要抓人。」

宋心濂卻反覆表示：「你們只准從體制內改革，體制外的改革是不容許的！」不熟悉臺灣政壇用語的李遠哲心中不解：「何謂體制內？什麼又是體制外？」

李遠哲與郝柏村見面一事，只有沈君山與李總統知情；他與宋心濂見面，也只有沈君山知道。

畢竟是返臺進行學術休假，李遠哲雖關心社會，主要心力仍在研究與講學，偶爾才抽空回新竹老家陪母親李蔡配。有一天，李蔡配見到他，神色異常驚慌，彷彿大難臨頭。

「遠哲，你出事了！」

「怎麼了？」

「我接到總統侍衛隊長打電話來，說他們要找你去，我擔心得不得了。」李蔡配從李遠哲年少就擔心他讀禁書會被抓走，難道當年的恐懼可能成眞？

李遠哲告訴母親，是李總統邀集一些本省籍人士到臺北賓館共商國事，也邀請他參加。會中，司法院長林洋港還高聲問道：「我們今天的這場會議，『上面』[189]知道嗎？」

李登輝當場指著總統府機要室主任焦仁和說：「有啊。他在記錄，這紀錄會送上去的。」

李遠哲整場會議都沒有發言。

十月十日，傳聞政府會動手抓人的時間到了。

李鎮源院士、林山田教授在距離總統府約五百公尺的臺大醫學院基礎醫學大樓前靜坐，爭取廢除《刑法》一百條。「凌晨一點鐘，靜坐的三、四百人一個一個被抬走，三更半夜被丟到郊外甚至新竹等很遠的地方，其中還有女性在內；國民黨這款無人性的做法，實在使人心痛。剩下的三、四十人中，還有很多年紀大的，經陳維昭[190]協調才停止強制搬離運走，所有靜坐的人被層層圍住，直到中午十二點閱兵結束。」遭強制抬走的李鎮源悲憤地說。

---

189 「上面」應指國民黨內的「大老」，皆為曾任資深高官的國民黨員。

190 曾任臺大校長、臺大醫學院院長等。臺大醫學院畢業。

李遠哲挺身而出是否眞發揮作用，使李鎭源等人免於流血鎭壓或牢獄之災？

從結果來看，或許有。

但李遠哲卻說：「我不知道，因爲一件事會怎麼轉變，往往有很多複雜的力量在其中。」

回到臺灣才一個學期，民主化浪潮就逼得李遠哲走出象牙塔。他也慶幸，儘管政府向來對他不友善，他對國內情勢也不熟悉，好友張昭鼎爲他擋掉了許多麻煩。

而這段時間，許多單位邀請他出席或演講，張昭鼎就像是他的代理人，給予他建議或代爲安排。他陸續應邀到清大、竹中校慶、不少公會或學會的演講，每每與年輕學生見面，他就分外開心。

他也常碰到企業家或教授勸他回臺灣服務。不少企業家甚至直接問：「李教授，要花多少研究經費請您，您才願意回來臺灣？」張昭鼎也不時問他：「李總統很希望你早一點回臺來領導臺灣的學術。」他總是笑而不答。他曾經承諾要回來與家鄉父老同甘苦，但是自己的研究團隊還有許多主題尙在進行，也有許多學生要指導，他怎能丟下不管呢？

「等我六十歲退休了再回臺灣吧！」他承諾張昭鼎。

他到宜蘭對中學生演講，談起留美後首度回臺時，看到家鄉新竹的樸實小城風貌全然改變，起造了許多水泥建築，兒時嬉遊的榕樹群被砍除、對街偌大的孔廟遭遷移、隔鄰的新竹家政女子學校也已改建商場，自己住過的房間則因道路重畫而拆除，「我記憶的一切都被抹掉了，一點都沒有家鄉的感覺。」

直到數年前與吳錦麗到花蓮海邊，看見漁民在牽罟，昔日在新竹南寮看漁民捕魚的印象才湧上心頭，一點一點找回了家鄉的感覺，也因此喜歡上花蓮。

「有人對我說，如果我喜歡花蓮，那麼一定會更喜歡純樸的宜蘭。我來到宜蘭後發現，他們說的果然是真的。」李遠哲說。

也經由張昭鼎引介，李遠哲很早就認識了阿瘦皮鞋創辦人羅水木[191]、經營建設公司的吳劍森[192]等企業家，這幾位白手起家的誠懇宜蘭人，使他每次回臺總不忘探訪老友。

一九九二年初，李遠哲完成了這場學術休假，也結束這場短暫走出象牙塔的非預期旅程。回到柏克萊時，學生們很高興，跟他談了很多，話題毫無禁忌。

李遠哲沒有預料，回臺灣跨出象牙塔的這一個學期，意外見證了歷史巨輪的滾動。和平靜坐人士引發漣漪般效應[193]，前仆後繼的體制外改革，在體制內的立法院也有所呼應。在

191 一九三〇～，張昭鼎紀念基金會董事，阿瘦集團創辦人。在宜蘭縣冬山鄉捐助成立羅水木紀念圖書館，李遠哲不少藏書都捐往此處。

192 一九四九～，張昭鼎紀念基金會董事，宜蘭縣同鄉會總幹事。從事營建業。

193 這段時間，民間提出以臺灣名義加入聯合國，民進黨也提出臺獨黨綱，都踩到郝柏村內閣的言論紅線。該年十一月，郝柏村以民進黨的臺獨黨綱違反《人民團體組織法》欲解散民進黨，但李登輝與其達成「在政局安定的前提下慎重處理」的共識。詳見若林正丈《戰後臺灣政治史》，臺大出版中心，二〇一四。

白色恐怖受害者如立法委員盧修一[194]等人努力下，一九九二年五月，立法院終於修改《刑法》第一百條。新條文在「著手實行」前增加「以強暴或脅迫」字眼，從此，思想不能入罪，必須有行動才能算叛亂。過往威權政府限制人民言論與思想自由的統治，法律上來到盡頭。

第一百條新條文如下：

意圖破壞國體，竊據國土，或以非法之方法變更國憲、顛覆政府，而以強暴或脅迫著手實行者，處七年以上有期徒刑；首謀者，處無期徒刑。

預備犯前項之罪者，處六月以上五年以下有期徒刑。

此二法律依序廢止與修正後，獨臺會案人士，郭倍宏、李應元等人陸續獲得釋放。籠罩臺灣四十三年的白色恐怖陰影，雨過天青。

＊＊＊

即使遠在加州，象牙塔外的事件仍不斷牽引著李遠哲。

一九九二年底，立法院從一九四八年第一屆選舉以來，眞正全面改選第二屆立法委員。選舉結果揭曉，國民黨席次銳減，民進黨席次大增，占總席次三分之一，成爲國會第二大黨。

一九九三年一月下旬，李鎭源、林山田與陳師孟三位教授來到加州，李遠哲抽空與他們見面，關心臺灣的發展。

三位臺灣教授討論著郝柏村內閣是否改組[195]、李總統的權力是否被架空等議題，也都同意本土派人士沒有分裂的本錢。

李遠哲表示自己對臺灣政局不清楚，但是強調：「以臺美貿易量，以及大陸與美國的貿易量來看，臺灣當下的經濟優勢比大陸強很多，現在應該要把握這個優勢，穩住兩岸關係，並把臺灣的民主化放在比國家認同更前面才對。臺灣與大陸本來現在就是分開的兩個政治實體，如果臺灣在民主化走得更快，總統民選（人民直選），『大老』影響的解除，在世界上使每個國家看到臺灣的進步，看到臺灣是眞正民主的地方，與中國大陸確實是很不一樣，才能受到國際的尊重。」

他也提醒：「不要太依賴美國，他們爲了利益會不惜出賣臺灣的。尤其是中國大陸與美國的貿易量超過臺灣與美國的貿易量時。」

194 一九四一～一九九八，巴黎大學政治學博士。一九八〇年返臺任教，遭指控涉嫌叛亂，為白色恐怖受害者。一九八八年加入民進黨，一九八九年參選立法委員增額補選並高票當選，並連任三屆。推動臺灣之法制民主普及推廣本土歌謠不遺餘力。後罹癌逝世。

195 一九九三年二月底，郝柏村內閣總辭，由連戰組閣。社會上「反軍人干政」的聲浪自此絕跡。

民主化的浪潮，持續鬆動國民黨一黨獨大的局面，白色恐怖陰影似漸褪去。李遠哲立於象牙塔內外交界，年輕至今的抱負依然提醒著他：成為一流科學家，對世界做出貢獻，與志同道合的夥伴一起打拚。

他仍想繼續在化學動態學做出貢獻，但後者的呼喚卻更為強烈。

未來，還會有什麼樣的力量牽引他呢？

專注研究與公務之外，李遠哲也很願意幫學生解決問題，耐心應對。照片中為其於柏克萊加大指導的博士生羅莉·巴特勒（左）曾說：「如果檢驗器出問題，尤其是遠哲設計的分子束儀器出問題，他會捲起袖子爬到機器上面，幫你把檢驗器指出來並修理好。」

第三十章 該也是我回家的時候

一九九三年三月上旬，李遠哲返臺開會，會後準備搭機返美，卻聽聞中研院原分所籌備處主任張昭鼎因氣喘發作住進臺大醫院。他受限既定行程，無法到醫院探病，旋即電話聯繫張昭鼎。

「昭鼎兄，我現在要上飛機了，聽說你氣喘發作住院，現在情況怎麼樣？」李遠哲的聲音透露著深切的關心。

電話那頭，向來開朗的張昭鼎說：「我好了，沒事了！」

「是嗎？要多休息，原分所的工作不比身體重要，你多休養幾天吧！」

「沒事了，只要把氣喘鎮住了就跟常人沒兩樣啊！既然在電話上，我們來討論一些原分所的事情吧！」

儘管張昭鼎一直覺得沒有大礙，李遠哲仍懸念著。回到美國後，李遠哲與張昭鼎聯繫了幾次，卻聽說張昭鼎數度從醫院請假外出參加活動，雖說是經過醫師允許，心裡仍隱隱不安。

四月，同步輻射研究中心完成十三億電子伏特電子束儲存，是全球第三座、亞洲第一座第三代同步加速器試車成功。李遠哲雖然從一九八〇年代初期就協助催生與推動，更是指導委員之一，卻因過於忙碌而無暇親自見證，遂傳眞了「光芒萬丈」的手書向計畫負責人閻愛德恭賀。

爲了強化臺灣的基礎科學研究，他除了與有志者催生同步輻射研究中心與中研院原分所；一九九二年十月成立的臺灣大學凝態科學研究中心[196]，也是他與中研院沈元壤院士倡議，他回臺奔走推動成立。

四月二十五日，李遠哲忙完一個多星期的美國東部的會議及陳嘉庚國際學會的緊湊行程，搭機回到柏克萊。

舊金山機場出來，吳錦麗在濛濛細雨中開車來接機。他雖然疲倦，在車內仍述說過去一星期的見聞與感想，而吳錦麗似乎格外沉默。

照例，車子先開到柏克萊加大的辦公室，李遠哲先處理一些亟待處理之事才回家。桌上疊著不少傳眞機傳來的資料，一眼就看到張昭鼎傳來的幾張信紙，右上角幾行字很清晰：「星期五晚上再打電話給你」。

這是他們的默契，每週聯絡一、兩次，通常星期五傍晚原分所籌備處辦公室下班前，即柏克萊的星期四午夜十二點鐘，李遠哲會接到張昭鼎的來電，就傳眞信紙上敘明的事件加以討論。從一九八二

---

[196] 一九九一年設立籌備處，一九九二年成立。沈元壤倡議之初以美國貝爾實驗室為藍本，希望臺灣能成立高級的凝態科學研究機構，做尖端的物理學研究。

年底原分所籌備處成立起至今近十一年來，他們一直這樣溝通討論。

回到家裡之後，他稍作休息，眼睛盯著牆上的時鐘，就快要十二點，該也是張昭鼎打電話的時候了，等啊等、等啊等，一分一秒過去……

他絲毫不知，吳錦麗隱忍已久的悲傷，早已按捺不住。

早在下午，吳錦麗接到李遠鵬從新竹的來電：「大嫂，張昭鼎教授過世了……」

傍晚，她忍住哀戚，故作平靜地開車到舊金山機場接機。

「我不敢告訴遠哲，怕他會太激動。」她心想。陪伴他到學校實驗室處理完部分事務，回到家後，她煮了一碗麵讓他吃下，不住盤算著和盤托出的最佳時間點。直到李遠哲飽足了，一如以往輕鬆地坐在書房裡，盯著牆上的時鐘，等待著熟悉的電話鈴聲……

這時，吳錦麗輕聲說：「遠哲，我有一個很不好的消息要告訴你，昭鼎兄今晨與世長辭了。」

李遠哲震驚不已，隨即雙手掩面，激動得不能自已，兩行熱淚汨汨流下，如墜百丈深淵。「他不該這麼早走！怎麼能不先道別便悄悄地離去呢？他不是在等著有一天我也回去爲臺灣的科學教育共同努力？我們怎麼沒有能好好保護他？」

無數的往事映入腦海。

李遠哲想起一九五五年保送臺大時，當時念大三的張昭鼎建議他「成爲一流化學家」的自修書單，而後兩人逐漸熟稔而成志同道合的好友；也想起張昭鼎赴日本進修時被特務密報，險遭警備總部逮捕；還有在清大一起做研究與爬山暢談國家民族未來；他一九七二年回清大擔任客座教授重逢，喜見張昭鼎甚受學生歡迎；過去十年兩人共同爲籌備原分所努力，「剛開始的那段日子百廢待舉，他一方面在清大任教，另一方面更爲原分所籌備處的設立、大樓的籌建到處奔波。而設在臺大校園內的原分所事務則更爲複雜，與臺大校規會的溝通、大樓的規畫與設計、建築師的比圖等數不清的繁瑣工作，不知他費了多少心血。雖然我偶爾也回來幫忙，但總的說來，原分所能順利開創和優雅舒適的研究大樓，完全歸功於昭鼎的努力奮鬥。」

李遠哲還想起曾有一天，張昭鼎面帶笑容向他走近，他一看這表情就知道一定是有利於原分所的好消息，接著張昭鼎說：「遠哲，超然的諮詢委員們是沒有報酬的，但中研院的規定，諮詢委員會的主委每個月有……」李遠哲沒等張昭鼎說完就接話：「你刻個我的印章，留在辦公室，每個月領了錢後，就給原分所留做員工的年終獎金用吧！」他才說完，兩人哈哈大笑，欣見於這樣能給原分所帶來小小的額外收入。

他想起十年來兩人共同奮鬥的點點滴滴，也感念近年較常回臺灣，「增加了他的負擔，因爲幾乎我在臺灣的所有事情都經過他聯繫。他像親兄弟一樣地照顧我、保護我。如果沒有他善意地指點迷津，我那過分相信別人的習性，怕要承受了不少傷害。」

李遠哲不斷回憶著，也提起筆將胸臆中如一波波海湧來襲的追憶一股腦寫下來。「他眞的就這樣默默地走了，他背負著臺灣科技界、學術界朋友們的無限希望，是我們心目中的英豪，他不該這麼早就離開我們的。」

想起近年來，張昭鼎屢勸他回臺灣服務，而他也承諾會盡早回來。「我們不是說好要在今後五年內，把一些原分所的科學研究工作趕超世界水準嗎？……不是還討論要努力改善臺灣中小學的科學教育嗎？還有那些數不盡的、有意義的事等待我們去打拚。」

夜深了，李遠哲慣性等待張昭鼎從臺灣打來的電話，然而此刻，午夜的電話聲是再也不會響了。漫漫長夜憶友，天已將明，紅著雙眼的他，在紙上寫下：「或許眞的已到了我該回家鄉的時候了。」

四月二十六日上午，李遠哲向吳錦麗說出他凌晨甫做的決定。

儘管離李遠哲原先預定六十歲回國的時程還有三年多，他也還有很多研究主題想做，實驗室與研究團隊仍需帶領，但是，他仍決定在短時間內處理就緒，好盡快回臺灣履行對張昭鼎的承諾，爲臺灣的科學與教育打拚。他並希望接續張昭鼎遺志，完成中研院原分所的籌備工作，帶領原分所做出國際一流的研究水準。吳錦麗點點頭，表達理解與認同李遠哲的決定。

林聖賢[197]、莊東榮[198]兩位留美的原子分子科學研究好手，聽到李遠哲的決定後，即先後束裝回國服務。六月李遠哲返臺開會時，也邀集了一群關懷社會與科學的朋友籌辦張昭鼎紀念基金會。

七月五日，中研院原分所設所諮詢委員會決議聘請林聖賢以特聘研究員[199]接任籌備處主任，李遠哲期許五年內能將原分所的研究成果提升到國際一流水準。

七月八日，李遠哲參加張昭鼎的追思會時表示：「若能將美國的事務順利告一段落，將在隔年元月回國，算是對張昭鼎實踐諾言。」

會後有記者問他：「您已經成為中研院院長的熱門人選，請問您的看法？」

李遠哲向來不喜歡做行政工作，在柏克萊加大時屢被推舉為化學系主任與化學學院院長，他總是拒絕了。於是，被問到這個問題時，他直率地說：「院內有許多比我能幹的人，希望中研院能找到更適合的人選。」

令人好奇的是，吳大猷院長還在任，為何記者這麼問？

其實，幾個月來接連發生數件李遠哲毫無所悉的事：其一，早在一九九三年初，外界已經開始出現吳院長請辭的傳言。儘管吳院長否認，但謠言已經滿天飛[200]；其二，五月的立法院預算審查會，吳院長率領全院各單位主管出席，立法委員余玲雅質問吳院長已達八十六歲，是否可立即退休。儘管吳院長表示尚無辭意，仍遭立委追問[201]；其三，李崇道副院長在立法院因超導超大型加速器

197 美國猶他大學博士。中研院院士。交大理學院終身講座教授。曾任中研院原分所特聘研究員、籌備處主任、第一任所長。

198 曾任中研院原分所研究員、臺大凝態科學研究中心主任。

199 當時的中研院院長吳大猷為了延攬在國際重要領域尖端研究人才，一九九〇年修改通過《中央研究院組織法》增訂特聘研究員，使國外頂尖人才可保有不太低於國外的薪給回臺服務。

200 中研院院史卷一，頁二四九。

201 中研院院史卷一，頁二五〇。

（Superconducting Super Collider, SSC）計畫[202]遭質疑假公濟私而請辭，吳院長不久後便對外表示，待找到新院長人選即請辭，接著總統府傳來訊息，李登輝總統在等吳院長遞送辭職信。對此，吳院長表示，辭職日期尚未確定，但是再也不願意前往立法院接受侮辱性的質詢[203]。

正因此三件事，新任中研院院長的話題才浮出檯面。但是依照《中央研究院組織法》，須由中研院評議會組成新院長遴選委員會尋訪並提出新院長候選名單，由評議會投票選出新院長，並不是總統或輿論能說了算。更何況，吳院長並未辭職。

這時，李遠哲爲了實現對張昭鼎的承諾決定盡快回臺服務，旋即向學校提出辭職，但是退休金卻發生一些有趣的變化。

加州大學董事會爲了因應學校經費不足但退休基金累積過多的窘境，對教職員推出「提前退休計畫」（Voluntary Early Retirement Incentive Program, VERIP III）。簡而言之，只要年齡加三，就能適用六十歲退休。由於加州大學的退休金跟服務年資及服務年齡有關，達六十歲才能以較優厚的退休係數來計算退休金，這項計畫可使五十七歲教授能以六十歲年齡退休，並能以較佳的退休係數請領較優厚的退休金。

李遠哲於一九三六年出生，在一九九四年退休，照理說能適用此一計畫。

只是，加州大學系統的學校紛紛發布這項提前退休計畫時，唯獨柏克萊加大不同調。校長田長霖向加州大學校董事會表示，柏克萊加大的歷史較爲悠久，教授較爲資深，如果執行這項計畫，那麼可能每四名教授就有一位會提前退休，因此希望柏克萊加大實施較爲嚴格的方案：年齡加二。

有人向李遠哲轉述，會中，田長霖還向董事會說：「如果不這麼做，柏克萊加大會有諾貝爾獎得主要離開。」

李遠哲並不在乎田長霖的「挽留」，使他失去得到額外優厚退休金的機會。然而，眾所皆知的是，在美國，針對特定人訂定的法則是違憲的，有人提議李遠哲向學校董事會抗議。

「算了，我們不要爲五斗米折腰！」吳錦麗也支持他回國的決定。

過去李遠哲累積了不少可申請學術休假的權利，卻一直因忙碌而無暇申請。於是他決意在一九九四年春天申請學術休假，於一九九四年一月赴任原分所。

李遠哲的決定很快就見諸報端，臺美兩地湧來許多讚譽的信件，逢甲大學、慈濟醫學院（今慈濟

---

202 Superconducting Super Collider（SSC）由諾貝爾獎得主利昂·萊德曼（Leon M. Lederman）催生的計畫，雖是美國的大型研究計畫並在德州興建相關設施，但因不斷追加預算超過一一〇億美元而恐遭美國國會於一九九三年終止計畫。一九九二年中研院院士會議召開之際，李政道回臺央請恩師中研院院長吳大猷協助，一起前往總統府尋求支持；院士們不見吳大猷院長蹤影，覺得不受尊重，紛紛批評：「SSC金額龐大，為什麼不從院士會議提出？」「如果國家要出錢給美國SSC，勢必會排擠國內學者的研究預算。」「出錢給美國做研究，臺灣能得到什麼？國內沒有強而有力的研究基礎可支持。」一九九三年三月的國科會會議中檢討了臺灣的科技政策，其中SSC也成為話題焦點，會中，袁家騮、丁肇中也反對SSC。與會者指出，中研院副院長李崇道頻頻向國科會施壓，而李崇道正是李政道的哥哥。總之，中研院院士形成兩派意見，一派是支持SSC的吳院長，另一派是反對SSC的丁肇中、吳健雄、袁家騮、李遠哲等院士。後來，臺灣並沒有加入此一計畫，SSC也終止。

203 中研院院史卷一，頁二五一。《聯合報》，一九九三年六月十一日，二版；六月十二日，六版。

大學）等校更力邀他擔任校長等職，但他皆以專事原分所的工作而婉謝了。只是，國際學術界的回應並不樂觀，認爲臺灣不是做研究的好環境。

七月三十日，加州大學的學生報（The Daily Californian）頭版報導李遠哲即將於一九九四年夏天離開柏克萊加大，貢獻家鄉臺灣的教育與科學及相關事務；田長霖校長則表示：「盡力慰留，但李遠哲仍決心離開。」報導並引述田長霖所言：「遠哲回臺灣，對加大是很大的損失，他不僅對學術有貢獻，也活躍於美國亞裔社群，學校的各種活動如募款也很積極。不過我相信他回臺灣，受益的會是整個亞太地區。」

文中也採訪了李遠哲：「**在柏克萊加大，優秀的教授比比皆是，有沒有我，並沒有太大不同。但是在臺灣，科學的基礎還在發展，我覺得自己能幫得上忙，讓臺灣變得更好。**」

九月初，李遠哲委託朋友在中研院附近代爲租屋。他與吳錦麗採買沙發等家具，家當裝滿半個貨櫃之多，先行以船運載回臺灣。

離開的日期越來越近，柏克萊加大的挽留也越發積極。

九月下旬，柏克萊加大化學系新任系主任肯內斯・雷蒙（Kenneth N. Raymond）來信挽留。信中自責化學系過去不夠敏感，沒有察覺諾貝爾獎爲李遠哲額外加諸的各種社會責任所造成的負擔，並承諾會豁免他在大學部的教學工作。李遠哲覺得系主任有些誤會；推力雖有，但拉力更大——好友猝逝加速他希望回臺奉獻與打拚的心志。

李遠哲也停止收新學生，安排一位熟悉團隊與實驗室營運的博士後研究員帶領既有的研究，日後也有兩位剛加入團隊的博士生會隨他回臺做研究。

至於六部交叉分子束儀器，都是長期做研究的數百萬美元昂貴儀器，也是李遠哲費盡心血打造的結晶。他請示能源部能否「借給」他帶回臺灣使用。能源部表示，「這些雖然都是能源部的資產，卻是你的心血，只有你懂得怎麼樣能好好使用。你要借用的儀器可以帶回臺灣，其他就轉給接受能源部支援的團隊。」於是，他將一部儀器送給任教於柏克萊加大的學生，兩部送給曾在他的團隊中使用過儀器的兩家他校研究團隊，其他的就帶回原分所。

這時，系上很多同事打賭李遠哲一定會在半年內就回到柏克萊，「因爲，臺灣的科學研究比這裡差太遠」。但是他們並不了解，李遠哲想證明在臺灣也能做出世界一流科學研究的決心。

值此之時的臺灣，十月十五日，吳大猷院長以年事已高爲由提出辭呈，並召開中研院臨時評議會，預計由評議員提名並投票選出新任院長。而李遠哲毫無所悉的是，在立法院內卻有立法委員不顧中研院由評議會獨立選舉院長的慣例，三度臨時提案推薦他擔任院長，而議案也三次遭封殺[204]。

十二月，評議會票選新任院長的結果出爐，李遠哲獲得接近全票的最高票[205]。根據《中央研究院組織法》，評議會將票選結果送到總統府，由總統圈選一人並任命爲院長。而李總統圈選了票數最高

---

204 中研院院史卷一，頁二五二。

205 根據中研院院史卷三大事紀，頁一一三，臨時評議會中李遠哲獲得四十五票、錢煦二十六票、余英時二十五票。

的李遠哲為第七任院長。

十二月下旬，李遠哲回國與李總統會面。隨後，李遠哲召開記者會，宣布同意出任第七任中研院院長。他說：「對於回國定居的事我已經計畫了很久，本來是想回到原分所工作，並不是為了接任中研院院長，但是評議會希望我能擔任院長，李總統也信任我，所以我同意接下這個工作。我個人感到，回來最大的目的是要能對臺灣的學術發展做出貢獻。十年來，中研院雖然有很大的進步，但整體來說，國內的學術文化、科學水準還落後西方國家一大截，要迎頭趕上，中研院是負有很大任務的。未來我推動工作的重點，是希望在文化、科學、教育方面，能把臺灣帶向更高的地方……[206]」

七個月內峰迴路轉，李遠哲原欲以特聘研究員身分回原分所籌備處服務，眼下，卻將於一九九四年一月回臺赴任中研院新任院長。

離美的日期逼近，當吳錦麗被問起，總說：「遠哲有理由回臺灣，我沒有理由不跟他回去。」「我問媽媽多久以後會回來美國？她說大概五年吧？[207]」長子李以群說。

李遠哲夫婦在美國陸續出生培育的三位子女早已各自完成高等教育，獨立追尋自己的人生。

李遠哲的好友，任教於爾灣加州大學，研究臭氧層的破壞而享譽國際的化學家薛伍德．羅蘭[208]勸他：「遠哲，對全世界的人類來說，你留在美國的大環境，將能做出更大的貢獻。」

李遠哲明白羅蘭教授的用意，但是，他回臺灣貢獻的心意已決。

「那麼，你能不能告訴我，幾年後你會回來美國？希望你能到爾灣來，跟我們一起努力。」羅蘭教授問。

「好，就十年吧。」李遠哲說。

搭上回臺的飛機，許多往事浮上李遠哲的心頭，他想起自己年少時的志願：「做一流的科學家，與志同道合的人一起打拚。」也想起與張昭鼎討論國內外大事那無數志氣昂揚的生命片段，怎奈斯人已遠。

油然憶及一九六二年留美前向父母弟妹說過的話：「我一定會回來，與家鄉父老同甘苦。」逾三十年後，他終於履行了承諾。

飛機起飛，他就此告別長居逾二十三年、世外桃源般的柏克萊，即將定居於西方國家眼中，已脫離威權統治、社會逐漸民主化，而學術研究條件遠不及美國的臺灣。

「如果臺灣很好，就沒有需要我回來打拚的必要了。」李遠哲說。

只因，該也是回家的時候了。

---

206 引自《中國時報》，一九九三年十二月十九日。

207 李以群在受訪時表示，原本吳錦麗說大約回臺五年，但是後來又說要再五年，後來不斷延長在臺時間，身為子女的他們也已能慢慢接受父母親長居臺灣，無法相伴左右的事實。

208 Frank Sherwood Rowland，一九二七～二〇一二，曾任爾灣加州大學化學系教授，專研大氣化學與化學動力學。因發現氟氯碳化物會破壞臭氧層於一九九五年獲得諾貝爾化學獎。李遠哲的摯友。

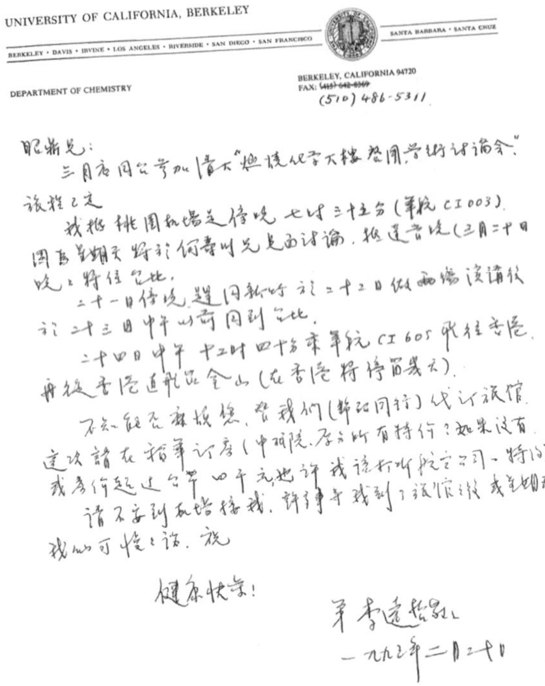
UNIVERSITY OF CALIFORNIA, BERKELEY
BERKELEY • DAVIS • IRVINE • LOS ANGELES • RIVERSIDE • SAN DIEGO • SAN FRANCISCO
SANTA BARBARA • SANTA CRUZ
DEPARTMENT OF CHEMISTRY
BERKELEY, CALIFORNIA 94720
FAX: ~~(415) 642-8369~~ (510) 486-5311

昭鼎兄：
三月底回台参加清大"燃烧化学大楼启用学术讨论会"，
旅程已定
我将抵桃园机场是停晚七时三十五分（华航CI003），
因为星期天将於何寿川兄处面讨论，抵达当晚（三月二十日）
晚上将住台北。
二十一日傍晚赶回新竹，於二十二日做两场演讲後
於二十三日中午以前回到台北。
二十四日中午十二时四十分乘华航CI605飞往香港，
再从香港直飞旧金山（在香港将停留几天）。
不知能否麻烦您，替我们（锦玲同行）代订旅馆，
这次请在稍华订房（中研院、原分所有特价？如果没有
我希望超过台币四千元，也许我该打给航空公司、特约），
请不要到机场接我，许多事我到了旅馆後，或星期天
我们可慢慢谈。祝
健康快乐！
弟 李远哲敬上
一九九三年二月二十日

1

3

2

1 李遠哲一九九三年三月回國參加研討會前寫給張昭鼎的信，文中道盡兩人情誼。

2 3 自青年時期啟發李遠哲學習成長的張昭鼎（2、3 均為右一），一直是李遠哲為志業奮鬥的好夥伴。他的病逝，讓李遠哲悲慟不已，並決定提前返臺為臺灣的科學與教育服務。（張寧芝提供）

第三部

與家鄉父老同甘苦

第一章 老院新生的挑戰

一九九四年元月，旅居美國三十多年之後，我終於回到我的故鄉。回鄉之情倒沒有那麼複雜。與其說是對故鄉的眷戀，倒不如說是對這塊養育我二十六年的土地有強烈的責任感，一直使我不能安寧……

我離開加州大學的時候，很多化學系的同事問我：「難道臺灣眞的那麼美好？爲什麼我願意放棄長期建立的穩固基地，捨他們而去？」

我告訴他們，如果臺灣已是美好的地方，我會繼續留在加州大學的實驗室，埋首我的研究工作。臺灣雖曾被稱爲美麗島，但眼前顯然有許多問題正等待大家努力去解決。在全球化、民主化的過程中，臺灣確實充滿了挑戰與希望。科學、教育與文化的提升更是迫在眉睫，這也是我爲什麼願意接受挑戰，回到我幼時成長的故鄉，與家鄉父老同甘苦。

——李遠哲[1]

清晨的浮雲不再如以往盤桓於住家窗前，日出景色迥異於加州所見，李遠哲醒轉之處已是朝思暮想的家鄉臺灣。

「我去新院長交接典禮了！妳待會兒再過來！」他向吳錦麗道別，從賃居的汐止綠野山坡社區開車出來。

順著東勢街開往舊莊路，沿途沒什麼住家，環境也不算整潔；路邊是典型老舊紅磚屋，間雜著一個個黝暗的小店鋪。轉進研究院路，馬上就到了中央研究院的大門口，一堵高又長的圍牆將一切掩蔽，其內，是鄰近居民心目中神祕的存在。這時，鐵柵大門已然敞開，李遠哲的座車獲准進入院區，喀隆喀隆，車身顛了幾下，駛在坑坑窪窪的路面上。

一九二八年在中國南京成立，一九四九年隨國民政府遷臺，輾轉於一九五四年設址南港，四十年來，中央研究院即坐落於此。進入大門後右手邊第一棟，爲行政大樓。一九九四年一月十五日，李遠哲從吳大猷前院長手上接過印信，完成交接儀式起，院長辦公室就成了他的駐紮地，他要以院長的角色，將中研院的研究水準推上國際學術版圖。

上任後，李遠哲走進院長辦公區，先看到祕書的辦公區與會客區；經過一個隔間，再往內就是院長辦公室。一位主管走進來建議他整修院長室。

「不。」他在院長辦公桌前坐下，約一七八公分的他，個子還比吳前院長高上不少，椅子相形之

1　李遠哲寫於二〇〇一年十二月十日，瑞典斯德哥爾摩。摘自《世紀之交的臺灣與世界》，頁十，李遠哲著，遠流出版。

下略顯低矮，他說：「我只要換一張椅子就可以了。」

坐定，他批了第一份公文，那是他到任前，院務會議通過的優遇吳前院長一案。接著，他捲起袖子走出院長室，即將分別與院內十七個研究所、四個研究所籌備處[2]的研究人員座談，傾聽他們的建議與心聲。

這是中研院創設以來，第一次有院長親自來到各所和同仁座談。小小的舉動，卻也是劃時代的分野。

一九九三年底，李遠哲宣布願意出任中研院院長，返美後天天都打越洋電話回臺灣請教院士及院內研究人員，盡可能在上任前對院務多做了解。

李遠哲還特別請教前任美國總統科技顧問諾門．海克曼[3]教授，希望這位行政經驗豐富的長輩爲他指點迷津。

「擔任學術行政主管的必要條件是什麼呢？」他問。

「有兩件事很重要。」海克曼教授說：「一個是對複雜的事做出客觀分析和明快的判斷；另一個是對人要夠敏感（sensitive）。依我的觀察，你這兩個條件都非常理想，毫無疑問地，你將能勝任愉快！」

李遠哲與海克曼教授曾在許多不同機構的諮詢委員會共事，例如哈佛大學化學系、布魯克黑文國家實驗室（Brookhaven National Laboratory, BNL）、美國專門支持化學基礎研究與教育的威爾區基金會（The Welch Foundation），他相信海克曼教授的說明並非僅是出於善意或客氣，而是誠懇且實在的。

他謹記在心，要「用心」來領導中研院。

下班時，司機要開車送李遠哲回家，「不用了！我就住附近，我早上就是自己開車來的，我可以開自己的車回去。」他說完，就開著車回家了。

回到家，見到吳錦麗，他問：「妳今天怎麼沒有來交接典禮呢？」

「我去了，但是你的同事對我說：『我們一切都準備就緒。您可以回去了。』我想，他們應該沒有邀請我的意思，我就又回來了。」吳錦麗說。

在西方，重要典禮都會邀請夫婦共同出席，諾貝爾獎或白宮的美國國家科學獎頒獎典禮皆然。在美國待了三十二年，兩人早已習慣此種文化，怎料回到臺灣，似乎又跌回男尊女卑的傳統。

---

[2] 數理科學方面計有：數學、物理、化學、地球科學、資訊科學、統計科學等六個研究所，以及原子分子科學研究所籌備處、天文及天文物理研究所等兩個籌備處；生命科學方面計有：植物、動物、生物化學、分子生物、生物醫學科學等五個研究所；人文社會科學方面計有：歷史語言、民族學、近代史、經濟、歐美、中山人文社會科學等六個研究所，與中國文哲研究所、臺灣歷史研究所兩個籌備處。

[3] Norman Hackerman，一九一二～二〇〇七，美國化學家，為全球知名的金屬腐蝕專家。曾任德州奧斯丁大學校長、萊斯大學校長。

隔天，李遠哲自行開車到院內，年紀較長的中研院副院長羅銅壁前來關切，爲何他自己開車上班。

「我住很近，可以自己開車。不用麻煩院內的司機特地來載我。」李遠哲說，「我到市區或洽公時，再請司機載我就好了。」

依規定，中研院的院長、副院長由院方安排座車與司機接送。如今，身爲院長的李遠哲自己開車，那麼副院長豈不是也該自己開車嗎？

美式作風碰上院內規矩，恐怕不是一朝一夕能改，李遠哲只好接受羅銅壁的規勸，從此由司機接送上下班。

李遠哲來到中研院植物所簡樸的國際會議廳門口，所長周昌弘[4]引著他進入會議廳，並依在地禮俗向廳內研究人員喊道：「李院長到了，我們鼓掌！」

「不要這樣。」李遠哲搖手示意。

「從這個動作，我就知道，這是他的特質。」周昌弘觀察，這位溫文儒雅的新院長，不擺架子，也不要八股。

中研院區長長的圍牆內，七四九名編制內研究人員及其他研究與行政人員[5]，對李遠哲既期待又忐忑。

有人興奮。

「他是諾貝爾獎得主，願意來主持中研院，我們當然是沾光啊！」歷史語言研究所研究員黃進興[6]說。

有人靜觀其變。

多數研究人員不習慣在座談等公開場合發表意見，此為文化習慣使然，但李遠哲仍聽取不少資訊，並強調：「研究人員都可以直接來找我談，跟我的祕書約時間即可。」

有人殷殷期盼。

他來到好幾個研究所，氣氛友善而親切，座談結束後，研究人員還送到門口，依依不捨地叮嚀他要多「保重」。

也有人不以為然。

他與某個所的研究人員座談時，一位美國名校畢業的年輕人說：「你們來當院長的，都是來等死

---

4 植物生態學家。曾任屏東科技大學校長、中研院植物所所長。世界科學院院士。中研院院士。

5 根據立法院公報八十三卷第二十一期會議紀錄，截至一九九四年二月底止，中研院現有人員共二四〇八人，包含一：預算員額共計一〇五七人，其中研究人員七四九人（五二九位博士、一五六位碩士、六四位學士）、行政人員二三六人、技術人員七二人、約聘雇人員六一人；二，業務費項下人員七〇九人；三，專案研究計畫項下人員五八一人。

6 漢學家。中研院副院長。曾任中研院歷史語言研究所所長、研究員。哈佛大學歷史博士。中研院院士。

的！」

李遠哲很訝異，心想：「我才滿五十七歲，還年輕力壯，這個人怎麼這麼沒有禮貌，說這樣的話？」但他沒有動怒，仍婉言回應：「我滿懷熱忱想要回來提升中央研究院，我不是來等死的。若哪天在院內出了意外，必定是在院內的交叉路口被車撞到。可能是因爲大家開車太快，也不守交通規則吧。」

總辦事處長李國偉[7]觀察：「李院長將這句話聽進心裡去，後來到其他所座談時，都會引述這段話，強調他不是來等死的。」

其實，早在一九七六年，李國偉來到中研院數學所工作時，就聽人說這裡是「中央養老院」。這種嘲諷有兩個意思：一是給院長等死，一是給研究人員養老的地方。

以前者而言，確曾有幾位院長在任時離世。但李遠哲就任前就下定決心，將會把院長終身職改爲任期制，五年一任，最多連任一次。「如果一位院長做兩任十年後，還沒能實現理想，也該離開了。」他認爲。

至於研究人員養老的說法，儘管對認眞進行學術研究的同仁很不公平，但亦非一朝一夕，歸因於長期以來研究經費不足、缺乏研究人力。

植物所所長周昌弘說起自己一九七二年回來擔任副研究員，當時中研院的年預算不過十幾億元，必須自己四處申請研究經費的窘境。「申請國科會生物研究中心的生態研究計畫，經費只有六萬元，扣掉兩萬元的助理薪水和一萬元的耗材，非常難做研究，我只能撿郭宗德[8]院士丟出來的瓶瓶罐罐，洗一洗拿來用。儀器要跟所裡借用，還跟另一個研究員合用一個冰箱。」而且，研究人員擬定研究主題後，什麼工作都要自己做，因爲中研院不收學生，缺乏研究人力，使得研究人員傾向於做經費不太高、規模小一點的主題。

有鑑於研究經費不足導致的種種問題，中研院院士們曾提案因應。

一九七八年，第十三次院士會議中聯名建議擬定五年發展計畫。錢思亮院長據此提出，經行政院政務委員李國鼎批准，於一九八二年[9]開始執行。此後大興土木，增加員額，不少歸國博士進入中研院服務；五年後，研究人員總數達到四〇二人[10]，比前五年成長了六一％。

五年計畫實施後，建築工程經費占預算比例高，導致研究水準仍難提升。

---

7 美國杜克大學數學博士。曾任中研院總辦事處處長、數學研究所所長及研究員等。致力推廣科學普及，並長於科學寫作。

8 植物學家。美國戴維斯加州大學植物學博士。曾任中研院植物所所長。

9 一九七一年十二月十七日公布的《預算法》，政府會計年度以每年七月一日為一年之始，次年六月三十日終了，以次年的中華民國紀元年次為年度名稱。一九九八年十二月修法，會計年度改為每年一月一日開始，十二月三十一日結束，以當年的中華民國紀元年次為年度名稱。

10 引自中研院院史卷一，頁一九〇、一九一。不過，生醫所、分生所與原分所籌設的預算並不在第一期五年計畫中。

「因爲預算很少，比較貴的，大部頭的書就買不起了，要經過圖書委員會決定，重要的書才能買。我們文科比較簡單，只要有書就好了。但是數理或生物不能這樣，我中午去餐廳吃飯，聽到鄰桌數理與生物的研究人員在說，訂購的儀器明年才能送來。沒儀器就不能做實驗啊！」一九八三年進入歷史語言研究所擔任副研究員的黃進興說。

低預算造成惡性循環，研究水準仍待提升。「中研院化學所的研究水準比不上臺大、清大、交大，連淡江都比不上，可說是不入流。」臺大與中研院化學所合聘教授彭旭明坦承一九八〇年代初期情形。

一九八三年，吳大猷接任院長後，繼續規畫第二個五年計畫。

吳大猷尊重各所的學術獨立和研究自由，將各研究單位提出的計畫彙合成厚厚一巨冊，名爲第二個五年計畫。儘管行政院政務委員李國鼎審查後指出各種缺點，包括各所缺乏整合、對外合作不夠、人員延攬不夠理想、論文題目太小、視野狹窄等；吳大猷仍認爲解決之道是政府大幅度改善設備與薪資[11]。第二個五年計畫的預算被刪減爲每年十億左右，於一九八七年起實施。但隔年新上任的政務委員沈君山是吳大猷的學生，並沒有大刪預算，預算因而大幅提升至一年三十多億[12]。

吳大猷隨後又提出第三個五年計畫，亦是由各研究單位提出後彙合而成。中研院的評議會對此提出原則性建議[13]後，接著送到行政院，經李國鼎的下屬審查並提出建議[14]後仍順利通過，一九九二年執行。

簡而言之，錢思亮與吳大猷兩位前院長接力爭取三個五年計畫並將預算提高到三、四十億，儘管比不上年預算動輒逾七十億的工研院[15]或上百億的中科院[16]，仍有所助益。

政府的發展思維向來是重硬體輕軟體。「沒有蓋大樓，經費就不下來，所以，三個五年計畫，先前為中研院爭取到了經費，硬體、人員，發展成較大的規模，這要歸功錢思亮、吳大猷等兩位院長。」中研院民族所研究員瞿海源[17]指出。

---

11 引自中研院院史卷一，頁二三二與二三三。

12 引自中研院院史卷一，頁二三三。

13 如整體景觀規畫應綠化與美化，購買貴重儀器設備與圖書避免重複和浪費；人力資源應注重適當規模不可一味擴張，嚴格實行學術諮詢和升等續聘的評審制度；發展方向與策略上要加強國際和兩岸合作、與院士聯繫、所際合作、與外界合作等；人文組應加強臺灣本土與中國大陸研究，生物組應加強生命科學；地球所應加強與中央氣象局合作；化學所加強合成方面的研究；數理所應加強培育及延攬高級數學人才等。引自中研院院史卷一，頁二三四與二三五。

14 包括應增加跨所或院際合作，其他研究機構能做的應用科學研究不宜列為發展重點，經費成長應力求平穩，第二年預算項目的建築經費過高，研究人員老化應加強延攬新人，缺乏整合，例如生物組的五個所都有各自的蛋白質工程研究等。引自中研院院史卷一，頁二三五與二三六。

15 工業技術研究院：經濟部下轄之財團法人。一九七三年成立，以科技研發帶動產業發展，創造經濟價值，增進社會福祉為宗旨。至今累積逾兩萬件專利，新創育成二四〇家公司。

16 國家中山科學研究院：隸屬於國防部，董事長由國防部長兼任。成立於一九六九年。創設時肩負核能、火箭、電子及化學材料科學等研究開發。

17 社會學者，堅持論政而不參政的知識分子，對臺灣民主化進程貢獻良多。曾任中研院社會所所長、民族所研究員、澄社社長等。

三個五年計畫開始執行後，先前中研院評議會與李國鼎擔心的問題仍出現了。各個單位都有嚴重的本位主義，院的領導階層無法整合規畫，每個所都爭取名額、爭取預算，最後許多所都要興建和擴建研究大樓，卻無法考量全院的整體景觀規畫，尤其避免資源的浪費[18]。

雪上加霜的是，中研院八十三年年度預算編列約五十四億，行政院核減爲三十多億，立法院更刪到二十九多億，比原列預算減少四五．二九％[19]。

李遠哲接任院長之際，正值第三個五年計畫中期，問題叢生之際。

翻開院長行事曆，塡滿各種會議、座談。白天，李遠哲盡快簽署完急件公文，傾聽研究人員的心聲，了解院務，做決策，下班後再將公文帶回家批閱，總是忙到凌晨兩點以後，次晨八點就到院內上班，從未睡足六小時，生活節奏恍如走馬燈。

仔細分析全院的預算與經費，李遠哲了解到，由於預算遭大幅刪減，興建新大樓的支出占比例過高，嚴重壓縮研究經費。難怪有不少所長對他說，付掉建築與人事費用，眞正能做研究的經費幾乎難以爲繼。

李遠哲並不悲觀，一如做科學研究，他總是往前看，解決問題。

春節前，各研究所各自舉辦尾牙，他也受幾位所長之邀參加。卻於幾天後，收到其中一所的研究人員來信：「李院長，我們所長爲了巴結你才邀請你來尾牙。尾牙費用由所內每個人繳交，你的費用，希望你能自己出。」

李遠哲一笑置之，回信付費了。

接任院長後，他就不時接到不具名的威脅或批評信件。例如在信上罵他「中研院怎麼能由這種不具國學素養的人來當院長？」

「應該是有省籍偏見的人不樂見中研院由李院長領導吧。」看過一部分黑函的院長特別助理彭旭明[20]認為。

有些信件是針對李遠哲「說臺語的福佬人」背景發洩不滿；也有信件誣衊他是「客猴仔」，信件內容充滿福佬人對客家人的偏見。對於這些接連而來的批評，李遠哲並不以為然。

農曆春節假期，院區靜悄悄，只有李遠哲在院長室捻開日光燈繼續工作。除了宿舍，這裡或許是中研院唯一亮燈之處。對比於以往在柏克萊加大與勞倫斯柏克萊國家實驗室，即使新年或耶誕節，李遠哲的實驗室總是燈火通明。兩相對照，海內外研究風氣確有所別。

---

18 引自中研院院史卷一，頁二三六。

19 立法院公報八十三卷第二十一期會議紀錄，頁三一二。

20 臺灣大學化學系講座教授。曾任中研院副院長、臺大副校長等。芝加哥大學化學博士。世界科學院院士。中研院院士。

「中研院能在一九八〇年代籌設分子生物科學研究所、生物醫學科學研究所和原子分子科學研究所，都是與國際趨勢相符的研究單位，我認爲這是中研院的彈性，是國內其他大學或機構沒有的。」李遠哲期許經過鼓勵與改革的中研院，能在世紀之交成爲名符其實的最高學術機構，帶領全國科研機構提升研究水準。

春節靜夜，他手握鋼筆在紙上沙沙寫著，將願景化爲改革的行動方案。他深切體會，不只該吸引傑出人才、修改制度與爭取充裕的經費；鼓動研究人員求知探索的精神（鼓舞學術風氣），同時建立團隊的信賴，亦是關鍵。

浸溺於既有文化長達六十六年的中研院將成爲什麼模樣？傳統碰上民主將衝激出什麼樣的挑戰？擅於帶領團隊探索科學未知的李遠哲，如何實現提升中研院研究水準的初衷？

一九九四年中研院院長一職，由吳大猷交接給李遠哲。（中央研究院數位文化中心提供）

第二章 轉捩點上的中研院

「李太太，你們遠哲眞的從美國回來服務了！」新竹老家附近賣牛仔褲的熱心鄰居問李蔡配。

「是啊。我說遠哲會從美國回來，妳不相信，還跟我打賭……我們遠哲從小到大都沒變，他說到就做得到！」李蔡配說。

「那他常回來新竹看妳嗎？」

「有是有啦……但是很忙，只回來講一下子話就走了。他回來都是算分鐘的……」李蔡配終於盼到離臺三十二年的次子李遠哲回國定居，卻不常相見。但她從報章雜誌得知愛子全力貢獻社會，欣慰之餘也就釋懷。

出掌中研院後，李遠哲很快掌握問題，研擬短、中、長程發展的規畫及改革方向。「首要爭取經費，延攬一流人才，建立制度，抓出重點研究項目。」

深夜，他攤開稿紙，提起鋼筆親撰「中央研究院未來展望[21]」演講文，先向同仁溝通他的願景與規畫。

一九九四年二月十八日，他接任院長一個月又三天，在「紀念錢思亮院長八十七歲冥誕」集會中，他以一貫的感性語氣向院內同仁演說。他首先婉轉點出中研院學術水準尙需努力的現況和癥結：

中研院正如臺灣的其他學術研究機構一樣，經過長期的努力後，眼看我們幾乎就要追上開發國家的學術水準了，但那最後的一段路總是那麼遙遠，那麼難走。有時明明走出了一大步，卻又得往後退回大半步。

大家常慨嘆我們長期學術發展的規畫還是不夠完美。短期訪問或回國的客座教授們也常訝異，我們在經濟起飛之後，在研究的設備上確實改善了不少，但是爲什麼沒有良好的評鑑淘汰與獎勵的辦法，使傑出的年輕人更上層樓，進而成爲一位大師？爲什麼沒有一套好的制度吸引更多傑出的人才回國？正在學術的最前端，在未知的世界裡摸索著前進的人們，更不了解爲什麼我們學術機構的立法與行政機構完全一樣？由於沒能彈性地使用有限的經費，不知浪費了多少國家資源？由於沒能正確認識技術人員與支援學術工作的人在學術機構所扮演的重要角色，不知阻礙了多少學術的進步空間？

中央研究院在過去的幾年內對上述的一些問題確曾認眞地探討過，在某些方面也打破了僵

21 全文刊載於一九九四年三月七日出刊的《中央研究院週報》四七二期。

局。不過爲了改善臺灣學術研究的大環境，我們還得繼續不斷地埋頭苦幹，我們要肩負起領導學術研究的重任。

李遠哲向同仁點出制度、經費、人才，是亟需改善的癥結，其中最嚴重的莫過於研究經費遭擠壓的窘境。他希望讓同仁體認到，院內需要採取必要措施來解決。他在演說中比喻：

目前中研院面對的最嚴重的問題是，經過兩個五年計畫的急遽成長與膨脹之後，在第三個五年計畫一開始便脫了線。在第三個五年計畫的架構下，我們籌設三個新的研究所之同時，也開始興建了一系列的大樓。我們是以平均每年四十五億預算的假設下，進入第三個五年計畫；但是我們的預算卻很不幸地停留在第二期五年計畫末期的三十億左右。由於硬體建設不得不繼續，資本門的支出便占了總預算中很大的分量，致使目前的研究工作，似乎又回到經費過微的情況。

三十億的經費確是一筆很大的數目。社會上的人無法了解，爲什麼中研院有了這麼一大筆經費還叫苦連天，還說經費過微？也許我可以做如下的比喻：

如果中研院是一部載客的飛機，我們在進入第三期的五年計畫時，是打算建造一部機身重三十噸的大飛機，裝配負荷量四十五噸的引擎。也就是說，這飛機的承載量是十五噸。

但是在第二期五年計畫把機身做好之後，我們才發現由於經費的緊縮，只能配備負荷量三十二噸的較小的引擎。這部飛機如果就這樣勉強完成，那麼它雖然也能照樣飛翔，但是它能載的負荷將只是兩噸，而不是原先設計的十五噸。當然，我們是不能允許這樣的飛機在空中翱翔的。

在我就任院長後的頭兩個星期與二十一位所長與主任的個別討論過程中，我確是發現了有些研究所，除了人事費、水電費和日常的維護費用外，剩下來能用在研究上的經費眞是少得難以令人相信。

當然，我們可以請求政府與社會的支持，趕快增列預算把我們這一部負荷三十二噸的引擎，換回原先設計的負荷四十五噸的大引擎。不過我們知道，在政府預算有限，每個學術機關的經費都不能成長的今天，這並不是個合理的要求。

比較合理的作法也許是趕快把機身的重量大幅減少到二十五噸，然後請求把引擎的負荷增加一成，成爲三十五噸。這並不是一件非常理想的事，但也唯有這樣，這部飛機的負荷才能增爲十噸。這改裝後飛機的負荷雖然少於原先計畫的十五噸，卻比只能載兩噸的可悲情況好上很多倍。

李遠哲運用數字與比喻，說明這些必要措施。他可以想像，有些同仁原本引頸期待的新大樓或新房舍，如今卻要落空了。但是，他以國際視野樂觀地檢視中研院的處境，視之爲契機，欲修建一條適合中研院走的道路：

中研院目前確是在一個轉捩點上，這也是爲什麼我在就職的時候，強調必須重新整合我們的隊伍，調整我們的步伐與架式。如果能夠合理地整合、做好完善的長期計畫，在總經費每年增長約百分之十的架構下，十年之內，中研院應該能走出一條康莊大道。

事實上，前院長吳大猷任內晚期赴立法院報告，多位立法委員都建議應該整合中研院內疊床架屋的單位與資源，並裁撤威權時期被迫成立之不合時宜的單位如三民主義研究所（一九九〇年，改名爲中山人文社會科學研究所）等，只是，院內並未積極進行。

如今，李遠哲也認爲，在轉捩點上的中研院，可藉由「合理的整合」，配合長期規畫，扭轉處境並創造新局。他認爲，合理的整合分幾個步驟，首先是減少新建物的開支，可使研究經費成長。他在演說中表示：

整合的第一步，是必須立即暫時停止新大樓的籌建。

如果我們安排的合理，院裡正在興建而不久就要完工的大樓群，不但能夠滿足今後五年各個研究所的需要，也能夠好好安置臺灣史研究所與天文研究所等正在籌備階段但已開始作業的新研究所。在總預算增長有限的這段時間裡，只有馬上大幅地減少資本門的開支，才能看到研究經費的適度成長。

合理的整合之二，是整合各研究單位重複的任務或資源；既維持各所的獨立性，也加強跨所交流。

中研院的每一個所，傳統上有高度的獨立性。雖然這些所幾乎都坐落於南港院區，該有相互的依存性，卻都非常獨立地發展下來。各自擁有獨立完整的圖書館、演講廳、討論室、研究室與實驗設備，確是非常理想而令人稱羨的。但是在高度的獨立發展與成所時的歷史因素下，也難免造成各所間任務的重疊、不明確，甚或資源沒能充分利用的地方。更不幸的是過度獨立發展的結果，有時各據一方，減少了所與所之間或不同所的研究員之間的相互交往與討論的機會。

合理整合之三，減少各所的事務性工作，轉移到院中央依長期發展與規畫執行，使研究人員發揮創造力。

爲了使中研院的整合順利完成，我們必須接受新的挑戰。也就是說，該達到各所「攜手並進」與全院「欣欣向榮」的新境界。

如果我們要把南港的中研院營造成爲適於學術研究的優雅、舒適、健康而美好的地方，必須經過大家的共同努力，將院裡的土地、大樓、水電、街道、排水與環境等，以長期發展的觀點做整體的規畫，不然很難避免「大街小巷停滿車」、「狗年野狗滿院跑」的窘境。

我們的整合，並不意味著把許多權力與責任從每個所移轉到院本部。理想的做法應該是，經過各所的協調與合作，減少各所繁瑣的事務性工作，使每個研究員更能有效地發揮他們的創造力。

合理整合之四，藉由跨所大型研究計畫等措施，讓中研院成爲學者能創造並交流新理念、新思想、新知識的學術大殿堂。

如果中研院要成爲學術的大殿堂，這應該是一個能夠自由追求新的理念、保衛新思想、創造新知識的地方……我們除了有很好的設備外，也該有良好的人爲環境。

我們必須把中研院變爲一個充滿活力的，能使學術工作開花結果的「學者的社區」。在這「學者的社區」裡，每個人都有機會與不同領域的研究人員互相學習，互相砥礪，互相交流，相互支援，相互批評，相互引導。這也是芝加哥大學能成爲世界名校的創校理念，也是我們雖然都匯聚在南港，但是還沒有做得很好而必須努力改善的地方。

最近中研院開始推展的一些跨所的大型綜合研究計畫，該能促進院裡研究人員進一步的交流，也將有助於「學者的社區」的早日形成。

合理整合之五，集中資源做重點與擇優的研究題目，打破「平分就是公平」的錯誤觀念。

在學術研究上，我們同樣地也有整合的必要。也許我們該重新調整學術諮詢總會的功能，使它也擔負起全院「學術發展長期規畫」的任務。

在一個學術機構不能夠急速擴充的情況下，更需要嚴肅地檢討我們的能力，集中力量在一些我們能做得很好，能眞正做出貢獻的項目，與一些將來發展潛力很大的地方。

研究工作做得出色的研究員、研究群該受到應有的鼓勵並提供更優厚的研究條件。我們該認清楚，學術成就的衡量是在新理念、新思想與新知識的創生。有些人能有很大的成就，但也有些人可能很少收穫。許多著名學府的突出，是由於他們能夠在學術上有更多的「突破」，同時也培養出更多能夠常常「突破」的人才。

怎樣才能利用有限的資源，在學術上做出更多的貢獻？是中研院和每一個學術機構都要認眞尋找的策略。

「不患寡而患不均」的觀念一直深植人心。我們社會上常常把資源的均分認爲是最公平的。「你不前，我不後」的平均主義，在滿足「人人都得以生存」的基本條件下也許是應該的，但是在超越生存所需的基本條件之外，尤其是當社會投注一些經費在人才的培養與學術的提昇時，平均主義絕對不是很好的策略。中研院必須堅持「重點」與「擇優」的發展，打破社會上常有的「平分便是公平」的錯誤觀念。

李遠哲提議這五種合理的整合途徑，要幫中研院脫胎換骨。

他也指出，中研院與國家社會或一般人的距離遙遠，怎麼做才能讓人們看見它的價值？李遠哲期許，中研院應該走入社會，變成最有公信力的學術大殿堂，獨立超然於政府，貢獻社會。他在演講尾聲主張：

中研院從事的學術工作，雖然是超然的，與現實社會也沒有那麼密切的關係，但這並不能使中研院或在中研院從事學術工作的人忽略他們的社會責任。也就是說，在追求新的理念、新的思想與新的知識的時候，同時身爲社會上的一分子，須確實關心我們的社會與社會上很多亟待解決的事。中研院是學人匯集的地方，在很多事務上，經過大家共同的努力，從已經累積的知識與經驗或更進一步的探究，應該能提供一些經過客觀分析的資料與看法，當作政府決策的參考。在目前公信力普遍薄弱而學者還受社會上十分重視的社會裡，努力將中研院形塑爲最有公信力的地方，的確是一條讓我們能夠有效地貢獻社會的路。

……對有些問題，如果某個所的專家們經過深入的討論之後，在所裡建立了很強的共識，那麼該所便可以把這些意見當作是中研院某個所的觀點。如果層次越高，問題討論得更深入廣泛，則這些意見能發揮的作用也越大，責任也越重。

以後當我們變得更成熟、茁壯，便該對國家社會的一些重要的問題，以中央研究院爲核心，邀集天下菁英深入研究，尋求答案，這些努力也將是厚植中研院公信力的最好的方法。

我們再也不能故步自封，我們應該走入社會。

李遠哲也認為中研院還該加強國際交流，對亞洲社會的未來做出貢獻。

目前我們的國際交流仍然以一些歐洲、北美的國家爲主要對象，這些國家確有更多值得學習的地方。不過也不要忘記能夠也應該幫助比我們落後的發展中國家，尤其是與我們關係將更密切的東南亞國家。很多人都相信，今後一、二十年內，東南亞地區將是世界中發展最快的地方，包括臺灣與中國東南部在內，人口密集的東南亞發展的實際情況，將會深遠地影響人類的將來。

冷戰結束後的今天，許多西方國家都在施加很大的壓力，把過剩的武器賣給東南亞各國。也在這地區競銷大量的汽車。雖然我們知道，如果世界上每一個人都追隨美國人的生活方式，地球是受不了的。但東南亞許多國家卻也只能無助地往「陪伴高樓大廈的是交通的阻塞與環境的汙染」這不幸的路子上走。大家也擔心東南亞的熱帶雨林是否能得到保護？臺灣有些經濟發展的經驗對這些國家也許會有幫助，沒能早期籌建大都會內公共交通設施的痛苦經驗也該能成爲他們的借鏡。但更重要的是，相互依存性非常強的東南亞地區應該努力尋找此地區發展的合理模式。爲了達到這個目的，我們該就其歷史、語言、文化、社會、政治與經濟做深入的綜合研究。

很多非常出色的中研院人文社會科學研究人員已在著手做相關研究。希望十年之內，中研院能成爲世界上研究東南亞的最重要的中心之一。在自然科學的很多領域裡，當我們努力追趕西方國家時，也不妨與東南亞各國的科學家們多多接觸；當我們從歐美冰天雪地的冬天，邀請其許多傑出的學者來到溫暖的臺灣參加研討會時，也不妨多邀請一些東南亞的朋友們來一同研討。當我們在學術上走向世界時，也該考驗考驗自身是否已有足夠的力量幫助別人，這努力與嘗試將使我們變得更爲強壯。

演講最後，李遠哲誠懇地向同仁表明，這些規畫與解決方針，並非他一人獨斷之言，乃是傾聽並凝聚同仁意見而成，還需要更多的探討。例如，中研院的定位、《中央研究院組織法》的修改，中研院與大學、企業間應有的關係等，希望院士會議時能再提出更具體的看法，推展第二階段的討論。

中央研究院未來的發展，完全依靠院內每一分子的共同努力，我相信我們能夠在不久的將來，把中央研究院帶到更高的階層，謝謝！

與其說是一場演講，不如說是李遠哲上任近兩個月勤走基層，傾聽歸納所得的總體檢報告和診療計畫書，藉此獲致同仁的共識。

轉捩點上的中研院，先要有穩定成長的預算（見第三章），構築一個能成爲學術大殿堂的制度（見第五章），延攬海外人才並培育年輕人力（見第八章），營造全院認同之學者的社區（見第六章），拆掉無形的高牆並營造睦鄰關係（見第七章）。

每一個大方向都很重要，都非立竿見影，需要三到五年才能看到成果。

而眼前首須解決的問題就是：錢。

放眼國內各大專院校，預算都是有減無增；中研院雖直屬於總統府，但是預算可能有別嗎？

爲了預算，李遠哲即將登板的戰役，將轉移到行政院、立法院與總統府。

他會怎麼做？

「中央研究院直屬於總統府，李總統邀請我回臺灣領導學術，我回來了，預算卻已經編完了，沒有足夠經費怎能做研究，提升學術水準？」李遠哲幾經思慮，向總統府提交一份計畫書，爲中研院爭取額外經費至少六千萬，均分給數理組、人文社會組、生命科學組。

他的努力得到迴響，總統府轉由行政院撥給五千萬。「由於中研院的年度預算已經多編列一些給生命科學組了，所以李總統最後給了五千萬：分別是生命科學組一千萬、數理組和人文社會組各兩千萬。」李遠哲說。

這筆額外預算解決了下一個年度研究經費的燃眉之急，只是，這筆預算經媒體以訛傳訛報導爲「未經法定程序編列」，也引起了立法委員們的注意。李遠哲曾經耳聞吳大猷前院長去年在立法院備詢受到的不敬對待，如今，回臺服務近兩個月的他，三月下旬也將前往立法院接受質詢。

＊ ＊ ＊

第三章 立法院初登板

「李遠哲來了！」立法院的工作人員擠在走道上騷動。

三月二十一日星期一上午九點，李遠哲率領院內各單位主管抵達立法院第六會議室，接受第二屆第三會期教育委員會的質詢。這也是立法院有史以來第一次有諾貝爾獎得主蒞臨。

教育委員會出席的立委有十三人，很快就達到開會的法定人數。不僅如此，列席的立委多達五十一人，會議室大爆滿。主席民進黨籍立委廖永來：「今天是中研院到本院報告以來，登記委員（發言）最多的一次，可見李院長人緣甚好。現在請院長報告。」確實，不少登記發言的立委並不隸屬於教育委員會，顯然是衝著李遠哲的風采而來。

李遠哲沒料到在立法院「初登板」會有這種盛況。他有備而來，到場時，書面資料已經發給立委們爭取支持，包括：「中研院的未來展望」演講文、各所工作成果、預算執行情形、研究人員學歷與人數統計等。

這時，他沉穩地走上質詢臺，陳述中研院連續三個五年計畫執行至今，與理想還有很大距離，而他接任時，年度預算已被大幅刪減，院方只好先暫停興建一些建築物，以免研究經費沒有著落，「關於這一點，除非政府另有補救或解決的方式，我的想法也是無奈而不得已的。」

他接著簡述中研院的定位與未來的角色：

一，學術與文化是立國之本，但學術研究不能急功近利，也不容易讓人看到短期效果。注重基礎科學與新興尖端研究，也不能忽略人文科學，並兼顧國家經濟建設若干實用性，即所謂應用科學的問題。

二，中研院是純學術性的研究機關，與大學甚至其他研究機構性質不同。對於培育專才，中研院將與各大學合作，協助培育訓練博士班學生，以積極培養國內後起之秀。雖然無法授予學位，不能直接招收碩、博士青年，但今後將考慮多吸收博士後研究人才，以提升國內研究環境，並繼續加強國際學術交流活動。

三，在研究環境、研究類門和領域方面也許要做一番整合，減少重複，避免浪費，加強跨所間的合作。現時不輕言擴增研究所，堅持重點與擇優發展。

四，已建立的良好制度必須忠實而客觀地認眞執行，克服一切現實困難。有關配合新的理想所需漸次建立的制度，須假以時日，不躁進而圖進功。

其他許多亟待解決的問題，他建議立委參閱書面報告[22]。

一對一質詢開始了。立法院特別準備了椅子供李遠哲入座備詢，可見對第一位本土諾貝爾獎級的中研院院長之禮遇。

首位質詢的是民進黨籍立委翁金珠：「今天可說是教育委員會的熱門會議。過去對中研院的質詢不但冷門，甚至流會，然而今天有三十五位委員登記發言……本席對李院長能放棄國外研究工作，返國投身國內學術工作，表示敬佩……」

話鋒一轉，翁金珠質詢起總統府指示行政院編列特別預算五千萬給中研院一事。並說，依《預算法》第七十五條，有下列情事之一時，行政院得於年度總預算外，提出特別預算：一，國防緊急措施或戰爭；二，國家經濟上重大變故；三，重大災變；四，緊急重大工程；五，不定期或數年一次之重大政事。「本席不了解，此項預算符合哪項規定？」翁金珠質疑。

李遠哲回答：「這是明年度中研院的一項專題研究預算，是爲明年而編列。」

「是受質疑之後才改變名目嗎？」翁金珠追問。

「不是，中研院預算已在行政院的審核階段。」李遠哲說。

由於李總統正在推動「南向政策」，翁金珠追問，中研院是否將這筆五千萬的預算都用來做東南亞研究以配合李總統。

李遠哲澄清：「媒體報導時，本人不在，所以引起很多誤會。」他指出，五千萬預算中有兩千萬用於人文科學研究，其他用於生命科學和數理方面。

「即報導上有誤導？」翁金珠問。

「很多報導是不對的。另外對東南亞研究並未深入，同時我們的能力也吸引了很多科學家回國。而且是很多人提議挑此題目，並非要求大家做的，中研院不會這麼專制。」李遠哲澄清。

22 例如因應預算不足而暫停新建築發包興建，研究院院區空間不足涉及都市計畫變更及徵收民地，助理及技術人員名額及待遇需調整，編列博士後研究人員正式名額及預算，將續聘、升等、止聘等之原則及審查手續之執行正常化，研議吸引長居國外之院士回國指導學術等。

第二位發言者是執政的國民黨籍立委陳傑儒：「李院長放棄國外優渥的報酬、高水準的研究環境，回國接掌中研院業務，國人甚表歡迎。目前只有擁有國際聲望及崇高地位者，方能稱爲英雄，李院長堪爲臺灣青年心目中的英雄，能回國服務，對青年學子是一大鼓舞，對此本席深表敬佩。」

不只陳傑儒，每位立委質詢的破題，多是肯定李遠哲犧牲美國高薪與研究環境回臺貢獻。神通廣大的立委們顯然調查過柏克萊加大的薪酬，知道李遠哲是全校教職員中最高的，還放棄了豐厚的屆齡退休俸與終身職。

國民黨籍立委廖福本首先暗示未來會全力支持預算：「院長可能不甚滿意中研院預算，認爲難以發揮，我們會盡全力支持。但我們也希望中研院能拿出成績單，讓大家看看，以此作爲勉勵。」

民進黨籍立委顏錦福期許：「過去國人對中央研究院期望相當大，但是一直爲國人所詬病的是中研院沒有發揮它的功能。李院長回國接掌中研院，學術界振奮不已，希望在您任內將中研院提升爲優越的研究中心。」接著追問：「我在報章雜誌看到，您說中研院預算不如美國或日本一家大公司的預算，是否屬實？」

李遠哲回答：「我說到全國的科學預算比不上日立一家公司的預算，不只是中研院而已，是包括全國。」

在場人士大吃一驚。顏錦福又問：「在經費拮据的狀況下，您選擇哪些作爲施政重點？」

李遠哲表示，將以重點與擇優爲原則，各研究所找出能做得最好的主題進行研究。

國防委員會的民進黨籍立委陳水扁更是打破砂鍋問到底，著眼預算問題：「本席擔心預算不足的問題，八十三年度概算五十四億，送到行政院後刪成三十億。八十四年度概算如何？」

「八十四年度預算也是編了五十四億，但是行政院指令，預算編列改爲由上往下，所以只編了三十三億。」李遠哲回答。

陳水扁說：「這就是問題所在，想做事，但預算不足。像中科院，過去預算都達一百多億，現在比較少，還有七十幾億；我們只有三十三億，不到人家的一半。可見政府及領導人不重視。所以我們的學術水平沒辦法提升，也是有關係的……錢沒辦法配合，是不是院長最感頭痛的問題？」

李遠哲指出，中研院八十四年度預算編列三十三億，較去年增加了一○%，其中有十億用於修建中的七大建築物，二十三億用於研究。「等明年建築減緩，五億可以從建築轉移到研究，就有二十八億了。只希望以三十三億爲基數，每年成長一○%，持續十年。十年是因院長最好有任期制，任期五年，得連任一次，故以十年爲期。」

李遠哲期望預算能逐年增加一○%，讓預算編列制度化，也透露出他考慮將院長的終身職改爲任期制。不過，在場立委們並未追問他的弦外之音。

儘管三十五名登記質詢的立委提問的議題五花八門[23]，但幾乎都「愛屋及烏」，將對李遠哲的崇

23 質詢議題還包括李遠哲與李登輝總統關係、中研院不能成為李總統的智囊團、中研院是否可能再出現諾貝爾獎得主、核四與核廢料的立場、中研院如何既走入社會又不捲入政治漩渦、教育改革、統獨問題、臺灣史研究、修改組織法由研究人員治院及研究院本土化、三個歷史相關研究所是否該整併、延聘海外學人及吳大猷任內設立的特聘研究員薪資、評議會成員多為黨國元老等問題等。

敬轉成爲對中研院預算的支持，而行政院提撥的五千萬特別預算也保住了。

國民黨籍「新國民黨連線」立委謝啓大更企盼李遠哲進一步整合國內學術資源：「我們對您抱有很大的期待。希望您到中研院之後能全盤規畫，讓國人耳目一新。眞佩服您是居於學術領導的地位，您的政策，中研院的研究，關係到整個國家及其他學術單位的走向，而國內其他學術的資源，也希望您做一個整合；另外，研究經費的運用也希望能做到透明化，從您以身作則做起。您已經帶動很多風潮，只要您在學術方面能再做個帶動，國內的學術研究一定能耳目一新。」

中研院院長是特任官，根據《國籍法施行條例》第十條[24]，不該有雙重國籍。

就此，民進黨籍立委余玲雅質詢：「院長爲了回國放棄美國國籍，希望以後回國的人也能注意這一點。因爲您回國做研究還保留美國國籍，對臺灣而言是相當不利的。」

「我擔任中研院院長，放棄美國國籍，拿中華民國護照是應該的。」李遠哲同意放棄美國國籍。不過他強調，不應該要求研究人員放棄雙重國籍，尤其許多研究領域求才困難，不該要研究人員套用對行政主管的要求。「研究員的國籍應該越多越好，只要認同我們國家就好。如果有別的國家要他們當榮譽市民也好，起碼學術交流工作上比較方便，如有保密需要再行設限。我放棄美國國籍是應當的，要研究員放棄較不適合。有些十年後要回去，有些小孩在美國，要他們放棄不太好。」

國民黨籍立委洪冬桂也質詢雙重國籍議題。

李遠哲表明：「我上次回美國詢問相關單位，放棄國籍要如何辦理，有人說可以到司法部宣示放棄美國國籍，後來又說不行，表示必須到美國之外發出聲明，才能放棄。所以我現在有中華民國國籍，美國國籍則要四月到香港才能放棄。不過，倒是已經辦理好學校提早退休的手續了。今年六月底，我和加州大學就無直接的關係，而是退休（離職）教授的身分。」（詳見第四章）

「光這一點就値得我們佩服！」洪冬桂說：「……多少人嚮往美麗的天堂——美國，院長卻爲了國家放棄美國國籍，這一點給學人樹立良好的典範。不僅因爲您得到諾貝爾獎，也因爲您學成歸國，爲國內做事，這是我們特別尊敬您的原因。」

登記發言的立委逐一登場，當主席宣布散會時，已經是五點四十七分。

上午九點至此時，扣除午休時間，李遠哲站立五小時又二十七分鐘，回答了朝野三十五名立委所提的各種問題。會議氣氛一改以往劍拔弩張，而是一片崇敬與認同。

列席的中研院各所所長既釋懷也喜形於色，不少人去年也曾在此見證吳前院長備詢慘遭羞辱，對照今日李遠哲「輕舟已過萬重山」，不可同日而語。

爲了解決中研院的預算問題，李遠哲接連得到行政院與立法院的認同，並進一步讓立法院了解我國發展基礎科學研究的現況與建議[25]。下一步，就是尋求總統府的支持。

---

24 根據當時的《國籍法施行條例》（一九二九年一月二十九日制定）第十條條文：「《國籍法》施行前及施行後，中國人已取得外國國籍，仍任中華民國公職者，由該管長官查明撤銷其公職。」其後，雙重國籍擔任公務員的相關規定在《公務人員任用條例》及《國籍法》修法越來越完備。《國籍法施行條例》也於二〇〇二年五月十日廢止。

四月，李遠哲入總統府說明中研院預算窘境，也向李總統報告，行政院只能多撥五千萬特別預算給中研究。李總統隨即承諾：「明年開始的預算，可以多費心考慮。」

這句話猶如一顆定心丸。

接任四個多月，李遠哲費盡心力解決轉捩點上中研院的各種問題，尤以經費是最頭痛的。至此，他終於過關斬將，獲得院內、中央政府和國會對預算的背書。如果中研院預算真能以每年一〇%的比例成長，輔以他在人才與制度上的長期發展規畫與改革，將有望實現他向院內同仁描繪的願景。

「我接任中研院院長之後，每天想的、夢裡夢到的，都和改革中研院的問題有關。」李遠哲曾在立法院這樣回答立委的質詢。

改革的步調如火如荼，一一待他實踐，要他如何能安睡？

25 這場質詢後不久，李遠哲出席立法院舉辦的「科學與技術協進會系列公聽會—基礎科學計畫與預算」，並指出，我國基礎科學研究的預算在東南亞國家中最好，與歐美國家卻仍有一段距離，且這預算差距不易在短期內縮短，以致科學研究的土地並不肥沃。他認為，其一是國內沒有良好制度吸引優秀人才，也沒有鼓勵年輕人努力向上的動力；其二是經費雖增加了，但仍不充裕，尤其是經費的使用限制太多，使得許多科學家花費精神在行政事務而不是在研究上。他建議，臺灣應該有一套發展基礎科學研究的政策，包括：一，擇優與重點發展科技；二，發展世界水準的研究單位。例如幫助研究型大學更具國際化；三，國際合作。例如從世界吸引人才或與國際研究單位合作等。

第四章

放棄美國籍，讓戈巴契夫等國際領袖認識臺灣

李遠哲看一眼手錶，驚覺時間不早了。外交部邀請前蘇聯總統暨諾貝爾和平獎得主戈巴契夫來臺訪問，也邀請他前往會面，地點就在臺北火車站前的地標——新光摩天大樓頂樓[26]。

出差宜蘭的李遠哲，得趕快搭火車趕回臺北。他擔心吳錦麗從偏僻的南港趕去臺北火車站會遲到，畢竟以眼下的交通狀況，坐車從中研院附近賃居的住家前往，約莫要一個半小時。他趕忙致電家裡：「錦麗，妳要快一點出門，我擔心妳會來不及。我現在就從宜蘭火車站出發了。」

在外交部安排下，戈巴契夫已經抵達新光摩天大樓，站在臺灣的最高樓眺望大臺北市容。

李遠哲抵達時，仍未見吳錦麗，顯然因為中研院周邊交通壅塞而延誤。他看見戈巴契夫表情嚴肅，畢竟來臺灣人生地不熟，而禮賓人員似乎也不知如何接待外賓，於是他走過去自我介紹：「我是李遠哲，跟您一樣，也是諾貝爾獎得主。」

李遠哲用俄文跟戈巴契夫話家常，對方發現他能說俄文，表情放鬆許多。

聊著聊著，李遠哲說起自己曾讀過描寫俄國的文學作品，那是十八世紀德國作家魯道夫·羅斯帕（Rudolf Erich Raspe）筆下，德國貴族巴倫·孟樵森（Baron Munchausen）在俄國嚴冬原野上的冒險故事：

「驛馬車夫在抵達休息站前，按例拿出小喇叭吹奏聲響，向民眾傳遞驛馬車即將到來的訊息。可是，這一天的天氣極爲寒冷，小喇叭卻吹不出任何樂音。直到車夫進入溫暖的房間，被凍結的樂聲才從他的小喇叭裡慢慢融化，漸漸流淌出來……」

魯道夫·羅斯帕用誇大的方式描述俄國冬日的酷寒，戈巴契夫聽著李遠哲轉述越聽越驚喜，不禁脫口而出：「我沒有聽過這個故事呢！」

李遠哲畢竟曾受美國總統雷根頒發美國國家科學獎章，從瑞典國王手中取得諾貝爾化學獎，長年見識並主持國際重要盛事；同時運用他讀臺大與留美時苦練而熟習的俄文，很快就建立友誼，也讓戈巴契夫認識了臺灣的諾貝爾化學獎得主。戈巴契夫很高興，喝了不少酒，還熱情演唱俄國民謠。

＊　＊　＊

早在一九九四年初就任中央研究院第七任院長時，李遠哲就念茲在茲，要放棄美國國籍。

---

26 一九九三年設立，曾是全臺最高建築物，直至二〇〇四年臺北一〇一大樓落成而讓位。

這一年，是李遠哲榮膺美國國家科學院院士第十五年；獲頒美國國家科學獎章後的第十年；他以第一位華裔科學家，尤以首位臺籍人士身分獲得諾貝爾化學獎的第八年。

在臺灣民主化浪潮下，他的出任別具意義，因為，他是中研院有史以來第一位臺籍院長。

根據《國籍法施行條例》第十條，中研院院長是總統任命的特任官，是國家最高級的公務員，不能擁有雙重國籍。李遠哲謹記在心，就任後趁著到美國出差時詢問相關單位，才得知必須到美國國土以外聲明放棄美國國籍。

回臺灣後，前往美國在臺協會辦理，怎料對方說：「你不能在這裡放棄，而是要去美國大使館。」

這是殘酷的外交現實。臺灣與美國於一九七九年斷交，美國大使館早已撤走，美國在臺協會並非大使館。

李遠哲不願怠忽此事，撥空前往香港的美國大使館。在大使館官員的說明下，他拿了一張白紙，提筆寫下：「我在此決定放棄美國國籍。李遠哲。」寫完後，他將聲明書交給使館人員，拿到一張收據，就完成放棄的程序。

僅僅一張機票、一枝筆、一張紙和一顆堅定的決心，任何在臺灣擁有雙重國籍的行政官員或民意代表都能依法放棄美國國籍。

完成放棄美國國籍的手續後，李遠哲實現了對自己的承諾，更是他對人民與立法院的承諾。

「這是非常了不起的事啊！」中研院原分所籌備處主任林聖賢院士肯定。

「以前出國讀書時，老蔣給你扣一個大帽子，你就吃不消了。所以大部分留學生都是拿到美國籍才敢回臺灣的。」林聖賢說。儘管蔣氏不再當政，但是，如果回臺服務卻必須放棄美國籍，通常會讓旅外學者裹足不前。因此，毅然放棄美國籍的李遠哲，令許多旅外學人大感欽佩。

林聖賢猶記，三月下旬與院內各所所長隨李遠哲到立法院備詢時，聽到李遠哲力陳由院長一人放棄美國籍即可，不應該要求學術主管跟進的立場，尤感安慰。

一九九三年，原分所籌備處主任張昭鼎猝逝，享譽國際理論化學界的林聖賢在李遠哲力邀下，放棄美國任教的優渥環境偕妻回臺接下重任，但因孩子還在美國，未來國際學術交流與子女照顧的往返，勢必需保留美國籍。因此，如果連學術主管都需放棄美國籍，就必須重新考慮是否要在研究條件與水準尚待提升的中研院工作了。「李院長認爲放棄美國籍到他爲止就好。這確實令我們感佩，讓我們這些做研究的人，不會在貢獻國家與選擇國籍上左右爲難。」

李遠哲明快地放棄了美國籍，雖獲得國內外許多人士的掌聲，對他自己卻帶來了一些不便。

對一位長年貢獻國際學術社群的卓越科學家，出國差旅的不便是最顯而易見。

翻閱他先前在柏克萊加大任教時的行程表，比如，一九九〇年有一個月分，他從美國加州出發前往日本東京，幾天後趕往中國廈門，再飛到韓國，之後再趕赴義大利米蘭，最後返回美國加州。由於美國的邦交國甚多，因此，美國公民持美國護照出入各國，即便需簽證，亦容易簽准，在行程規畫或變動上都有餘裕。

但是，李遠哲放棄美國籍之後，持中華民國護照前往各國的許多國際會議或邀約，都必須提前數星期申辦簽證。「有時候要辦很久。一連去好幾個國家，回國後再去辦其他國家的簽證[27]已經來不及辦下來，有些會議就不能去了。」

其實，李遠哲並非不清楚隨之而來的不便，相反的，正因以往曾持我國護照出差受阻，深知箇中辛苦，寧由自己一概承受，也要堅持讓院內的學術主管與研究人員保留雙重國籍。

李遠哲的美國籍是在一九七四年轉任柏克萊加大時，校方爲他申請。更早之前，一九七〇年代初期他曾與一群美國科學家，代表美國原子能委員會赴奧地利維也納參加國際原子能總署[28]的會議。

進入原子能總署總部之際，美國代表團在大廳註冊，同行者紛紛拿出美國護照，唯獨李遠哲出示中華民國護照。一臉疑惑的安全官問他：「你代表美國來開會，爲什麼不是拿美國護照？」

同行的團長薛伍德．羅蘭教授也訝異：「遠哲，我以爲你是美國公民呢！」

李遠哲說：「我是中華民國國民，但是接受你的邀請來參加國際原子能總署的會議啊。」

羅蘭教授明白了，向安全官解釋：「李教授是非常重要的科學家，受邀代表美國學術界來開會。」最後，官員才勉強讓他註冊，如期與會。

李遠哲秉持科學無國界信念，受邀赴世界各國演講與推展科學，即使是來自蘇聯鐵幕的科學家，他也不設限。一九八〇年代，他先後協助臺灣與中國人民發展科學與教育。美國官方深知兩岸錯綜複雜的政治對立，甚至給予特別通融。

例如一九七八年，李遠哲首度與美國國家科學院的化學家訪問中國。行前，他將美國護照寄到美國國務院申辦，美國國務院人員表示：「我們注意到，你的護照有不少臺灣的簽證與出入境戳章，鑑於海峽兩岸的敵對狀態，我們擔心中國看到會禁止你自由出入中國，所以我們加發一本美國護照給你，讓你用它去中國。」在美國國務院的善意之下，李遠哲自一九七八年就擁有兩本美國護照，進出中國用一本，進出臺灣用另一本。

然而在他一九九三年決心回中研院服務後，原本作為兩岸間中立旁觀的科學家角色，也在無形中改變。

起初，李遠哲得知中國科學院欲提名他擔任外籍院士，便主動婉拒。一九九三年八月，他還能赴北京與江澤民會面，提醒中國應該多發展科學研究。然而同年十一月下旬，他自美國去信江澤民，以「美國也希望臺灣的核能發展能受到國際監督」為由，希望中國不阻撓臺灣加入國際原子能總署，並附上美國能源部長席柏格教授的親筆信，信件卻猶如石沉大海。

27 由於臺灣非聯合國會員國，禁止雙重國籍使旅外學者出入境不順利，使得許多國內重要大學校長遴選困難。以清大為例，曾有一位擁有加拿大籍的候選人因此放棄擔任校長，讓修改《國籍法》以延攬國際研究與學術傑出人才顯得迫切。二〇〇〇年一月《國籍法》第二十條修法，放寬使大學校長、研究機構首長、副首長等得由雙重國籍者擔任。

28 International Atomic Energy Agency, IAEA。一九五七年創立於奧地利，致力於和平使用核能的國際組織，會員國約一五〇國。

「我的目的是希望幫助臺灣成爲國際原子能總署的會員國。」他私下惋惜地說。

形勢比人強。顯然，中共高層不可能不知道同年十月吳大猷辭去中研院院長，李遠哲被視爲新院長熱門人選。儘管尚未被圈選爲中研院院長，也還未放棄美國籍，但是他以往在兩岸之間保持的中立立場已然不再。

一位長年抱持科學無國界理念的卓越科學家，先在兩岸對立的情勢下遭受考驗，時間來到一九九四年四月，當他放棄美國籍後，更衝擊了這個理念的實踐場域。

早在一九七一年我國退出聯合國，聯合國所屬機構就不允許持中華民國護照者進入。因此，放棄美國籍的李遠哲，出入聯合國所屬機構或相關組織極爲困難，須藉由邀請單位向聯合國申請的繁複程序，才有可能獲准進入[29]。

情況彷彿倒轉了二十多年，如今他一如重回當年持中華民國護照而在國際原子能總署前受阻的處境。也就是說，放棄美國籍後，李遠哲參與許多國際公共事務社群與學術組織的機會因而受限，彷彿是「跛了一隻腳」。

舉美國國家科學院爲例。李遠哲在一九七九年以卓越的學術研究成果被選爲美國國家科學院院士，這是全球性的殊榮，能參與院士會議，對美國的科學政策提出建言。放棄美國籍後，改隸爲「外籍院士」，也無法享有新院士的提名權與投票權。

幸好，李遠哲仍是各國都歡迎的諾貝爾獎得主，因此，即使不能進入聯合國相關機構，仍能以這個國際最重要的學術桂冠受邀前往一些國家或國際學術活動。

同時，諾貝爾獎殊榮也讓他提升了臺灣的國際能見度。因為，國外與會者總會注意到「那位臺灣來的諾貝爾獎得主」。而他也深明於此，謹慎準備每一場國際上的致詞或演講文，確保「在僅有的短短十幾分鐘時間內，臺灣對國際事務的參與能被世界看見，讓臺灣不被不公平的對待」。

代表臺灣，讓每一位像戈巴契夫這樣的國際性領袖認識臺灣，建立與每一位「戈巴契夫」的友誼。李遠哲在乎他在國際上能為臺灣創造的，而非他所放棄的。

「放棄美國籍，對我並不是什麼困難的事。」李遠哲的話語堅定，一如投入池底的小圓石，情感上不見一點漣漪。

兒時曾讀過的〈藍色的毛毯〉還放在心上；一九六二年留美前，他曾承諾：「要與家鄉父老同甘苦。」

眼下，放棄美國籍，只是李遠哲難辨甘苦的第一道滋味。

29 李遠哲擔任總部位於巴黎的國際科學理事會（ＩＣＳＵ）會長之後，ＩＣＳＵ給他一個證件，讓他能憑證出入聯合國教科文組織大樓。但是二〇一一年李遠哲到聯合國教科文組織演講，卻因持中華民國護照而差點無法進入會場。詳見第十八章。

第五章 構築學術的大殿堂

回到出生成長的家鄉，一切卻與記憶相去甚多。

這是吳錦麗的感受。不過，她沒有太多機會說給李遠哲聽。

他們夫婦租賃在汐止橫科偏僻山上的社區，面對著一整片陌生的山頭，吳錦麗從買菜開始認識這個新環境。

走進家中未設置窗戶的儲藏室，才發現燈泡故障。她是很能換燈泡的，問題是，附近哪裡有賣電器用品呢？她只好打電話給從小一起長大、已遷居臺北的新竹同窗。半個鐘頭之後，同窗好友帶著燈泡現身家門口，爲她解決難題。

「如果沒有這些從小長大的朋友，我一開始遇到的一些問題眞的沒辦法迅速解決。」吳錦麗向來支持李遠哲所做的決定。她也深知，李遠哲每日奔忙院務，睡眠時間已經不多，她不會願意勞煩他處理家中瑣事。這也是過去多年，她與他在美國建立的分工模式。

燈亮了，儲藏室堆疊著由美國海運回來的紙箱，吳錦麗從中找出所需物品。關燈，恢復原有秩序。

入夜，中研院院長室的燈也亮了，李遠哲踏入室內，繼續處理院務。經費、人才、制度，是一間研究機構的三根支柱，缺一不可。

經費上，他接任不到半年，國會與中央政府已承諾將穩定增加預算。有了經費，找對的人陸續「上車」，可望建立配套制度，推進改革。

攤開他的院務「點將錄」。他留用羅銅壁繼續擔任行政副院長，負責修訂《中央研究院組織法》及《中央研究院研究所組織規程》，其中包括升等與聘任等攸關研究人員權益的制度，更重要的是，他的改革構想都需要有法源依據。比如，他希望院長能改為任期制，五年一任，連選得連任一次。他責成羅銅壁在院內召開公聽會，廣泛蒐集研究人員的意見。

至於學術副院長[30]，美國傳來了好消息，哈佛大學考古人類學教授張光直[31]將於八月回來接任，整合院內人文組的研究所、興革學術獎勵及考核的制度、擬定博士後研究人員的辦法、擔起全院研究水準的提升大任。

---

[30] 當時之《中央研究院組織法》（一九九〇年一月十七日修正，一月二十四日公布）第三條：中央研究院置院長一人，特任，綜理院務；副院長一人或二人，職務均比照簡任第十四職等，襄助院長處理院務。

[31] 一九三一～二〇〇一，國際知名考古學家。曾任教美國耶魯大學、哈佛大學等。美國哈佛大學人類學博士。美國國家科學院院士。中研院院士。因罹患帕金森氏症請辭就醫，後病逝於美國。對中研院貢獻甚鉅。

而綜理全院行政事務的總辦事處處長[32]，李遠哲聽取院內人士建議，聘用數學研究所研究員李國偉擔任。做事講求邏輯方法的李國偉，實踐了李遠哲的理念，建立許多行政標準作業流程，務求行政工作要配合並輔助研究人員免於耗損在繁瑣的事務，而能專注於研究。例如，李國偉一一與行政人員談話，列出工作職掌與電話分機並公布在《中央研究院週報》等公開管道，讓研究員清楚知道自己跟總辦事處對口的行政人員。

而學術的長期發展規畫、國內外學術合作等事務，在院內設有學術諮詢總會[33]，在各所也設有學術諮詢委員會[34]來負責。李遠哲依法指派副院長張光直兼任學術諮詢總會的主任委員，並聘請化學研究所研究員彭旭明擔任執行祕書[35]暨院長特別助理。

吳前院長在任時曾比喻中研院是「內閣制」，由副院長推動院務，院長只決定大方向。外界觀察，這是吳大猷能每天只上半天班的原因。但是，李遠哲並不認同此「內閣制」。

依照《中央研究院組織法》，副院長只能有一至兩人。院內的研究所大致分為人文組、數理組和生物組。既然羅銅壁負責行政，張光直負責人文組的學術工作還兼任學術諮詢總會主任委員，那麼，數理組與生物組的學術工作由誰做？

正是李遠哲。他雖身為院長，但實際也義務兼做數理組與生物組的「副院長」工作，忙碌遠非以往能想像。

極為精實的院務工作團隊，分工合作興革制度，引領相關人員動起來。他們一起與時間賽跑，不僅因為想把事情做好，更因為外界都睜大眼睛關注。

院務團隊要興革哪些制度？

一九九四年六月及七月，李遠哲接連在總統府與中研院院士會議[36]演講，強調應該增設延攬國際人才的制度，吸引博士後研究人力的制度，促進跨所合作（及跨院校合作）等團隊研究的制度，以重點與擇優為原則，確立新的評鑑與獎勵制度：

---

32 「總辦事處處長」一職，約當於現今之「祕書長」。根據當時之《中央研究院組織法》第二十條：中央研究院設總辦事處，下設祕書組、公共事務組、總務組及計算中心，辦理本院行政工作；各組及中心得分科辦事。

33 當時之《中央研究院組織法》第十七條：中央研究院各研究所及研究所籌備處設學術諮詢委員會；院設學術諮詢總會，直屬於院長，由各研究所及研究所籌備處學術諮詢委員會推薦委員若干人為總會委員，並得延聘院外專家若干人為委員，共同組織之，均為名譽職。前項學術諮詢委員會及學術諮詢總會之組織規程，由院定之。

34 當時之《中央研究院組織法》第十八條：學術諮詢總會置主任委員一人，由本院副院長兼任；副主任委員一人或二人，由院長就總會委員中聘任，協助院長辦理下列事項：一、蒐集有關本院學術研究之國內外學術發展狀況資料。二、評估各研究所研究工作方針、成果及未來發展，按時向評議會提出報告。三、釐訂學術審查方法與程序，協助各研究所、研究所籌備處辦理研究人員延聘及升等審查事宜。四、策畫、聯繫國內外學術合作事宜。五、籌議院長交辦之學術事件。

35 當時之《中央研究院組織法》第十九條：學術諮詢總會置執行祕書一人，職務列簡任第十職等至第十二職等，得由研究員或相當職等人員兼任，承主任委員、副主任委員之命，辦理前條所列事項；所需工作人員，應就本法所定員額內派充之。

36 國際上的科學院大致有三種架構：一是只由院士組成科學院，在定期召開的院士會議中，對國家提出科學政策建議，如美國國家科學院、法國科學院等；一是專責的研究機構，如俄羅斯科學院等；另一是結合國家政策建議與研究機構兩者，如中央研究院、中國科學院等。根據中研院的組織架構與定位，每兩年召開一次院士會議，討論院內事務並對國家政策提供建議。

「中研院作爲國家最高學術機構，研究工作應該有異於大學裡的研究方式；每個研究所都從事高層次、長期或較大規模的研究工作。在大師匯集下有足夠的資源與能力，領導與獎勵國家學術的發展。那麼就該立即從事以下幾件事：

一，適當地擴充某些研究所的研究規模。在研究所的編制內，合理納入支援研究的技術人員、研究助理與博士後研究人員。以博士後研究人員爲推動研究的主要生力軍。

二，選擇一些較重要而已有特殊成就，或有希望能夠好好發展的題目，或在大師領導下，組織研究群或研究中心。這些研究群或研究中心不但要凝聚中央研究院的一些力量，應該也有充裕的預算與國內大學從事深入而有實質意義的合作研究。經過種種研究中心的設立，吸收一些特別優秀的大學教授與研究生們參加中心的研究工作。也是中央研究院維持活力，對研究生的培養做出貢獻的較好方法。

三，爲了使中研院的研究，能夠在團隊的研究與個人的研究互相爭輝競秀，中研院本身該也有提倡與獎勵學術發展的制度與經費。目前許多研究人員，寧可單打獨鬥而不願從事團隊的研究，是因爲審查升等與獎助，都過分注重個人的量產。因此中央研究院應該建立新的評鑑與獎勵制度……」

會計制度尤須有所彈性。李遠哲在總統府的演講還指出：

「從事科學研究工作的人，主要是在未知的世界裡摸索與探求，最後走通的一條路，在許多的修正與更改之後，與原先計畫的路常有很大的差別。……很多重要的科學發現，往往不是我們能夠預先設計的。

科研機構的經營運作，尤其經費的使用應該與行政機關不同。科學家經常需要檢討每天、每週或每一個月的研究成果後才決定如何走下一步，雖然大方向也許不會有太大的修正，許多細節卻須臨機應變。科研機構的人事費、維持費、旅運費等預算的編列與執行，也許可以與政府其他行政機構一樣。但是研究經費包括新儀器的採購等，卻需要有很大的彈性。

科研機構的研究經費當作循環基金編列，也許是較理想的做法。如果法令的修改需要長久的時日，也希望至少在下一年度的科研機構預算的編列與使用，能夠做到下列幾點：

一，增加能夠彈性使用的經費，第一預備金編足法令規定的經常動支數目的百分之一，目前第一預備金的編列，遠低於法令規定的數目。

二，容許原本編列於不同部門的研究經費的流通使用；也就是合理而必須的流用，這是以前施行的良好制度，應該盡速恢復。

三，准許部分未及時用完的研究經費保留在下一會計年度中支用。由於計畫的更改或執行細節的改變，以及爲了長期穩定地從事研究工作，應該容許年度預算中十分之一以內的科研預算，保留到下一個會計年度。

目前對科研經費的使用有太多的管制，不但阻止科學研究活潑而快速的發展。伴隨而來的人力、物力的浪費，絕對會使我們的科研工作永遠落於人後。如果上述三點小小的修正意見能被採納，科研經費的編列與使用，雖未經法令上大幅度的修改成為循環基金，也將能達到相似的目的。」

這些構想獲得總統府肯定後，李遠哲也提報到院士會議討論，最後的共識包括：先從圖書館與會議廳開始進行人文社會學科（人文組）各所的資源分配和整合；打破薪資平頭主義，鼓勵傑出表現的研究人員，採取薪資彈性政策並定期審核；提升學術水準（加強團隊研究與跨院所研究、預算彈性編列、增加博士後研究人員及研究協助人員並簡化行政程序）；成立專案小組建議國科會將現行研究經費一年一審之方式改為一年或數年一審；設立中央研究院重要文獻獎；擴大臺美學術合作；設立「生物科技推動委員會」及「生物技術轉移室」等。

李遠哲不是一意孤行的人，在院內向各主管詳細說明了這些政策與構想，也經過院務會議、評議會、院士會議獲得共識，而院務團隊也有這種民主風範。比如，人文組原本在院士會議中提案整合（包括獨立或合併）一些研究所，但院士會議希望先由圖書館和會議廳的整合開始著手，各所的整合一事則交由張光直再行研究；長年在美深受民主洗禮的張光直也接受了。「既然院士會議中，人文組沒有共識。張光直不會強推沒有共識的事，他知道還需討論、還要說服；這來來往往的做法，是一位有民主素養的人會做的。」李遠哲說。

研究機構的領導者不能只面對眼前挑戰，還要展望未來五年、十年或二十年的發展可能。

中研院遷到南港以來，每每要擴增院區時，才由政府徵收民地，沒有整體的長遠規畫。吳前院長時已研議擴大院區，「中研院未來發展，應該要從二〇二兵工廠擴建。」於是李遠哲擔任院長之後，向李總統轉達院內此議。

李總統一口答應：「好！我是三軍統帥，那塊地我想辦法撥給中研院！」

不久，李總統卻對李遠哲表示，那塊地屬於軍方，自己也無法作主，還苦笑說：「你不知道總統那麼沒有勢力啊。」李總統建議李遠哲直接去找參謀總長——海軍一級上將劉和謙。

於是，李遠哲去見劉和謙上將。劉和謙喜歡打網球，為了談這塊土地，他也和劉和謙打了不少回網球。一段時日後，劉和謙對他說：「你還是要去找聯勤總部（聯合勤務總司令部）的總司令談。」

李總統得知後說：「我看你去找國防部長孫震好了。」

於是，李遠哲去見了孫震。

孫震看到李遠哲很高興，還沒聽他說明來意就先要求：「院長，你要答應我去金門演講喔！」

李遠哲應允了。初次到金門，來到在大武山腹建造的擎天廳演講，這是足可容納上千人的場地。官兵們大多是第一次聆聽諾貝爾獎得主演講，反應熱烈。

此行之後，李遠哲與孫震再碰面，孫震說：「院長，聽說您那次去金門演講，是歡迎度排名第二名，僅次於劉德華。」李遠哲不知道劉德華是何方神聖，回家後向吳錦麗說起。

「是歌手啊！」吳錦麗說。

中學時和堂兄弟一起聽古典音樂，三十歲起聽瓊．拜雅（Joan Baez）的民謠；剛回臺灣不久，忙到無暇看電視的他，方才得知這位當紅明星的響亮名號。

孫震後來告訴他，關於那塊土地，仍應該找聯勤總司令談。

聯勤總部院區的某棟大樓頂樓就是網球場，李遠哲與聯勤總司令——陸軍二級上將王文燮打了好幾次網球，期待能促成二〇二兵工廠遷移，將原地移轉給中研院。但是，對方仍說：「兵工廠要搬遷有困難。」

一九九四年底，孫震辭去國防部長。後來李總統表示，我國向美國購買愛國者飛彈，二〇二兵工廠將作為安置飛彈的基地。

就這樣，李遠哲徒然奔波，無疾而終。「李總統如果沒有答應我要把那塊地給中研院，我就不用跑那麼多次。這也看得出，李總統眞的是叫不動軍方。」李遠哲感嘆。

著眼於長遠發展，中研院院區擴增實有必要，而鄰近院區的二〇二兵工廠土地確是關鍵，卻遲遲懸而未決。不過，李遠哲很有耐心，靜待曙光。（詳見第十三章）

有一回，主管會議討論到胡適夫人曾住過的房舍。

會議中，院內主管指出，中研院多年前在臺北市區購置一間房舍供胡適夫人使用，僅有地上權，土地的所有權人是周氏祭祀公業。吳院長在任時，周氏祭祀公業欲向中研院收回這塊土地，但院方不允，兩造展開訴訟，後來院方敗訴，必須拆屋返還地上權。李遠哲擔任院長之後，周氏祭祀公業主動表示願給予院方一筆一千五百萬的地上權補貼金，可由院方選擇約當於此金額的房舍，由周氏祭祀公業購贈給院方。

主管會議的結論接受此一提議，願在市區挑選一間約當金額的公寓作爲退任院長官舍，供吳前院長居住。

但是，李遠哲與同仁前往廣州街拜訪吳大猷，得到的回覆是：「我在廣州街（廣博大廈）住習慣了，看病也方便，請代我向李總統爭取，讓我繼續住這裡吧。」

此一表態，讓主管會議的決議被迫大轉彎。李遠哲向李總統表達吳大猷的意願，李總統也同意了。中研院則是依照李遠哲批准的優遇退任之吳院長相關辦法，爲吳大猷提供傭人，參加會議時派司機與車輛接送等。

主管會議再度討論到周氏祭祀公業要購贈補貼中研院的房舍一事。

「既然李總統也同意吳院長繼續住在廣州街的科學指導委員會辦公室，周氏祭祀公業欲購贈中研院的房子，就留給訪問學者住吧。」李遠哲提議。

其他與會者反映，臺北市區房價逐年高漲，以此價格恐難找到外國學者習慣的寬敞房舍。相較之下，中研院位於市郊，房價約爲市區的二分之一，較爲可行。

於是，中研院總務組積極在院區周遭尋找合適的房屋，俾便周氏祭祀公業購贈。其中，東帝士集團興建完工不久的綠野山坡社區就緊鄰中研院院區，該集團創辦人陳由豪得知此事，也向院方推薦綠野山坡社區。中研院總務組並未排除這項提議。幾經尋覓，院區旁邊公寓的屋齡與空間仍與院方的期待有所落差。最後只能考慮附近的汐止山上，房價遠不及臺北市區的一半。

李遠哲也曾與總務組、祕書組人員前去看屋，來到靠近院區的綠野山坡社區。後來發現了山邊一棟僻靜的房屋，也有寬敞的庭園，雖然不時有蛇與野兔出沒，外國訪問學者應該不會排斥；室內未經裝潢，是粗糙的毛胚屋，房價大約一千六百五十萬[37]。

在院內人員看過不少房屋，最後主管會議決議，由周氏祭祀公業買下這間山邊的房屋並捐贈中研院。購置後，再由中研院編列預算整修裝潢。

此事決定了，由羅銅壁和李國偉等主管出面與周氏祭祀公業簽訂合約。

這下，李國偉開始煩惱這間房舍的水電管線與裝潢事宜，畢竟須配合使用者的需求。「院長，還是您去住好了，反正我們已經有這棟房子了。」李國偉在主管會議中提議。畢竟，前幾任院長均設有宿舍與傭人，但院方卻沒有替李遠哲安排宿舍，他一直租屋居住。

李遠哲看到同仁的態度，幾經考慮，同意了這項提議。

於是，李國偉著手處理這棟毛胚屋的水電管線、空調與裝潢事宜。由於李遠哲忙於公務，就由彭旭明與室內設計師洽談、估價與施工。「注重功能性，簡單為宜，不可以有任何豪奢的裝潢。」李遠哲向同仁強調。

施工過程中，李遠哲只到現場看過一次，彭旭明自豪地向他表示：「裝修得很簡單。只有一個窗戶是我特別向設計師要求裝一小塊拼花玻璃，沒有額外增加費用。」花費約三百五十萬完成水電管線與裝修，以室內實際坪數計算，費用算是合理。
幾經峰迴路轉，這棟周氏祭祀公業購贈補償的房屋，用途從吳前院長退休官舍變成海外訪問學者宿舍，最後成爲當任院長的官舍。
「等我卸任，這棟房子就留給新任院長住。」李遠哲堅持確立制度。（詳見第十五、十六章）
然而，看似平靜無波，水下卻漩著一渦渦流言，暗暗向李遠哲凶猛襲來。
院內傳出耳語，這棟房舍是陳由豪送給李遠哲，且裝潢估價就高達一千萬新臺幣，連一位中研院高層主管也如是說，眾口鑠金，彷彿眞有此事[38]。
「周氏祭祀公業和中研院的合約是我去簽的，我還留下了合約影印本，怎麼會有這種流言呢？」李國偉很訝異。李遠哲聽到耳語時，更是難以置信。
不僅如此，一位中研院高層主管[39]還轉述：「吳大猷當時（一九九三年）已準備辭職，中央研究

---

37 原本周氏祭祀公業提議購贈一千五百萬左右的房舍給中研院作為補償。但後來中研院只找到大約一千六百五十萬的合宜房舍。而周氏祭祀公業也同意以此金額購贈補償，因此最後以一千六百五十萬簽約。

38 羅銅壁副院長口述歷史，《臺灣蛋白質化學研究的先行者——羅銅壁院士一生回顧》，二〇一六年一月，中研院近史所出版，頁一八九。李遠哲為該書所作之序文，對於內文諸多謬誤已擇要澄清。

39 詳見《臺灣蛋白質化學研究的先行者——羅銅壁院士一生回顧》，二〇一六年一月，中研院近史所出版，頁一八七。

院院長可以是終身職，但李登輝總統爲了安置有意回國的李遠哲，透過蔣彥士傳話給吳大猷，希望他自行辭職。儘管吳院長本人從未向我證實這項傳聞，我還是認爲此一傳聞並非空穴來風，因爲據我觀察，當時的吳院長確實已經對工作有些意興闌珊。」

李遠哲後來聽到此一流言，搖著頭說：「說是我要回來臺灣才逼退吳大猷，完全不是這麼一回事。」眾所皆知，一九九三年上旬，李遠哲因張昭鼎猝逝而動念回臺，報紙上還刊出他親撰的追憶文〈該也是回家的時候了〉。「當院長是後來的演變，也不是我去求來的。」他說。

至於吳大猷辭職之事，早在一九九二年的院士會議時就浮上檯面[40]。因此，「逼退吳大猷」的流言對吳大猷和李遠哲兩人都不公道。（詳見第二部第三十章）

一棟周氏祭祀公業補償中研院的房屋，卻輾轉演變，將李遠哲捲入中傷漩渦，對滿腔熱情回國服務的他，可謂一道苦澀的滋味。

＊＊＊

李遠哲一整年忙於院內與教育改革（詳見第九章）等種種事務，一九九五年春節，李遠哲並沒有再如前一年那樣留在院內辦公，而是偕吳錦麗到美國與久違的兒女共度。

孰料，一月三十一日農曆初一，嗚嗚的消防嗚笛聲由遠而近，劃破了南港研究院路一帶歡慶春節的溫馨夜空。

嗚笛聲越來越逼近，聽在住家緊鄰院區的總辦事處處長李國偉耳裡，隱隱感到不安。幾分鐘後，電話鈴聲大作，李國偉接起電話。「處長，院長辦公室失火了！請您盡快趕來！」院區警衛口氣急促。

李國偉趕到現場時，消防隊已經撲滅火勢。

院長辦公區包括內側的院長辦公室，以及隔間靠外側的林素琴祕書辦公桌，再來就是門。祕書辦公桌旁靠門邊擺放的電熱水瓶已經焦黑，就是這面牆燒了起來。消防隊研判，可能是春節放假前忘了將插頭拔下，導致電線走火。

林素琴聽聞災情連忙致電李遠哲，「謝謝妳。請妳用相機拍下火場，我回來之後再看照片……」他在話筒那端叮嚀。

李遠哲回院上班後，與李國偉詳細檢查火災現場。

「這火災實在非常蹊蹺。一般熱水瓶有安全性措施，即使燒到水乾了，也不會燒起來，」李國偉說。

李遠哲詳細查看牆面燃燒的狀況，翻看火場照片，思索著。

他做過無數化學實驗，對於化學燃燒的性質很了解。「如果熱水瓶著火，火燒會導致瓶內的水轉

---

40 一九九二年院士會議中，吳大猷支持李政道的SSC事件，引發國內科學界大辯論，一九九三年年初就傳出他即將辭職。一九九三年五月三日，吳大猷在立法院質詢遭受屈辱後，公開表示即將辭職。以時間來看，是吳大猷表態欲辭職在先。

爲大量水蒸氣往上衝。照片中，熱水瓶以上的牆面並無火燒的痕跡，證實了這一點。但是，火的特性是，它不會往下燃燒，只會往上燒。照片上，火燒的牆面是從地面到熱水瓶這一段。可以判斷，火源來自地面。」

「或許是有人從門外，朝門下的縫隙縱火，火才會一路從地面往上燒到電熱水瓶，引起火災。而也因熱水瓶內有水，阻擋了火勢不至於快速延燒。」

他覺得事情不單純，隨即向李總統報告，認爲可能是人爲縱火，李總統表示要派人調查，李國偉亦已陪同林素琴前往消防相關單位說明。

就在李遠哲等待調查時，兩天後李總統卻又勸他：「你剛回國不久，這件事情就算了吧！」李遠哲感到不解。

奇怪的事情還沒完。火災後幾天，李國偉的宿舍窗戶遭人打破，又過幾天，家門口被丟了一隻死雞。「我不知道他們的目的是什麼，但是就碰到了這樣的事情。於是我要求李院長讓我安裝一些安全設施。」李國偉爲家中妻兒擔心。

如果是人爲縱火，到底是誰？

和黑函有關嗎？

李遠哲就任後不時會接到不具名的威脅信件，內容大多關乎族群偏見。

會是「人二」[41]或威權餘緒嗎？

吳院長在任時，曾發生人二與政治性審查干預新聘研究人員之情事，驚動新聞界與立法院[42]。

李遠哲想起，接任院長後不久，一位蘇姓司機來訪，表示自己已被中研院解聘，理由是浮報油費。

這位蘇姓司機算是舊識。前幾年，李遠哲回國參加院士會議等活動時，院方常派蘇姓司機接送。有一次載他到南部開會，他還曾問蘇姓司機：「你載我跑這麼遠，天也晚了，你能報加班費嗎？」當時蘇姓司機回答：「司機是不能報加班費的。不過，張昭鼎主任說，我可以把油費多報一點，也算是一種彌補。」

蘇姓司機幾年前也曾提醒他：「李院士，我們司機必須把你們這些院士在車上講的話報告給人二聽，這是人二要求的。不過，我從來不這麼做。」還有一次，蘇姓司機說：「好像沒有人指點您怎麼跟國內的大官互動喔？我開車載其他院士時常有人跟他們指點哪些官員重要、哪些不重要……」

41「人事室第二辦公室」的俗稱。戒嚴時期政府對公務機關進行保密防諜工作，對公務人員做忠誠調查，監控貪瀆或瀆職情事。白色恐怖時期迫害許多公務人員，人心惶惶。臺灣民主化後，人民要求政府公開透明，普遍要求裁撤人二室。一九九二年立法院通過《政風機構人員設置條例》重組人二室，大幅刪除保防與忠誠調查等業務，僅保留廉政業務。

42 中研院社會所研究員吳乃德於《我與社會所——中央研究院社會學研究所成立二十週年紀念專刊》描述親身經歷。一九九〇年一月，院務會議討論吳乃德聘任案時，突遭政治理由否決。民族所行為組主任瞿海源當場向吳大猷院長口頭請辭；民族所區務組主任張茂桂會後拍桌抗議說：「給人亂戴帽子是中研院的恥辱。」一週後，民族所所長莊英章、副所長蕭新煌、文化組主任黃應貴、瞿海源和張茂桂等人集體辭去行政職務以示抗議，雖獲慰留但驚動新聞界，輿論延燒數月。立法院要求中研院提出正式報告。後來吳乃德順利通過聘任，免於政治勢力干擾學術。

李遠哲明白，中研院在制度上仍無法給予司機合理的加班費，一些主管才會以「多報油價」來幫司機變通補償，卻只有蘇姓司機因此遭解聘，其他司機卻沒有受罰。爲什麼？

「因爲人二要我把院士在車上的談話向他們報告，我不願配合。」蘇姓司機說。

李遠哲經過查訪，覺得難以接受，因爲早在一九九二年，人二室就依法遭裁撤，卻似乎仍私下在進行政治偵防。他去請教羅銅壁副院長，羅銅壁從一九七二年即擔任中研院的行政職，或許比較了解。

「你如果讓他復職，人二那些人會搞得你這個院長做不了事的！」羅銅壁提醒他。

黑暗力量的威脅，李遠哲從不退縮，此言也並未改變他的想法。

李遠哲詢問蘇姓司機是否願意回復原職。蘇姓司機很感動，豁達地說：「我從小就住在這一帶，附近也有一些祖產，其實是不愁吃穿的，現在年紀也不小了，也不見得要工作。」李遠哲這才打消了原本的念頭。

如果縱火不是因爲人二的威權遺緒，那麼會是反對他關懷與改革社會的人嗎？他找不出可能的理由。

「這場火災是人爲的。我知道，滿懷熱誠想打造公平合理社會的人，會衝擊到黑暗的力量，也會受到他們無情的打壓。他們不希望看到像我這樣的人，居住在這塊土地上。」

「這把火沒讓我退縮，反而更堅定我願爲臺灣這塊土地與受壓迫的人民付出，以及和家鄉父老同甘苦的決心。」他清理灰燼，重上征途，因爲，「我知道我必須更堅強。」

火災後，總務處提議，國際訪客日漸增多，建議整修老舊的會客室。李遠哲簽准了公文。但是設計師來討論裝修細節，他才知道整修範圍竟包括院長辦公室與後面的小會議室。相當尊敬吳前院長的李遠哲，接任院長時只肯換一張椅子，並沿用吳前院長的辦公室繼續工作，怎可能同意擴大整修呢？「我立即請總務組改變計畫，只整修會客室，我的辦公室維持吳院長時的原貌，即使火災後也一樣，祕書的小隔間也不動。」如此一來整修總金額大爲減少，也讓自奉儉約的他安心不少。

李遠哲尊重李總統，並未對外公開這次的火災事故，反而更投入工作。

在他與院務團隊的積極努力下，一九九五年三月，「中央研究院延聘博士後研究人員作業要點」「本院各所研究人員出國參加學術會議論文審查原則」「設立中央研究院重要文獻獎」等規章一一付諸實施。前兩項更是中研院提升學術水準、增益研究人力的里程碑。並由行政院核准博士後研究人員的員額。由各所申請，學術諮詢總會審核通過。實施第一年就有數十位博士後研究人員。有了優質研究人力，對研究工作幫助甚大，此後持續辦理。（詳見第八章）

李國偉轄下的總辦事處也有建樹（詳見第六章），最重要的是整頓計算中心，使行政作業自動化，研究工作與國外交流更有效率，並成爲全國資訊網路基礎建設的示範機構。

而張光直副院長負責整合人文科學各所[43]也有突破：將各所的社會學研究者整合，一九九五年五月，成立社會學研究所籌備處。這是李遠哲任內設立的第一個籌備處，初期就有相當規模的研究陣容，包括專任研究員八位、副研究員五位、助研究員兩位、合聘研究員四位，由瞿海源擔任籌備處主任。「爲了整合，我和各所同仁至少座談了兩次，與所長、副所長、個別同仁也不知道談了多少次。綜合了我所聽到的意見和看到的問題，審慎判斷後所得的最佳方案推薦給院長。最後的決定，是院長的決定。」張光直說。

勞碌的工作中，失火一事幾乎已被李遠哲遺忘，怎料，祝融卻再度侵擾。

一九九六年農曆新年前，二月十一日，行政大樓地下室的計算中心不斷電系統（UPS）燒燬，計算中心的電腦主機系統及網路設備緊急停機，直到隔天下午以市電重新開機，才恢復運作。

「以機率來算，兩部不斷電系統同時自行燒燬的可能性，實在微乎其微。沒有辦法想像，怎麼可能不是人爲縱火？」李國偉搖著頭說。當時在國外出差的李遠哲也無法置信。

連續兩年在行政大樓出現火災事故，但是，李遠哲沒有被嚇倒，充滿韌性的他，繼續與院務團隊拚命工作著。

＊＊＊

李遠哲上任時，就宣示要解決院內各所的資源重複與浪費，而兼做生物組與數理組「副院長」實質工作的他，更以身作則投入這兩組的資源整合。

生命科學圖書館（簡稱生圖）就是一例[44]。

一九九六年五月院務會議，李遠哲親自說服生物組的五個研究所先行整合圖書資源，全搬到羅銅壁負責規畫的新建生化大樓預留的空間，共組生圖；避免期刊重複訂閱，可新訂多樣化的期刊，對學術工作更有效益。但各所主管反映：「圖書室設在自己的所裡，借閱和使用都比較方便。」

李遠哲向來不疾言厲色，主持會議走柔性風格。眼見各所不為所動，無奈地說：「我是院長，依法必須要整合各所資源，否則我就是違法，要去坐牢了。」

熟悉他風格的人就知道，當他語出這樣的措辭，顯然不能再等閒視之。五個研究所的主管於是同意共組生圖。這是中研院第一個整合資源的圖書館，以多元而豐富的藏書揚名全國，這五所獲益最大，也引以為傲。這也是李遠哲促成生物組的第一個資源整合成功的案例。

---

43 由張光直規畫的人文社會各所整合包括：歷史語言研究所（現名）、語言學研究所（討論中）、考古學研究所（討論中）、民族學研究所（或人類學研究所）、近代史研究所、臺灣史研究所籌備處、中山人文社會科學研究所、經濟學研究所、社會學研究所籌備處、歐美研究所、中國文哲研究所籌備處。詳見《中央研究院週報》五五五期，一九九五年十二月一日。

44 由分子生物研究所、生物化學研究所、生物醫學研究所、植物所（現為植物暨微生物學研究所）及動物所（細胞與個體生物學研究所）等五所圖書室整合，組成生命科學圖書館。後來新成立的農業生物科技研究中心、基因體研究中心及生物多樣性研究中心也加入。

一九九六年七月，兩年一度的院士會議中，李遠哲向院士們報告兩年半來改革中研院的成效[45]。不少都是奠定基礎的制度，影響深遠，效益甚鉅。

例如，為了鼓勵年輕學者深入研究，創造重要貢獻，學術諮詢總會創設「中央研究院年輕學者研究著作獎」，分數理組、生物組、人文及社會科學組，每年每組獎勵三人[46]。

「李院長推動設立許多研究的獎勵制度，特別是對年輕人的獎勵，例如年輕學者研究著作獎，鼓舞了很多年輕學者。」中研院歐美所研究員李有成[47]指出。

以有限資源推動「老院新生」，兩年半內，李遠哲與團隊耗費心力，興革許多制度，奠定了中研院躍升的基礎，一步一步往「構築學術大殿堂」的目標邁進。而許多制度牽涉到組織架構，有必要修改《中央研究院組織法》，卻因牽一髮動全身，工程浩大，尤需取得全院共識，才能送到立法院，不能急就章，只能耐心以對。（詳見第十三章）

這段日子裡，儘管曾遭流言中傷、人為縱火等事件衝擊，李遠哲也沒有停滯腳步；相反的，他心中那股想證明臺灣也能做出一流研究的決心，益加堅定。

45 興革制度的成效包括：籌畫中央研究院出版社；設立生命科學圖書館；升等續聘等學術評鑑；《中央研究院組織法》《中央研究院研究所組織規程》經三次同仁公開座談會蒐集修法建議；學術諮詢總會第三次會議討論三大議題（學術諮詢總會常務委員會之功能與運作，如何推展人才培育計畫，博士後研究人員之聘用與培育及高級技術人員任用制度之改進，學術發展長期規畫等）；通過《研究人員新聘續聘及升等審議程序作業要點》；通過《中央研究院延聘博士後研究人員作業要點》；推動跨所處的主題研究計畫；推動跨領域研究計畫（東南亞研究計畫）；實施《中央研究院著作獎作業要點》；設立年輕研究人員重要著作獎；舉辦全院跨學科學術演講會。在行政新措施上，也有：擴充計算中心網路服務；完成會計系統自動化；公文流通自動化作業系統。整合與研究所重組方面：原分所籌備處升格為研究所，增設社會所籌備處。國際方面：加強國際學術合作，積極延攬海外人才等。李遠哲接任院長兩年半即有佳績。

46 此獎勵辦法成效甚佳，後來放寬為每組五名，申請者不限於中研院的年輕學者。

47 傑出人才發展基金會執行長。中研院歐美所特聘研究員。曾任中研院祕書組主任、院長特別助理、歐美所所長等。

2

1 李遠哲懷抱著年少時的理想，回國領導並興革中研院，儘管招致人為縱火和流言中傷，仍充滿熱忱，努力貢獻。

2 李遠哲主持就任後的首次院士會議（前排左三起：吳大猷、羅銅壁、李登輝總統、李遠哲）。（中央研究院數位文化中心提供）

第六章 打造學者的社區

南港，一九九四年的一天上午，交通尖峰時刻，李遠哲與同仁站在研究院路一段與忠孝東路七段的T字路口旁，觀察來往車流，手拿碼錶計算紅綠燈秒數與塞車時間。他注意到，從舊莊或橫科與中研院出來的車輛，沿研究院路一段往市區方向，先是在左轉忠孝東路的T字路口壅塞，接著在研究院路一段通過鐵路平交道[48]的路口也動彈不得。他判斷，這兩個路口的紅綠燈不同步，早上的火車班次多而頻繁，要左轉忠孝東路的車輛和往前直行平交道的車輛並未分流，導致交通壅塞。

爲此，他邀請院內同仁代表、附近幾位里長，以及臺北市長黃大洲和相關局處首長來院內座談，陳情困擾居民多年的塞車問題。「中研院有不少同仁是臺大的合聘教授，他們早上從研究院路到臺大就要花上一個半小時，應該要解決這個兩個路口的塞車。」他提出數據，並建議規畫設置研究院路左轉忠孝東路的專用車道，他也邀請院內同仁提出短、中、長期的解決方案供市府參考。

「李院長，我們派人監測到，那個T字路口的車流量很少，一個小時沒有通過幾輛車啊！」臺北市政府交通局官員來電說明。

「那是因爲路口都塞住了，一個小時能開過去的車子當然少啊！」李院長委婉地說：「還有，你們用車流量（flux）一詞會造成誤解。塞車時是車多，流量少，而不是車流量多。」

他的建議後來獲市府採納，塞車問題稍微獲得紓解。

「外面的人問我，我在中研院都在做什麼？在中研院，我不只要提升學術研究水準，還得處理不少雜務啊。」李遠哲苦笑說。

院內外的庶務也躬親，務使同仁能早日專心於研究，這態度出自他向同仁揭示的願景──「打造中研院爲學者的社區，由研究人員共同呵護的家」。

＊＊＊

水泥車轟隆一聲通過中研院大門。關上門後，高大圍牆內的實況，即非外人所能窺見。

李遠哲接掌中研院時，院區正有七棟建築物同時施工，工地未設圍籬，建材四處堆置；便當盒、果皮與酒瓶等垃圾散置工地路面，蚊蟲縈繞。下雨時，卡車壓得坑坑窪窪的道路積水處處，寸步難行；晴時，風捲起飛沙走石，走避不及。用餐時間，幾架掛在餐廳牆上的電視嘈雜作響，人聲鼎沸，供餐衛生卻大有問題；服務人員隨意將金屬製碗盤丟入推車，發出鏗鏘聲響。

---

48 平交道與鐵軌因應鐵路地下化已拆除，原路線今闢為車行道路，現為市民大道八段。

「中央研究院是國際聞名的學術機構，許多國內及國際會議在此舉行。參觀、訪問及從事研究之國內外學者眾多，維持一個整潔美觀之院區極其重要。然而令人難以相信的是，研究院內竟然處處髒亂不堪，院區景觀不如一般大學，甚至比起某些中、小學整齊優美的校景還不如，實在令人引以爲恥。」分子生物研究所副研究員佘淑美[49]投書批評院區有如「大雜院」，並建議改善方針[50]。

十幾年來，拜三個五年計畫之賜，興建了不少宏偉大樓，但施工引致的惡劣環境卻也逼使同仁的隱忍瀕臨極限。

資訊科學研究所研究員何建明[51]注意到：「李院長一上任，就常在院區到處走動，各所他就走過一輪了。我眞的很怕他看到院區的很多角落就像垃圾堆。」

院區髒亂已久，爲何經年未加整頓？

「以前吳院長都不下來，來上班就待在（辦公室）樓上，總務的人有沒有在做事，他是不知道的！」一九八二年就進中研院服務的何建明觀察。

李遠哲自然有所感受。

有一天，李遠哲沿著人行道疾步走往歷史語言研究所大樓，邊走邊看手上資料的他，冷不防撞上一根電線桿。他心想自己明明是走在人行道啊，定睛一看，這根電線桿竟然不偏不倚設在人行道正中央。回到院長辦公室，他對總辦事處處長李國偉說了這場「奇遇」。

李國偉哭笑不得地解釋，該電線桿早在吳院長在任時已豎立在一研究所大樓前，後來該所重新鋪設人行道，施工廠商未待台電先來遷移電線桿，就連這根電線桿給鋪進人行道了。

會出現這種情形，與吳前院長在任時的風格有關。

吳前院長尊重各所研究獨立自主，包括學術自主與環境維護的自主。久之，各所各自爲政，互不協調，院區道路不平，人行道有寬有窄，電線桿矗立人行道，訪臺學者和海外院士也覺得「亂七八糟」。各所的建築物風格不一、顏色不協調，實驗區域或設施有的重複，卻不願整合；有的不願出借，某研究所附設球場甚至禁止外所使用。

爲了讓院區環境成爲院內與社區居民關心和認同的環境，李遠哲提出許多下情上達的管道。例如他一上任，就指示將《中央研究院週報》改版，有別於吳前院長在任時以發布人事資訊爲主，用意爲促進同仁交流與認同，朝「學者的社區」的願景邁進。一九九四年九月起，中研院每月舉辦「與院長喝咖啡」活動，同仁可直接和院長溝通。

院區的管理則改採類似「中央集權，地方分權」，由總辦事處依院區永續發展的觀點規畫並執行。至於各所不再編列經費或人力在瑣碎事務，讓研究員回歸研究工作，但仍須維護各所建築物與周

49 美國阿肯色大學植物病理學及植物學博士。專研水稻功能性基因體研究，在臺灣學術界有「水稻教母」之稱。世界科學院院士。中研院院士。

50 《中央研究院週報》四七三期。

51 美國伊利諾州西北大學電機與電腦科學系博士。曾任國科會企畫處處長。

遭的清潔美觀。

總辦事處統籌管理全院環境，規定工地善盡整潔維護，要求警衛隊對工地的違規情形開紅單。待大部分新建築工程驗收，總辦事處進行院區整體排水系統與道路整建工程，統一挖設下水道、重鋪人行道、整平道路，一九九五年與一九九六年分兩標完工。「重新鋪過之後，道路變得相當平整，沒有再重鋪的情形。」李國偉滿意地說。

道路與排水問題改善了，《中央研究院週報》出現不少同仁投書提出院區的綠化與美化、以及建築形制、色系統一等建議，也有人感嘆生物多樣性消失。

在院區宿舍住了十六年的植物所研究員陳宗憲[52]在《中央研究院週報》五四六期投書指出，院區已有水泥化的傾向，並提到，院內目前仍能看見松鼠、竹雞、白腹秧雞、雨傘節、樹蛙、烏龜、螯蝦、鷺鷥等生物，四分溪內還有數百條十五公分以上的魚。「但是，就像螢火蟲、紅冠水雞已在過去幾年由院區中消失了一樣……許多種生物都將逐漸由院區中消失……我並不指望院區要像公園或生態保留區，但是這種趨勢不改，院區內遲早將和無特色的市區一樣只剩下建築物而不見綠地。除了夏天多分燥熱外，也讓同仁在情感上少了分歸屬感。」

李遠哲注意到，《中央研究院週報》上關心院區環境等公共事務的投書如雨後春筍，研究人員們開始討論起愛護院區的話題，這氛圍正呼應了他當初所描繪的「學者的社區」願景。於是，一九九五年十月，他也主動於《中央研究院週報》五四七期撰寫〈我們應有改造環境的決心〉一文回應。

他在文中強調，日後新建大樓應盡量拆掉較低的舊樓或危樓，在原地「向上發展」，以增闢有益同仁身心的綠地；重新設計交通動線，規畫徒步區或車輛管制區，將編列預算逐步美化環境，並由各所派代表成立「院區美化規畫委員會」，再請專家根據委員會的意見做較完整的規畫。

果然，這篇文章引起很大迴響，生物多樣性、綠化、由下而上參與治理的觀念引起熱議。一九九六年上半年，院區美化規畫委員會成立並定期開會。委員會廣納眾議，決議區分出總辦事處和各所對環境維護與美化的責任，建議合適種植的行道樹及植栽的樹種，以及規畫停車場和水溝加蓋等。

李遠哲支持院區綠美化，一九九六年四月，儘管預算被刪減，他仍自掏腰包買了一輛卡車贈送給中研院，「每次颱風過後，看到院內工人用小小的手拉車滿載倒木、枯枝敗葉，非常辛苦，我才決定為中研院買一輛小卡車。」

李遠哲欣慰於同仁自發提出想法，透過民主程序，由下而上，使院區的環境逐漸上軌道。但是，很少人能明白，這樣的風氣是需要寬大的胸襟悉心灌溉的。

---

52 中研院植物暨微生物學研究所退休研究員。倡議院區關注生物多樣化、生態復育相關工作，獲得李遠哲的回應。陳宗憲和中研院生物多樣性研究中心研究員謝蕙蓮及陳章波，在中研院推動生態池復育、原生種小森林復育、後山生態步道復育，並訓練社區志工維護棲地與解說等服務，退休後仍不輟；累積厚實的生態復育經驗，三人皆為國內首屈一指之專家。

一九九五年一個星期日晚上，他與吳錦麗到中研院的中餐廳用餐。他問服務人員：「今天有什麼新鮮的魚嗎？」

「今天進貨了新鮮的鱸魚！」服務人員說。

「既然是新鮮的魚，我點清蒸鱸魚。」喜歡吃海鮮的他說。

當清蒸鱸魚被端上桌，他一看，「這魚太大條了，肯定吃不完。」他注意到鄰桌正在用餐的是化學所研究員甘魯生，也是他的網球球友，於是他請服務人員將魚切一半，送給甘魯生。

等到半條清蒸鱸魚送上鄰桌，甘魯生卻表示不吃魚，於是另請在場用餐的香港籍生醫所研究員楊康寧（一九三九～一九九六）享用。

楊康寧一吃，覺得「此魚鮮味可口，魚質細嫩，烹調時間恰到好處」，念念不忘好滋味。一星期後，楊康寧邀同事再度光顧中餐廳，也點了一道清蒸魚，但是，「可惜世事往往如此，期望越高，失望越大，這次來的魚不但鮮味全失，肉質更糟，煮得粗糙堅硬，比起一週前眞有天壤之別。」

有一天，李遠哲打網球時，有球友問他：「你看了那篇〈雙魚記〉嗎？連中餐廳都對院長很愛護，您吃的魚比較好。」

原來，楊康寧將此事寫成一篇隨筆，投稿《中央研究院週報》五四九期。李遠哲詢問中餐廳後得知，楊康寧並未詢問當天是否有剛進貨的鮮魚就點菜，而餐廳當天用冷凍鱈魚煮了清蒸鱈魚。

李遠哲恍然大悟，心想：「香港人不是很會吃魚嗎？怎麼會沒有問清楚有沒有鮮魚，就點了清蒸魚呢？」他著手寫文章說明，避免讓人誤會他享有特權。但寫著寫著卻忽然間領悟，何必寫呢？如果自己眞的投書說明，是否反而讓同仁覺得院長經不起批評？當初指示改版《中央研究院週報》，不就是希望週報能成爲同仁溝通交流、發表意見的園地？如果凡事只有自己對，別人發表意見都被糾正，又如何能呵護意見多元的園地？最後，他將這張寫到一半的稿紙揉成紙團，丟進字紙簍。

「中研院要提升，需要所有同仁一起努力，如果我連枝枝節節都要爭論對錯，那麼，大事都不用做了！」李遠哲對自己說。

＊　＊　＊

「以前我們要打球，會趁著下班時間，攔截一段道路在中間綁條網子就開始打，」資訊所研究員何建明苦笑著說，自己還曾與一些同仁向吳大猷院長陳情，吳院長卻說：「做研究是用腦，院內怎麼會需要運動場呢？」

李遠哲深知運動對紓壓和做研究的好處。爲了鼓勵運動風氣，他曾與同仁組隊到院外參加壘球賽與網球賽。當不少同仁陳情，希望院內增設運動場地，他下決心在院內興建綜合體育館。

一九九六年，總務組規畫在學術活動中心旁作爲預定場址，經公開競圖入選三家建築師事務所，施工後因應土質而強化結構工程，耗時甚久，但人人都引頸期待著體育館誕生。（見下一章）

有一天，太子建設董事長暨中華民國不動產開發商業同業公會理事長莊南田參訪中研院，表示爲感謝李遠哲回國協助提升學術與教育，同業公會將募款致贈中研院。李遠哲提及，學人宿舍不足，外國學人來臺短期訪問的住宿問題尚待解決，學術活動中心亦需要增設西餐廳等。莊南田允諾向公會會員募款興建贈予中研院。

一九九六年七月，學人宿舍及西餐廳在學術活動中心旁動工，由劉祥宏建築師義務設計。「總共六千五百萬的募款是由莊董事長在公會內發起，最後也以太子建設捐款占最多，」李遠哲說。

討論院區的規畫時，莊南田以專業角度表示，中研院的院區環境缺乏整體規畫，相當可惜。而且，四分溪流經院區，並從學術活動中心正前方流過，阻斷了大多數從院區往活動中心的通道，如果能將學術活動中心正前方的這段四分溪加蓋，那麼，從行政大樓前方到學術活動中心的椰林大道就能串聯起來，院區不再零碎，更能展現整體的氣勢。

李遠哲很認同，他先前也曾如此考慮，但因四分溪由臺北市政府管轄，並非中研院所能決定。莊南田主動表示願意幫忙說服臺北市長陳水扁。

不久，臺北市府邀請李遠哲前往商討，同意將該段四分溪加蓋，興建親水綠化步道，並進一步與交通部協商，解決中研院與在地居民的聯外交通問題，例如增開北二高與中研院之間的便道[53]等措施。

作爲學者做研究與生活的社區，中研院到底該呈現怎麼樣的面貌？

不少同仁投書《中央研究院週報》抱怨行人沒有辦法好好走路，希望整頓汽機車亂竄問題；也有人建議設置行人專用區並增建停車場；更有人期待能解決大門口塞車問題。當外賓對院區的環境規畫感到疑惑時，李遠哲也只能開玩笑地回答：「啊，聯考不考美學！」

歸根究柢，院區仍有必要做統整性的環境規畫。一九九六年底，大多數新建築完工驗收，中研院委託顧問公司進行院區環境整體規畫[54]，一九九七年公布，舉行公聽會蒐集同仁意見修改後實施。

執行後，最大的改變就是院區大門遷移，四分溪加蓋，增建綠化功能的植草磚臨時停車場等。總辦事處總務主任楊重信[55]指出，大門遷移是爲了解決交通動線問題。新大門設置在研究院路二段一〇二巷巷口，並設置可容納五百多輛機車的機車停車棚，不讓機車進入院區竄行[56]。

新大門成爲車行大門，設置一條長車道與出入管制哨，周遭加以植樹，從此解決了舊大門三叉路口的交通瓶頸。而舊大門則改爲人行大門，不再供車輛出入，也使舊大門往學術活動中心的椰林大道更爲清幽許多。

由於院區所需的停車位多達一千四百個，但現有空間僅九百個，在地下停車場的預算編列困難的

---

53 北二高通行後，此便道成為高速公路匝道。大幅縮短中研院到市區及其他地方的車行時間。中研院往臺大、師大及榮民總醫院等交通車也行駛其上。

54 計畫內容包括：土地分區使用計畫，交通動線、系統計畫，景觀與開放空間系統計畫和公共設施計畫等。

55 中國文化大學建築及都市設計系所教授。曾任中研院經濟所研究員、臺大城鄉所教授等。

56 《中央研究院週報》六二六期。

情形下，只能先增設臨時停車空間；揚棄水泥或柏油施工，改以植草磚鋪設臨時停車位，兼顧綠化與美化，保留喬木，並植入上千棵樹木。

兼顧景觀與交通動線的新規畫實施之後，曾被批評爲「大雜院」的中研院，幡然改觀。院區的氣象，在臺北市政府將學術活動中心前方的這段四分溪加蓋後，化爲人們注目的亮點。在重新規畫和整建後，從人行大門直通活動中心的椰林大道形成一條清楚的軸線，四分溪仍與此軸線相切，形成一個大型活動廣場。

「加蓋之後變成廣場，整個中研院院區的氣勢就出來了！」植物所研究員周昌弘稱讚不已。

一九九八年十一月上旬，中研院舉辦學術活動中心廣場完工啓用典禮，也邀請協助四分溪加蓋工程的臺北市長陳水扁參加。只是，年底臺北市長大選逼近，陳水扁正是候選人之一。此事在媒體報導後，卻描繪成李遠哲支持陳水扁競選市長連任，頓時成爲熱門政治話題。

典禮隔天，李遠哲發表五點聲明，澄清他的談話「經電視媒體截頭去尾、斷章取義，似乎成助選之用語……中研院院務繁忙，遠哲對於事涉敏感的選舉問題並未特別注意，在公開場合談話，遣詞用字或許不夠周延，以致引起不必要的誤會。」他也強調，典禮「涉及臺北市政府在陳水扁市長主政期間，對教育改革的配合、對改善中研院工作環境的支持與協助，均係就事論事，且以受惠於人，理當表示感謝爲詞，並無其他延伸意義。」

不久，有一天李遠哲回到家，吳錦麗憂心地對他說：「今天有人寄來黑函，說要殺掉我們全家！」

他壓根沒想過，請前市長陳水扁來中研院參加啓用典禮，竟然會爲家人引來死亡威脅。

一九九八年年底選舉落幕，陳水扁連任失利。但是，中研院的聯外交通與院區整頓仍有賴行政院與新市府的協助。企業也對院區綠美化大力襄助。

李遠哲到南投縣埔里鎮考察考古遺址與勘查第二院區的可行性時，結識了雕塑大師朱銘[57]，相談甚歡。後來國泰人壽、英業達與光寶[58]分別購贈朱銘的「太極系列」與「人間系列」作品。國泰人壽還捐建活動中心廣場的景觀美化工程，包括木棧道、綠地、噴水池。完工後，朱銘的雕塑作品擺置於池邊，前有「太極」兩尊雕塑彷彿在比畫招式，隱喻老師指導學生，另有「人間」閃著銀銅色金屬光彩，依傍在池邊一隅。

打造學者的社區，是個需要不斷實踐與改善的願景。畢竟，環境與需求依情況而隨時在變，同仁的期待沒有最好，只有更好。

---

57 臺灣美術界重量級藝術家，一九三八年生於日治時期新竹州。代表作為融合文化和太極精神的「太極系列」、看盡人間百態的「人間系列」等。雕塑展出於朱銘美術館。

58 國泰人壽、英業達、光寶公司分別捐贈九五〇萬、八五〇萬、四五〇萬元新臺幣。

「院區美化規畫委員會」是否恰如其分？經過李遠哲、院內同仁、社區民眾、企業和政府近六年不懈地打拚下，曾被研究員批評為「大雜院」的院區，如今已初具「學者的社區」雛形；未來能否進一步成為林蔭處處，生態多樣，令人流連忘返的植物園？眾人引頸期待。

1

3

2

1 李遠哲任內為解決中研院舊大門長期以來對地方上造成的交通瓶頸，並因應院區環境整體規畫，因而將大門遷移至現址，此舉使得院區內外車流順暢，良好的汽機車停管，提升了人行安全。多贏的做法，造福民眾。（中央研究院數位文化中心提供）

2 每次颱風後，李遠哲看到中研院內工人以小型手拉車辛苦搬運倒木殘枝，非常辛苦，一九九六年自掏腰包致贈一輛小卡車給中研院。（左：李國偉，右：李遠哲）

3 李遠哲（右二）為了解決外國學人來臺短期訪問的住宿問題，太子建設董事長莊南田（右一）募款興建贈予中研院。一九九六年，六層的學人宿舍及西餐廳在學術活動中心旁動工，由建築師劉祥宏（左一）義務設計。（中央研究院數位文化中心提供）

5

6

4 李遠哲認為運動不僅可紓壓還能幫助做研究，曾與中研院同仁組隊參加壘球賽。照片中為李遠哲於中華民國學生棒球運動聯盟開球。

5 中研院內學術活動中心正前方的四分溪加蓋整頓美化後氣勢萬千，聯結了椰林大道，廣場上擺設朱銘作品「太極系列」，是院內與社區居民休閒的場域。

6 李遠哲熱愛網球，對贊助國內網球好手也不遺餘力。照片中為李遠哲與盧彥勳於2003年校園網球邀請賽合影。（盧彥勳提供）

第七章 拆掉無形的高牆

中研院遷移到南港四十餘載，然而，院區築起的圍牆卻阻隔了與地方的交流。

才接任院長不久，有一天，李遠哲聽聞鄰近的胡適國小為即將舉辦的畢業典禮來商借活動中心，卻遭到同仁婉拒。他走過來詢問負責的同仁：「學術活動中心那天有舉辦會議或活動嗎？」

「沒有。但是，我們從來沒有借給社區的前例。」

「我們中研院在這裡這麼久，卻很少跟社區居民互動。應該開放院區，歡迎社區民眾來使用。」李遠哲說。

「可是，有些民眾很沒水準，他們要是嚼檳榔吐痰在地毯上，很難清理的。」

李遠哲對這種偏見不以為然，仍婉言堅持：「我們可以請警衛在門口，勸他們不要嚼檳榔進場。」

「院長，萬一他們不聽警衛的，清理起來還是很麻煩。」

「這樣好了，我出錢，如果他們把環境弄髒亂，就用我自己的錢來清理。」

該同仁見李遠哲堅持，也就同意了。

胡適國小畢業典禮當天，獲准進入這個神祕院區的社區家長們，見證子弟在學術活動中心表演與受獎，興奮之情溢於言表。這是中研院首度開放民眾入內辦活動。

此後，中研院也一改過往的封閉，採取開放院區政策，每月邀請藝文展演團體在學術活動中心演出，並開放社區民眾欣賞，李遠哲也常在觀眾席中。

開放的腳步也廣及全國與社會大眾，一九九四年九月起連續數年，電視與雜誌上都看得見由中研院研究人員主講的「學術走入社會」講座訊息，李遠哲也是講員之一。

打破無形的高牆，讓地方上的民眾大喜過望，對於中研院這個外來的四十年老機關，也慢慢有了好感。

社區開放、社區共榮的理念，無形中漸漸感染了周遭同仁。

總辦事處處長李國偉有一回得知，中研院的公務車與社區居民的機車擦撞，女騎士的腳受傷了，家屬希望中研院負起責任，但中研院堅持打官司。「這件事發生在李院長就任之前。我一聽，覺得中研院怎麼能這樣呢？這種行事作風，當然不是李院長所能接受的。無論誰對誰錯，我都覺得應該代表中研院去向家屬道歉。」

李國偉登門向家屬道歉，看到原本半工半讀的年輕女騎士在家養傷，承諾由中研院賠付醫藥費與後續治療。家屬詫異，原本倨傲的中研院竟然態度丕變。「這女孩子的傷好了之後，我們幫她找到院內一個單位工讀，服務了一陣子。」李國偉說。

院區開放，揭下了老機關的神祕面紗，社區民眾漸漸知道新院長的作風不同了。

有一天，一群民眾舉白布條來到院長室，向李遠哲抗議中研院當年徵收民地，而他們的土地如今改建不易，只能棲身陋屋。

李遠哲請民眾在沙發就坐，認眞聽他們陳述。原來，中研院遷到南港之初對院區未經整體規畫，須增加新建物才請政府協助徵收民地，四十多年來確實累積了一些民怨。李遠哲用心聆聽居民一吐多年的怨氣，談到夜幕已降，仍仔細傾聽並一邊手抄筆記。其中一位民眾忽然改口說：「李院長，自從您來了之後，把我們南港居民當作自己人，您對我們這麼好，土地的事情，我們不會跟你們計較……」此時，前來抗議的其他民眾也紛紛異口同聲地說：「謝謝院長、謝謝院長。」

當李遠哲送他們到行政大樓門口，同仁們也有所感觸。

從衝突到圓滿，並不是來自諾貝爾獎的光環，而是開明的行動與眞心的傾聽，這些都需要時間，而非一蹴可幾。

「李院長的觀念是，中研院不該是一塊租借地，它既然位於南港，研究院就應該認同南港的在地文化，將南港當作家園。」李國偉上任後清查了院區所有地目與地籍圖，畫成一張大地圖貼在牆上，發現中研院與民家確實有不少土地爭議。每當民眾來陳情，「我看著牆上的地圖，就知道他講的是哪一塊地，該怎麼處理。」李國偉經手無數土地引起的糾紛，都秉持李遠哲敦親睦鄰的理念。例如中研院必須發放通行證給某些民家，因爲民家就位在院區最內側或院區後方山上。後來爲了院區安全，中研院甚至另從院區外圍開設一條馬路，讓這些民眾有路回家，也順利解決了糾紛。

依李遠哲的觀念，中研院不僅不應該是高高在上的租借地，更應該成為社區居民的精神中心。小時候，家附近的孔廟與中學圖書館，就是李遠哲與同伴們打球與借書的去處；巷弄裡的大哥哥大姊姊則是學習標竿與課後輔導員。到了美國求學與教書，柏克萊這座大學城則是社區居民的生活中心。他認為，中研院應該與社區共存共榮，成為居民常來休憩與補給精神糧食之處。

主掌中研院後，他親自與鄰近的三里里長及議員座談，聆聽居民陳情，主動為地方上的交通與環保問題召開多次會議，邀請院內同仁提出專業建議，並與政府官員溝通，大幅改善困擾地方多年的聯外交通與環境問題。

一九九八年的七十週年院慶，李遠哲首度開放中研院院區供外界參觀，仿效美國的「家庭招待會」（open house party），吸引許多高中、大學和附近居民來訪。而院內同仁無不卯足全力，向參觀者講解研究內容、典藏品和研究領域等。

「南港多雨多霧，過去，中研院就像被霧遮住了一樣，外界看不清楚。李院長來了，把中研院的霧吹散了，讓社會大眾更加了解中研院。」社會所籌備處研究員蕭新煌[59]觀察。

儘管李遠哲希望中研院能與社區民眾站在一起，有些事仍力有未逮。

風起，垃圾臭味遠遠傳來，連在中研院內辦公的李遠哲也聞得到。沸沸揚揚一陣子的山豬窟垃圾

[59] 中研院社會所特聘研究員，曾任國策顧問、中研院社會所所長、民族所研究員，傑出人才發展基金會執行長與董事。

衛生掩埋場爭議，就是其一。

那是一九九四年初，李遠哲接任新院長的第二個星期，一些院內同仁來向他陳情山豬窟的爭議。第一，山豬窟地處煤礦遺址，地下有很多坑道，易使汙水地下串流，不適合作爲垃圾掩埋場址；而在臺北市府預定的場址中，山豬窟僅名列第九，前幾名的土地大多爲財團所有，地方民眾要求徹查其中內情；第二，臺北市府於一九九三年底違反承諾，祕密提前啓用山豬窟垃圾衛生掩埋場；第三，行政院環保署於一九九四年初公布，山豬窟垃圾衛生掩埋場工程的環境影響評估第一次追蹤查核結果爲丙上，工程簡陋，水土保持須加強；第四，由於市府的承諾一再跳票，地方擴大串聯，向環保局提出二十三項書面質疑。

這些陳情同仁都來自「中央研究院山豬窟垃圾掩埋場汙染監測小組」，這個小組早在一九九三年底，就由吳前院長核定成立，院方撥款支援監測工作。

李遠哲接到陳情後，一九九四年一月二十八日前往山豬窟勘查。接任院長不到兩星期。

他勘查後提醒官員，南港的氣候多雨，颱風將可能衝擊掩埋場的排水系統，應該做好暴雨截流，汙水和雨水分流；垃圾臭味尤應妥善處理，不能影響民眾生活品質。

他知道山豬窟場址的決策已難改變，於是，他在院內多次的主管會議中呼籲同仁發揮科學家精神，提供官方更先進的掩埋與監測方式，他也期勉院內監測小組多和市府溝通，從抗爭轉爲與市府合作監督，將汙染降爲最低。

不過，他勘查山豬窟一事經新聞媒體批露，卻讓他在立法院備詢時遭執政的國民黨籍「新國民黨連線」立委周荃批評「勘查山豬窟掩埋場是爲社會做了最壞的示範」。

一九九四年六月，山豬窟垃圾衛生掩埋場正式啓用。李遠哲與院內同仁原以爲能揮別過去的陰霾，不料，天災卻掀開了市府虛假的承諾。

一九九四年七、八月，提姆、凱特琳、道格、弗雷特、葛拉斯共五個颱風接續來襲，山豬窟溪內灌滿的汙水四處奔流，居民飽受惡臭與髒水之害，「在在證明了所謂的『邊施工邊掩埋』是神話，也更認清楚過去環保局所做的承諾，都只是迴避眞相或對工程無知下的不負責口惠而已。」院內監測小組召集人閻琴南投書《中央研究院週報》批評：「先做妥防洪工程是最基本的常識；但如今，應做而未做好，距離垃圾場最近的『田園綠莊』，目前只要傍晚一到，垃圾臭和化學藥劑臭就交替踵至。如逢大雨，更是臭氣瀰漫，隨著垃圾的日積月累，如再任令擴散下去，研究院區，恐將不免[60]。」

在院內，李遠哲常能聞到垃圾異味。

一九九四年九月上旬，李遠哲向市府官員表達失望與關切，並提醒官員協助解決異味與改善衛生。「我們一定會把臭味弄掉。」官員說。

「官方所謂把臭味弄掉的做法並非眞的去除異味，而是使用一種化學藥劑，讓身處其中的人失去一部分的嗅覺。」李遠哲既無奈也感嘆：「回中研院以來，就失去嗅覺，吃東西也沒有感覺。」

---

60 引自《中央研究院週報》五〇二期，「預防和關懷，總是遲一步——我們對山豬窟的訴求」，中研院政風室主任閻琴南。

白天在院內工作，晚上回到山坡上租賃的家，日復一日，李遠哲與吳錦麗在此生活。垃圾車每天出入於住家的必經之途。一位在雜誌社工作的友人來訪，也不禁掩鼻皺眉問：「你們怎麼能住在這樣的地方？」

天災掀開了罪證確鑿的人禍，化爲日日薰天的臭氣，讓李遠哲原本以爲國家建設與地方民意可望建立新楷模的理想落空。旅美多年的他也警覺到，這決策體系的輕率、欺瞞與無知，以及背後隱藏的貪腐問題，似是臺灣多年的沉痾。

面對這力有未逮的複雜問題，他也只能鼓勵院內監測小組繼續監督。

一九九四年十月，中研院監測小組對山豬窟垃圾場提出七大訴求[61]，而監督委員也漸漸發揮作用，不僅監督各種汙染、掩埋場管理運作與施工、垃圾車進出等，並提出針對垃圾掩埋場最近的「田園社區」飲用水改善計畫、掩埋場沼氣發電計畫、有機堆肥計畫、谷底箱涵排水工程、截流溝排水工程等建議。直到一九九八年底，這些計畫逐步完成，掩埋場對生活品質的衝擊慢慢降低，垃圾異味也逐漸不再成爲李遠哲心上的負擔。

早在一九九六年中研院規畫興建綜合體育館時，李遠哲就公開宣示日後將開放給鄰近里民與機關團體運動。二〇〇一年在同仁的引頸期盼下落成之後，這棟設有室內慢跑道、羽球場、籃球場、網球場、韻律舞室、舞蹈室、游泳池等的三層樓建築，也眞的開放給社區民眾使用，民眾僅需繳費與辦理相關證件即可。不獨善其身、與社區共享的做法，讓社區居民喜出望外。

學術活動中心會不會繼續揚起小學畢業典禮的驪歌？

兒時新竹老家附近的孔廟早已遷移，中學也廢校拆除；如今，孩子們的休憩活動只剩下電視與電玩，圖書館不再是孩子們愛去的場所，而是準備考試的象徵。李遠哲期盼的，不只是拆掉中研院的無形高牆，更希望中研院成爲一個社區營造的據點，成爲串起社會關係的希望。

61 包括：一，追查山豬窟弊案；二，加速焚化爐建設；三，修正山豬窟工程；四，加強場區之管理；五，強化監督委員會；六，主動關懷與回饋；七，解決交通問題。

第八章
創造人才的磁吸力

一九九四年五月，哈佛大學人類學系教授暨美國國家科學院院士張光直「從波士頓回到臺北，來看以前並不認識的李遠哲院長，決定接受他的誠意邀請，來臺擔任專管學術事務的副院長。」消息傳出，旋爲學術界佳話。乃因張光直爲享譽國際的考古學家，一九六〇與八〇年代都曾回臺領導跨學術領域的考古研究工作，是臺灣人文學術界的老朋友。

半年之間，一數理、一人文，兩位國際重量級學者回來服務，爲中研院創造了極大的人才磁吸力。

張光直原訂八月就任，過程卻是始料未及的峰迴路轉。

李遠哲原以爲張光直只需向哈佛大學申請學術休假或退休，即可返臺服務。未料，哈佛大學並沒有學術休假制度，而且張光直必須賠付鐘點費供哈佛大學另聘代課教授，一年須賠付十二萬美元，兩年就要二十四萬美元。李遠哲問過院內規定才明白，中研院雖是國家最高學術機構，卻不具備延攬國外重量級學者的彈性與優渥條件。也就是說，院內無法支付這二十四萬美元。

苦惱的李遠哲想起以往在柏克萊加大或一些研究機構，私人募款制度向能解決問題，遂向一位曾捐款修建胡適紀念館的企業界人士提起此事，對方隨即同意襄助中研院延攬張光直。於是，李遠哲帶著一封中研院的正式信件，親身前往哈佛大學借將，贊助款項也直接匯給哈佛大學。

一九九四年八月，張光直如期返臺就任副院長。

藉由私人募款，李遠哲成功延攬張光直回來領軍人文社會科學研究，也創下中研院以私人募款延攬傑出國際學者的首例。

中研院要能領導學術，本身的研究水準有必要提高，並以國際一流水準為目標。李遠哲三管齊下：爭取經費，建立制度，延攬人才；缺一不可。

放眼國際學術研究重鎮之所以聲望遠播，與人才大有關係。

美國柏克萊加大總愛用李遠哲榮獲諾貝爾化學獎時的名言向外募款：「我（一九六二年）選擇到柏克萊加大留學，是因為它有最好的老師；我（一九七四年）回來柏克萊加大教書，是因為它有最好的學生。」柏克萊加大化學系和勞倫斯柏克萊國家實驗室之所以成為研究重鎮，和李遠哲能吸引各國一流的博士生及博士後年輕學者追隨做研究，正是如此的磁吸力。

環視全球，有企圖心的研究機構以高報酬延攬諾貝爾獎得主，就為了創造磁吸力。李遠哲先前在柏克萊加大的薪酬為全校教職員最高，顯示校董事會的企圖心。

如今，李遠哲也要為中研院塑造磁吸力，不但要讓大師吸引大師，海外的院士吸引海外的院士，還要帶動更多大師或院士回來帶領研究，就重點題目組成研究群，啓發資淺的研究人員。「源頭與活水，雙頭並進」，解決亟需提升學術水準和培育年輕研究人力的問題。

爲張光直募款一事讓李遠哲深刻體認到，這是一場人才戰，不能只靠他的個人聲譽，尤其許多學人在西方研究機構的高薪酬已可兼顧家用與子女學費，尤難要他們僅憑熱情降薪回臺。

「延攬優秀海外學人回臺的最大問題，在於子女的教育與合理的住屋費用。隨父母返臺的中學生沒有足夠的語言能力接受臺灣一般教育，較理想的是在臺北的美國學校修完中學課程後，返美接受高等教育。但是美國學校的學費與日後高等教育的學費，是臺灣公家單位的待遇所無法負擔的。」李遠哲與幾位海外學人深談後，始了解問題的嚴峻。

有一天下班後，李遠哲應邀與企業界人士餐敘，並談起此事，在場人士隨即捐出一百萬元。回到家，李遠哲對吳錦麗說：「我今晚吃飯募款募到一百萬，可以用來延攬海外學者。或許這條路行得通。」

吳錦麗反問：「你吃一次飯募款一百萬，就算你一年三百六十五天都吃飯，三年也才募到十億啊！」

旁觀者清，一語驚醒夢中人。

李遠哲思考，釜底抽薪之計是成立一個基金會，專款用於延攬國際傑出研究人才回臺服務，並獎勵國內研究有成的學者，未來還要鼓勵年輕學者進行創新的研究或出國發表論文，募資目標是新臺幣十億元。他與幾位友人商議此事，其中一位是曾捐款延攬張光直的紡織產業企業家陳宏正。

陳宏正也認爲此事很有意義，並建議：「院長，您只要出面談理念即可，我來負責向這些熱心的企業家們收捐款吧。」

「我個性內向，募款往往難以啓齒，所幸陳宏正義不容辭，出面幫忙，由他開口募款，籌設基金會的工作才能真正展開。」李遠哲感激在心。

於是，李遠哲決心創辦「傑出人才發展基金會」[62]，以鼓勵傑出人才做學術研究，提升整體文化發展，還邀請諾貝爾物理學獎得主丁肇中，和另外四位中研院院士余英時[63]、張光直、錢煦[64]、林聖賢，以及臺大校長陳維昭共同發起。

他與陳宏正討論了一些企業界名單，親自南北奔波拜訪各企業領導人，也曾舉行募款餐會。「我只會做研究，不太會講話，募款餐會上只能靜靜參與。」曾列席募款餐會的林聖賢苦笑說。

「第一位響應的企業家是曹興誠，他一口答應由聯電捐出新臺幣一億元。這樣我們就很有信心了。」陳宏正說：「我們後來拜訪張忠謀，他也很認同李院長的理念，表示台積電願意捐助新臺幣

---

62 一九九四年成立，二十二年來設置多項獎助辦法，促進學術發展貢獻良多。董事長為李遠哲，歷任執行長為蕭新煌、李德財、李有成等學者。獎助項目包括：傑出人才講座、諾貝爾獎得主講座系列獎助（後改為全球頂尖人物系列演講），國外學者短期訪問與講學申請獎助（已停辦）、優秀學生出國開會申請獎助、博士後研究人員出國發表論文申請獎助、積極爭取國外優秀年輕學者獎助、積極留任國內優秀學者、傑出成就獎、年輕學者創新獎等。基金會亦曾在臺北市溫州街與杭州南路的臺大校地捐建兩棟七層樓學人宿舍共三十七戶，於二〇一二年與二〇一三年完工，造福中研院與臺大學人。

63 一九三〇～，漢學家。人文學界最高殊榮「克魯格獎」得主。普林斯頓大學榮譽講座教授。哈佛大學歷史學博士。中研院院士。

64 一九三一～，前中研院院長錢思亮之子。聖地牙哥加州大學惠特克生物醫學工程研究院院長。美國國家科學院院士。中研院院士。

一億元。其他企業家也就更積極響應了。[65]」

奔走募款並非總是如此順遂，一位南部的企業創辦人甚至當面勸李遠哲：「你做院長就好，不要來管這個啦！」

然而，「最讓我感動的是大家對這塊土地與人民的關懷，以及對我個人的信賴。捐助者相當廣泛，有成功的企業家，有財團法人，也有財力不多卻按月捐款的熱心人士。其中，捐資最多的是財團法人中技社，而辜振甫（一九一七～二〇〇五）董事長也將以前所募的一筆爲數不小的款項轉捐出來。由於他們的熱心大方，我時時感念於心。」李遠哲說[66]。

一九九四年十二月，新臺幣十億元的募資目標達成，向內政部申請成立。這也是我國有史以來第一個由私人募款專用於延攬與獎勵優秀學者的基金會。

基金會成立後，中研院即使不能像國外機構那樣重金挖角一流學人，至少有較多工具可以運用，並能比照傑出學人的海外薪酬，邀請他們回臺。特別的是，這個基金並非中研院獨享，凡是回國服務的傑出學人或各大學與研究機構的優秀學者皆能申請。這出自李遠哲的胸懷，「好人才不全爲中研院所用」。基金會每年獎助好幾個不同的項目，其中之一就是「傑出人才講座」，一位學者一生可申請三次，每次補助三年。基金會的董事與董事長皆爲無給職，希望把錢花在刀口上。

「我問院長，傑出人才發展基金會需不需要辦活動，推廣科學？但是院長認爲，這個基金會應該靜態、低調，只要專心在獎助延攬海外人才的事就好了。」基金會首任執行長蕭新煌說。

基金會成立第一年，傑出人才講座就獎助了中研院院士彭汪嘉康[67]、臺大醫學院教授陳定信[68]、陳建德[69]等十位學者。第二年獎助中研院院士吳茂昆[70]、陳建仁[71]、吳京[72]等三十位學者[73]，其後續辦不

---

65 陳宏正陪同李遠哲拜訪企業家，隨即響應捐款者為曹興誠、張忠謀，各由企業捐款一億元；辜振甫捐助八千萬元；何壽川、蔡宏圖各由企業捐助五千萬元；陳由豪的企業捐助兩千萬元；新光集團捐助兩千萬元；王永慶由企業捐助一千萬元。

66 續前註，其他捐助者尚有：統一企業、宏碁集團、長榮集團、廣達集團、宏益纖維、中鼎工程、臺灣水泥、東和鋼鐵、大陸工程、財團法人中技社等，以及劉維德、王國琦等人。

67 萬芳醫院癌症研究中心主任。曾任中研院生醫所研究員、國家衛生研究院癌症研究組主任、美國國家衛生研究院研究員等。

68 世界肝臟研究與治療權威，創下B型肝炎防治的國際典範。曾任臺大醫學院院長。美國國家科學院外籍院士。第三世界科學院院士。中研院院士。詳見《堅定信念——肝病世界權威陳定信的人生志業》，藍麗娟著，天下雜誌出版。

69 專研高溫超導。國家同步輻射研究中心特聘研究員。曾任美國「國家同步輻射光源」U4B光束線及實驗站主持人。美國賓夕凡尼亞大學物理博士。中研院院士。

70 專研高溫超導體。曾任東華大學校長、中研院物理所所長、美國哥倫比亞大學物理系教授。美國休士頓大學物理學博士。美國國家科學院外籍院士。中研院院士。

71 流行病學專家。中華民國副總統。曾任中研院副院長、衛生署署長、國科會主委。美國約翰·霍普金斯大學公共衛生學院流行病學與人類遺傳學博士。中研院院士。

72 一九三四～二〇〇八，海洋流體力學專家。曾任教育部長、成功大學校長等。美國愛荷華大學流體力學博士。中研院院士。

73 傑出人才發展基金會成立逾二十年，至二〇一六年，總計一七三名學者獲得傑出人才講座獎助。基金會還針對年輕學者提供其他獎助辦法，對培育學術人才貢獻甚多。詳見第十五章。

輟，不分族群或政黨色彩，憑學術成果公正給獎。

不是只有傑出成就的我國學者才能感受到傑出人才發展基金會的用心。一九九五年初，以核磁共振研究聞名於世，一九九一年諾貝爾化學獎得主李察・恩斯特（Richard R. Ernst）來臺演講，與其地位等量齊觀的演講酬金，就是由傑出人才發展基金會的「諾貝爾獎系列講座」補助。邀請恩斯特來臺演講的中研院化學所表示，這筆酬金是許多院士和李遠哲討論得出，金額高於國科會的標準。

傑出人才發展基金會有如「民間的國科會」，自從基金會推出多項促進學術研究的辦法，學者們越來越習慣大師來訪和學術交流。「以前中研院很少有諾貝爾獎得主來訪，李院長回來之後，常常有諾貝爾獎得主來院內演講。」史語所研究員黃進興笑著說。

「如果問我，李院長對臺灣學術界最大的貢獻是什麼？我認爲就是傑出人才發展基金會。」林聖賢肯定。

李遠哲如何爲中研院延攬海外傑出學人？他有三個法寶交互運用：一，用心；二，運用吳院長時代創設的特聘研究員制度；三，傑出人才發展基金會補足國外薪酬。

原分所籌備處研究員劉國平[74]就是被李遠哲的用心感召回國的。

一九九二年，李遠哲尚在美國任教。身爲中研院原分所設所諮詢委員會主任委員的他，爲了提升原分所的研究水準，邀請劉國平夫婦回國訪視原分所的工作環境。參觀後，劉夫人覺得臺北的生活水準並不理想，也不適合養育兩個年幼的孩子。但是，李遠哲沒有放棄。

返美之後，李遠哲親自致電劉夫人。「他知道我太太是臺南人，從頭到尾都跟我太太講臺語，說服她。講完電話，我太太很感動，覺得他很有誠意。」劉國平說，「他也知道我們做交叉分子束實驗最重要的就是經費，他給我的承諾就像是給我一張空白支票，讓我幾乎不能拒絕。」在薪酬上，李遠哲也幫劉國平申請私人基金會的研究講座，使其回臺薪酬不至於犧牲太多。

當劉國平向任職的研究機構提出辭呈，主管與同事都很訝異：「臺灣？你瘋了嗎？你在學術自殺！」但劉國平仍決意回臺，因為李遠哲答應於六十歲退休之後回臺服務，與劉國平一起努力。「他眞的很有說服力，」劉國平說。

對大多數原分所的研究人員來說，以原子分子科學的成就而獲諾貝爾獎肯定的李遠哲本人，才是眞正的磁吸力。

一九九三年，籌備處主任林聖賢院士和原分所研究員莊東榮，也是因此束裝返國。

林聖賢是國際級的理論化學家，比李遠哲大一歲，亦是原分所設所諮詢委員會的委員，對原分所的籌設工作並不陌生。多年前兩人就有默契，待李遠哲退休回臺，林聖賢也會一道回國服務；怎料原分所籌備處主任張昭鼎在一九九三年四月猝逝，打亂原本的計畫。林聖賢決定回臺接任籌備處主任，

---

74 臺大物理系特聘講座，中研院原分所特聘研究員。曾任原分所第二任所長、美國阿岡國家實驗室研究員。美國俄亥俄州立大學化學博士。

李遠哲也說服吳大猷院長以特聘研究員薪俸聘請林聖賢。李遠哲同時延攬在美任教的莊東榮回國；為莊東榮申請私人基金會的研究講座，稍微彌補其薪酬差額。

然而，李遠哲接任中研院院長之後，赫然發現林聖賢回中研院服務的薪俸僅列為特聘研究員的最低一級，院方並未考量林聖賢已是國際級的學術成就。於是他親自為林聖賢調升薪俸等級，但仍深感虧欠。「我回來以後很專心工作，自己也沒有注意到。」林聖賢搖搖手，一笑置之。

用心，也是李遠哲打動素昧平生的張光直的主因。

李遠哲問過學界人士，知道張光直雖出生北京，卻是在臺受教育成長，臺灣文學作家張我軍[75]就是其父。出自愛鄉的情懷，張光直曾經兩度回臺灣領導跨領域的眾多人文學者進行考古研究；雖然在美國三十多年，張光直仍念茲在茲：「家父曾囑咐我有朝一日應回臺灣貢獻。」

一九九四年上半年，張光直回臺灣與李遠哲見面時，李遠哲娓娓談起自己回臺是盼與家鄉父老同甘苦，並勸道：「你想回來為臺灣做事的話，要快喔。」

已六十三歲的張光直甚受感動，遂答應回臺擔任副院長，負責人文領域各所的整合。

不僅用心，李遠哲還親自募款為張光直賠付哈佛大學的鐘點費，並募款為張光直一家租屋。不過後來張光直卻是單身回臺，搬進中研院的宿舍。「張光直喜歡熱鬧，家人都在美國。」李遠哲深知，就常邀張光直用餐。

李遠哲延攬張光直時，也鎖定相當於諾貝爾獎的沃爾夫農業獎（一九九一年）得主楊祥發[76]。

一九九四年夏天，李遠哲先邀請楊祥發回中研院植物所擔任訪問學者。他在回國接任中研院院長之前，原以為這樣的大師回臺，臺大等重要研究型大學或中研院植物所會爭相禮聘。但事與願違，國內單位不僅沒有以專任職聘請，一些研究人員還抱著自我保護與本位主義心態表示：「他回來做（跟我們搶研究資源）那我們還要做什麼？」

那時，眼看著香港科技大學發出中研院四倍薪水挖角了楊祥發，李遠哲仍一再說服楊祥發：「你先不要接受香港的專任教授聘書，我以後回國服務，還是希望邀請你來中研院幫忙。」

一九九四年底，中研院院務會議終於表決通過，植物所「擬聘」楊祥發院士為特聘研究員，待一九九六年楊祥發結束香港的教學工作就回國專任，並主持全國性的「植物後熟之生物技術研究計畫」，領導植物所有關生化、分子生物及生物技術等領域之研究工作。

細數中研院共十七個研究所、四個籌備處，都需要用心延攬最好的學者擔任所長。其中，李遠哲認為在自然、生命科學方面仍需資深人才回來創造磁吸力，就重點題目組成研究

---

75 一九〇二～一九五五，臺籍文學家，日治時期曾引發新舊文學論戰，反對白話文學創作加入閩南語等方言。

76 一九三二～二〇〇七，植物生化學家。以解開刺激植物生長與成熟之祕——乙烯的生物合成途徑，又稱乙烯生合成（biosynthesis）或楊氏循環（Yang Cycle）聞名於世。曾任教於戴維斯加州大學、香港科技大學等。美國猶他州立大學植物生化學博士。美國國家科學院院士。中研院院士。

群，以帶動研究。

於是，一九九五年二月，他又延攬傑出海外學者沈哲鯤[77]擔任分子生物研究所所長兼特聘研究員，同年九月延攬劉德勇[78]擔任生物化學研究所所長兼特聘研究員。

一九九七年，與臺灣並無淵源的陳長謙[79]院士來臺接任中研院化學研究所特聘研究員兼所長，全因李遠哲的誠意感召。

「我是特地到加州理工大學化學系請陳長謙教授回來的，」李遠哲多年來都是加州理工大學的董事會成員，他先探詢該校讓賢的可能性，再親訪陳長謙。而在美出生成長、父母皆出身中國的陳長謙，之所以放棄美國的成就與基礎來臺，純粹是相信李遠哲一心提升中研院研究水準的抱負。

身材寬廣，臉上總是帶著笑容的陳長謙，其實是個美食家，做研究之餘，最大興趣就是做菜。回臺就任之後，中研院就依照美國的水準裝修化學所所長的宿舍廚房。

而陳長謙的廚房也幫上延攬海外學人的忙。李遠哲延攬史丹福大學數學系教授劉太平[80]時，深知住慣美國式住房的學人不太喜歡在地的宿舍，尤其是廚房。於是，他向劉太平提議：「我知道你太太可能不會喜歡這個廚房，我帶你去看陳長謙所長的廚房，看看那樣的風格，你太太喜不喜歡。」劉太平被他的誠意打動，果真回國赴任數學研究所所長。

美國西北大學電機電腦科學系教授李德財[81]也是李遠哲三顧茅廬延攬回國的重要學者。

一九九七年，李德財因私人因素無法首肯，但同意考慮。一年後，不到五十歲的李德財就辭去教職，返臺接任資訊科學研究所特聘研究員兼所長。

令李德財夫婦受寵若驚的是，「院長那麼忙，他竟然陪我們去看宿舍，一間一間看。」

李德財就任後常因公搭計程車到市區開會。某個大雨磅礡的日子，開會所在的機構卻不准計程車進入，李德財只好抱著資料走到會議室，淋得一身濕。回到家，連李夫人都很心疼。

受限於預算，中研院僅有地球科學研究所或民族學研究所等少數單位，因實地調查或田野調查所需而配給車輛。資訊所也是大多數未配車的研究所之一。

不久後，李遠哲夫婦與李德財夫婦餐敘，李夫人提起李德財淋雨一事，尷尬的李德財，連忙說：「妳怎麼把這件事說出來啊！」

李遠哲聽進心裡，隨即問李德財是否需要車輛代步？

---

77 曾任教於戴維斯加州大學。曾任中研院分生所所長。柏克萊加大化學博士。中研院院士。

78 旅美生化學家。曾任職於美國藥物食品管理局。曾任中研院生化所所長，成立細胞醣類生物學研究室，研究醣蛋白及醣脂質之結構、功能及生合成。

79 中研院特聘研究員。曾任中研院副院長。美國藝術科學院院士。第三世界科學院院士。中研院院士。

80 中研院數學研究所特聘研究員。曾任中研院數學研究所所長。中研院院士。

81 中研院資訊科學研究所特聘研究員。曾任中興大學校長、臺大資工系與電子工程研究所特聘講座等。美國伊利諾大學香檳分校電腦科學博碩士。中研院院士。

「我跟李院長說不用。但是他說，很多私人企業主的新車開了一陣子就會汰換，或許能向企業募車。」李德財覺得既然不會額外占用院內預算，遂同意了。

農曆新年前，李遠哲致電李德財，表示已備妥一部車，並問：「是不是直接過戶到你名下？」

「不要到我名下，過戶給資訊所就好了。」李德財說。

過年後的某一天，李遠哲的院內司機將那輛汽車開到資訊所，並向李德財解釋：「抱歉花了這麼久時間。其實如果從院長名下過戶給所長的名下比較簡單。但是因為所長您指名要過戶給資訊所，所以院長先把車子贈送給總統府，再由總統府贈送給資訊所，抱歉讓您又多等了一段時間。」

李德財很吃驚，「沒想到李院長是把自己的車子送給資訊所！才開幾千公里而已，根本就是新車！他真的很有誠意。」

「我這輩子只追求過我太太。」李遠哲趣稱，為了幫中研院延攬一位位海外傑出學者，他卻常常挖空心思，彷彿在追求對象。

李遠哲努力追求，而這些傑出海外學者也努力回報。

張光直回臺灣一年半之後在《中央研究院週報》上撰文自承，接任副院長後，盡全力要完成李遠哲交付的兩個任務，「雖然這個學術副院長頭銜中的『學術』兩字，包括中研院的整個範圍，但我主要的近期任務之中，以兩項最為迫切：即人文社會科學各研究所的整合，以及協助全體研究人員提高研究工作的水準。自從一九九四年八月就任以來，我的工作範圍廣泛到我從未想過的程度，工作量也因能力不強而顯得很龐大，但是我每天吃飯睡覺都在想著的只有四個字：整合、提高[82]。」

可惜，一九九六年，張光直因罹患帕金森氏症不堪工作負荷而返美養病，令李遠哲與院內人士惋惜不已。約當同時，羅銅壁副院長也請辭行政副院長一職。因此李遠哲轉而聘請民族所研究員楊國樞擔任行政副院長，繼續推動《中央研究院組織法》修訂等相關院務。至於學術副院長，李遠哲聘請新任植物所所長楊祥發接任，楊祥發也協助國內的年輕學者提升研究論文品質等工作。一九九九年，再由化學所所長陳長謙接任學術副院長，進一步協助李遠哲落實研究生院的構想。

進入兩千年，爲了打造中研院新世紀的研究競爭力，李遠哲延攬海外學者的腳步更未稍歇。（見第十二章）

＊＊＊

李遠哲塑造磁吸力，要從「源頭與活水，雙頭並進」，漸漸解決學術水準提高和培育年輕研究人力的問題。

年輕人力從哪裡來？

由於中研院並不是大學，沒有附設培育研究生的學制；沒有質量皆佳的研究人力，研究員單打獨

---

82 詳見《中央研究院週報》五五五期。

鬥，只能做小規模研究，不容易做出一流成果。吳院長在任時，也曾考慮讓中研院招收研究生，但受限於教育體制，中研院無法給予學歷而作罷。

李遠哲的上策是設立「研究生院」，真正落實大師帶領高水準研究，源源不絕培育人才；中策是與各大學建立各種學程，合作培養人才，共同授予學歷，兼收培養年輕人才，解決研究人力缺乏的困境。

不過李遠哲在考量現實情況下，上策與中策都難以達成。

但是他得知，臺灣光是一九九四年就有一千兩百多位博士學成回國，於是，他鎖定吸收博士後研究人員。提議並爭取經費，在院內相關人員推動下，一九九五年三月核定施行「中央研究院延聘博士後研究人員作業要點」，由學術諮詢總會審核，到一九九九年底，共有三六一人次的博士後研究人員進入中研院工作。設立制度後持續辦理，大幅解決院內「有將無兵」的困境。（見第十三章）

而他從海外力邀大師們回來，也成為一種磁吸力，吸引優秀的博士後研究人員來向大師學習，源源不絕培養質量兼佳的研究活水。

李遠哲就任以來，無時不想著如何改革中研院；爭取預算，用傑出人才塑造磁吸力，建立可長可久的制度。曾期許在世紀之交，年輕人在自己的土地上也能做出國際級研究成果的李遠哲，帶著同仁拚命努力，是否真能贏得期許中的成績？

1 李遠哲和同年獲美國馬里蘭大學頒發榮譽學位的希拉蕊·柯林頓（Hillary Clinton）成為「同學」，她撰寫的兒童教育經典書籍《同村協力》，邀請李遠哲為文作序。

2 一九九六年，李遠哲獲美國馬里蘭大學頒發榮譽學位。

BUSINES
MANAGE
UNIVERSITY OF

第九章　政治叢林中的教育改革

一九九四年八月六日，李澤藩美術館開幕。

在畫家李澤藩逝世後五年，李蔡配親力親爲，將居住五十四年的老屋改建成武昌街與林森路交叉口三角地帶的十層樓。美術館位於三樓，約三十坪的空間，不是大型館舍，卻盡顯大畫家生前素樸認眞的性情與風骨。館內擠滿賓客與賞畫者，李蔡配與子女們共赴盛會，館內栩栩如生的李澤藩銅雕，面容的柔和線條顧盼生輝。

「人生是苦海啊。」李蔡配總是輕嘆。婚後生下九名子女，一名夭折，一輩子照顧、擔憂著子女的她，最操煩的，就是次子李遠哲了。

「二哥剛去美國那幾年，媽媽總是一個人坐在榻榻米上，流著淚想念二哥。」李季眉見過一位母親難以言喻的思子之情。

三十二年來，李蔡配總盼李遠哲有朝一日回臺灣，卻也不免煩惱這叛逆而不畏權勢的兒子，會因爲追求公平正義，反對壓迫人民的理想主義而受傷害。她矛盾與糾葛經年，如今，李遠哲已偕吳錦麗回臺定居，她既喜且憂的矛盾卻越發濃重，天天自顧自地剪下李遠哲相關的報刊報導並整理收藏。

一九九四年春節時，李遠哲回新竹小聚後隨即趕回中研院加班，其後並不常回新竹。李蔡配只能反覆細讀剪報，每每想到他一如她自小教誨的，「不要追求名利，只要做個有用的人，一個頂天立地堂堂正正的人。」就感到安慰。

回臺八個月了，李遠哲偶有幾次順道經過新竹，跟母親談話十來分鐘即告辭，想起來總是過意不去。眼下，為了美術館開幕，他與吳錦麗從臺北趕來，見到久違的母親，眼神閃現著揮之不去的歉疚。

他每天工作逾十八個小時，從未睡足六小時，一心一意提升中研院。七月才主持完中央研究院院士會議，社會事務卻接踵而至，他實在很難向一雙雙渴盼協助的眼神說不。

八十四歲的李蔡配問他，最近在忙什麼？

李遠哲回答，他四月下旬到總統府報告中研院預算等院務相關議題時，李總統主動提及，教育部在三月時建請行政院成立一個兩年的臨時任務編組「教育改革審議委員會」，行政院院長連戰希望李遠哲擔任召集人。「兩年之內要提出方案，委員會的人要找誰，希望你有更多的自主性。」李總統說。

會中，李遠哲向李總統說：「還是交給中央研究院院長來辦較好，不要用李教授的名義，中研院的人員怕我為太多事分心，會有太多雜事。」

但是，李總統仍對他說：「還是放在行政院院長之下比較好。」

李遠哲只好向李總統說：「無所謂，是交給中央研究院院長，不是交給我個人來辦就好。[83]」

李蔡配追問：「但是，今年上半年，教育界不是有很多新的發展嗎？爲何行政院要成立教育改革審議委員會？」她記得在報紙上讀到，一月時新修正公布《大學法》[84]讓大學享有自治權，校長由遴選產生，大學自主就此展開新頁。二月公布的《師資培育法》則讓各大學校院都可以培育師資，建立教師證照制度，不再只限師範學校可以培育教師。四月，民間發起「四一〇教育改造大遊行[85]」，許多家長和老師走上街頭，並且提出：落實小班小校、廣設高中大學、推動教育現代化、制定教育基本法等四項訴求。六月時，教育部召開第七次全國教育會議，主題是「推動多元教育、提升教育品質、開創美好教育遠景[86]」。

李蔡配問李遠哲：「教育部長郭爲藩眞的找你去做嗎？」

李遠哲說：「是啊。郭爲藩部長說，臺灣的教育有很多嚴重的問題，民間希望教育改革很久了，主要是不通暢的升學制度扭曲了教育的本質，大學聯考的門檻也太高，家長都希望孩子念大學。他還說，行政院想要組成教育改革審議委員會，這是一個臨時的委員會，仿效日本首相中曾根康弘十年前就成立的『臨時教育審議會』（臨教審），規畫二十一世紀的教育改革；其實美國很早就訂了『公元兩千年教育目標』。臺灣也要加緊腳步。」

李蔡配又問李遠哲：「總統和部長都跟你說了，你答應了嗎？」

「我這幾個月一直在考慮，七月中，我宴請一些專家學者請教意見，大多數都反對。他們說臺灣的教育問題幾十年了，很難改，而且日本『臨教審』也沒有成功。但有人提到校長把學校帶好的成功經驗，我就覺得，還是有機會。但是他們一直說，教育問題很複雜，做這個會折損我的光環。我就說，折損有什麼關係呢？如果能讓臺灣的教育有一些希望，就該做的。」他說。

「已經確定了嗎？」她問。

「七月底，行政院院會[87]通過《教育改革審議委員會設置要點》，委員會只有兩年，寫出報告交

---

83 中央研究院的職權直屬總統府。行政院下設置教育改革審議委員會，若由中研院院長來兼任召集人，政治責任該由李總統或是行政院長來負？李遠哲認為不需要由他個人來擔任召集人，或可考慮由中研院內的單位出面召集。

84 條文還包括學生可以參加校務會議、教授等級增列助理教授等。

85 一九九四年四月十日，臺大數學系教授黃武雄等人倡議，人本教育基金會等許多民間團體發起「四一〇教育改造，為下一代而走」大遊行。主題是「讓我們擁有童年」，是臺灣史上首度從小學到大學全面要求教育改革。萬人親子及基層教師上街頭，後來成立了「四一〇教育改造聯盟」。詳見《臺灣教育的重建》，黃武雄著，遠流出版，一九九八年。《學校在窗外》，黃武雄著，左岸文化，二〇一三年。《童年與解放衍本》，黃武雄著，左岸文化，二〇一三年。

86 會中結論集結於一九九五年出版的《中華民國教育報告書》（教育白皮書）。書中提出二〇〇〇年的教育願景為：一，升學競爭趨於緩和，彈性學制次第建立；二，城鄉差距逐漸縮短，教育機會更為均等；三，課程教材全面更新，教學科技普遍應用；四，師資培育多元開展，教學實習完全落實；五，大學自主充分實現，公私院校各具特色；六，終身教育體制完成，學習社會應運而生；七，全民體育積極開展，國民體能顯著增進；八，國際合作益臻密切，兩岸交流穩步拓展；九，教師權益更多保障，教育資源多面開發；十，人文精神宏揚校園，師生倫理有效重整。

87 根據一九九四年七月二十八日行政院第二三九一次會議報告事項（一）說明：教育部曾於一九九四年三月建請本院以任務編組方式，成立教育改革審議委員會，研提並審議各項重要教育改革方案，俾利我國中長程教育發展之策畫。案經簽奉行政院長原則同意。茲將該部函送《教育改革審議委員會設置要點》草案，請核示到院。

給行政院院長，委員會就可以解散。」李遠哲說。

「那委員會也要負責執行這份報告嗎？」李蔡配又問。

「媽媽，委員會就像是顧問[88]啊。把對未來教育改革的方向寫成報告交給行政院院長，行政院如果核定了，就會交給政府各單位執行。我是中央研究院院長，院務很多，不可能執行教育改革的。」他說。

「那你最近都在忙這件事嗎？」她問。

「是啊，我在找社會各界關心教育且有代表性的人士來做諮詢委員，因爲是無給職，所以一定要找熱心肯做事的人啊。」他說。

聽他這麼說，李蔡配更感五味雜陳。一方面，李遠哲堅持對國家社會盡力奉獻，要做「有用的人」；卻也意味著，到一九九六年委員會解散爲止，李遠哲將會更加忙碌，期待他能常承歡膝下，是更爲困難了。

八月，李遠哲提出諮詢委員名單[89]，提報給行政院院長連戰審核決定。九月二十一日，行政院教育改革審議委員會正式成立，並召開第一次委員會，連戰介紹其聘請的三十一位諮詢委員，聘期兩年。

行政部門：孫震（國防部長，曾任臺大校長）、韋端（行政院主計處副主計長）、劉兆玄（交通部長）、黃鎮台（教育部常務次長，曾任清大教授、行政院研考會主委）、張京育（行政院政務委員，曾任政大校長）、陳其南（文建會副主委）、郭南宏

（國科會主委）。

縣市長：余陳月瑛（前高雄縣長，一九二六～二〇一四）、游錫堃（宜蘭縣長）。

大學校長：沈君山（清華大學校長，曾任行政院政務委員、美國普度大學教授）、林清江（中正大學校長，曾任教育部次長，一九四〇～一九九九）、鄧啓福（交通大學校長，曾任國科會主委）。

中小學代表：林明美（嘉義女中校長，曾任國中校長）、周麗玉（臺北市中山國中校長）、萬家春（臺北市金華國小校長）。

學界代表：牟中原（臺大化學系教授）、黃榮村（臺大心理系教授）、曾憲政（臺灣工業技術學院化工系教授）、楊國樞（臺大心理系教授）、曹亮吉（大學考試中心副主任、臺大數學系教授）、馬哲儒（成大化工系教授）、劉源俊（東吳大學物理系教授、《科學月刊》社長）。

中研院代表：李亦園（中研院民族所研究員）、李國偉（中研院總辦事處處長）、李遠哲（中研院院長）、許倬雲（中研院院士，曾任香港中文大學歷史系教授）。

企業界代表：何壽川（永豐餘公司總經理）、施振榮（宏碁電腦公司董事長）。

傳播界代表：殷允芃（《天下雜誌》發行人、總編輯）。

---

88 《教育改革審議委員會設置要點》第二條，本會任務如次：（一）關於教育改革方案之擬議，及重要教育發展計畫之審議事項；（二）關於國家重大教育政策之建議、諮詢事項；（三）其他有關教育改革及教育發展之建議與審議事項。

89 李遠哲向社會各界廣邀並擬定的諮詢委員名單送給連戰審核，其中僅立法委員陳永興未獲連戰聘用，改聘國科會主委郭南宏。

連戰聘請李遠哲擔任召集人，張京育為副召集人。行政院也核定一位執行祕書，由諮詢委員曾憲政兼任；兩位副執行祕書分別為行政院第六組組長朱婉清、教育部國立教育資料館館長毛連塭。

四十七歲的曾憲政與行政院官員沒有淵源，只和李遠哲有一面之緣。那是曾憲政於一九九三年主辦「民間科學教育論壇」，曾邀李遠哲演講。演講後，曾憲政將演講內容整理成文字，傳眞到美國請李遠哲校閱，以便集結出版成書。出乎意料的是，曾憲政才傳眞過去，隨即收到他校閱傳回的稿件。

「他效率很高，或許可以說，他很重視這件事。他是諾貝爾獎得主，那麼忙，竟然這麼快就把稿子校正好了。」曾憲政印象極深，相較於其他在臺灣卻遲未回覆稿件的演講者，急煞主辦者。

而由於不少人推薦，行政院將曾憲政從學校借調來擔任執行祕書。至於朱婉清素聞為連戰的重要幕僚，也是連方瑀的密友，擔任其中一位副執行祕書，或有用意。而毛連塭則為教育部所指派。

教育改革審議委員會成立時，各大報洋洋灑灑加以報導，各界關心教育的人都寄予厚望。不料，三十一位諮詢委員之一的劉源俊卻於九月二十八日公開宣布辭職並發表聲明：「（日本臨教審）其組織、定位與功能明確；我國之『教改會』則係在民間一片改革聲中，才匆匆由教育部向行政院建議後設立，甚至並沒有經立法院通過的預算，是以名稱雖與『臨教審』雷同，各方期盼雖甚殷切，聘請委員之人數甚有過之，實質上不過相當於現任行政院長之諮詢單位，與

『臨教審』不可同日而語……」

事實上，這份聲明也點出委員會的隱憂：委員會未經國會通過預算，而是由教育部撥經費支應。而且，位階上只是行政院院長的顧問罷了，沒有實質的權力，日後恐怕很難施展，且日後教育改革的權責難以釐清。

其他諮詢委員也有變數。第一次委員會議之前，原列名諮詢委員的雲門舞集創辦人林懷民，因時間難以配合而請辭；中研院副院長張光直也因健康因素退出。至此諮詢委員人數減至二十八位。於是委員會先運作一段時間，等到明年中再決定是否增聘。

委員會成立了，該在哪裡辦公呢？

由於行政院會第二三九一次會議附帶建議：「教育改革審議委員會執行任務及辦理各項專案研究計畫預估每年約需三千萬元，由教育部於年度相關經費項下一次或分期撥付支應。」預算並不充裕，曾憲政費了好大一番功夫，在諮詢委員清大校長沈君山的引介下，承租臺北市金華街的清華大學月涵堂，運用這不大的空間，充當委員會的辦公室。每月一次的委員大會就在此召開。

全體諮詢委員分為四組，每週召開一次小組會議。此外，每週還辦理固定活動，諸如：「諮詢委員交流座談會」（每週五晚上，凝聚委員共識），由各諮詢委員輪流主持的「教育大家談座談會」（每週三下午兩點鐘，開放民眾預約參加，凝聚全民共識）。諮詢委員們雖是無給職，工作量相較其他中央政府機關更為繁重。

「教育大家談座談會」或「教育改革巡迴開講」都是爲了傾聽民意並挖掘教育問題，一般民眾能理解。不易理解的是，爲何委員會每週一小會、每週一大會？

曾憲政指出，雖然諮詢委員都關心教育，但是，要提出適用於我國的教育改革報告，仍有必要了解我國長久以來的教育現象，蒐集世界各國的教育制度設計及優劣點，並就我國教育各項問題找出合適的解決辦法。因此，除了擬定許多主題邀請專家學者進行研究案，並延聘專家來委員會演講，講後的提問與討論亦有助於工作進展。

有一天，台積電董事長張忠謀與一位諮詢委員約見，對方遲到許久，終於抵達時卻對張忠謀說：「抱歉遲到了，剛才開教育改革審議委員會的大會，李遠哲太民主了！做一個主席就要做決定啊，但是他一直在那邊慢慢聽，一定要聽每一個人把話都講完，有了共識才要結束，很浪費時間！」

張忠謀向李遠哲轉述。李遠哲苦笑說：「您在美國留學與做事這麼多年，一定知道美國的民主作風。」

李遠哲主持會議時不願意獨裁決策或一言堂，一方面個性使然，更出自他先前在美國參與公共事務的見識。「我當美國能源部部長顧問時，一天的會議中，上半天眾人辯論得面紅耳赤，但在討論結束前，主席會將意見收攏成三、四個方向，獲得眾人認同，然後宣布休息用餐，下午再來討論；下午就從這三、四個方向繼續充分討論，到會議結束前，一定能得到每個人都能接受的結論。」李遠哲在中研院主持複雜的議題討論，也援引這種作法，看似耗時，但溝通與獲得共識的效益卻是最高的。

委員會啓動後，就在與時間賽跑。因爲，依法每半年要向行政院長提出諮議報告書，但這是兩年爲期的臨時性組織，亦即需要提出三期諮議報告書，與一份總諮議報告書。爲此，諮詢委員分工合作寫文章，還要溝通討論和彙整，要在一九九五年四月將第一期諮議報告書送交行政院。

「我這輩子從來沒有這麼辛苦工作過！」諮詢委員沈君山幽默地向李遠哲抱怨，還比喻：「你是諾貝爾獎得主，可以當菩薩，爲什麼要來當住持呢？」

素以政務事必躬親聞名的宜蘭縣長游錫堃，身爲諮詢委員，都得從後山坐兩、三個小時車程來臺北市開會，在車上閱讀資料是家常便飯；游錫堃還延伸對教育和學術研究的熱忱，協助李遠哲在宜蘭設立中研院臨海工作站[90]。遠從高雄來開會的諮詢委員余陳月瑛在月涵堂看見曾憲政時，總是親切鼓勵：「少年耶！」她早年經營的文盲識字班，累積了民間辦學及推動終身學習的重要經驗。而曾憲政、黃榮村、牟中原和李國偉這四位諮詢委員常在臺大校園聚會交流、溝通討論教育理念，也在腦力激盪中，思考出具啓發性與話題性的教育改革觀念。企業界的諮詢委員出席率也很高，「永豐餘的何壽川委員那麼忙，不僅出席踴躍，更提出我國應該重視網際網路對教育之影響的建議，確實是很重要

---

[90] 時任中研院動物所所長吳金洌指出，動物所做海魚研究的人員都必須大老遠從東北角海邊載運海水，才能養魚，所內為經費、人力與研究效率所苦，而向李遠哲求助。透過宜蘭縣長游錫堃的溝通協調，金車公司董事長李添財與李遠哲、吳金洌見面，並同意捐贈礁溪一‧一公頃的土地建設「中研院臨海研究站」，供中研院生命科學組各研究所使用。一九九七年舉行捐贈儀式。「這是臺灣以研發為目標的產官研合作典範。」吳金洌表示。

的見解。」李遠哲觀察。

委員會交報告力求縝密，一九九五年三月，第一期諮議報告書初稿在委員分工合作撰寫完成之後，四月初還特別舉行研討會蒐集各界建議參考。四月底，第一期諮議報告書如期交給行政院。

一九九五年六月起，委員會舉辦每月一次的「教改專題論壇」，邀請學者專家引言與評論，集中焦點，專業分析，深入討論。委員會也在全國各縣市設置「社區聯絡人」，彙整各地對教育改革的建言，期能帶動地方人士一起關心教育改革。

在這段期間，諮詢委員許倬雲因長年在美國工作，時間不克配合而請辭，郭南宏也因公務繁忙請辭，委員人數減為二十六人。一九九五年中，李遠哲為了補足三十一位諮詢委員名額，向行政院院長連戰建議，增聘五位諮詢委員：黃炳煌（政大教育系教授）、簡茂發（臺灣師範大學教務長）、陳伯璋（花蓮師範學院校長）、楊國賜（教育部常務次長）、張清溪（臺大經濟系教授）。三十一位諮詢委員重新編為三組進行分組討論。

「新加入的五位委員中，有兩位來自師範體系，一位是教育部代表，一位則是教育系的教授。可以滿足外界認為師範教育體系的諮詢委員太少的呼籲，」曾憲政指出。

「教育大家談」座談會在舉辦二十場後功成身退，委員會更推出「教育改革巡迴開講」，由諮詢委員分批到各縣市與教師、校長、家長座談，深入第一線，擴大蒐集民意。

「我們排定的每一場巡迴開講，李院長都親自出席，從未缺席。」曾憲政拿出各種會議和活動的出席紀錄表來說明。

「要把一件事情做成，就是要打開風氣，你不出面，人家不會理你啊。」李遠哲援引他在中研院身先士卒的作風，進入基層蒐集教育問題。「我到全國各地進行座談，聽許許多多的校長、老師和家長分享很多臺灣的教育問題。深入了解教育第一線現狀的過程中，我也學到很多。」

翻開李遠哲一九九五年十一月的行事曆，他赴臺中一中、草屯高工、彰化高工、斗六高中、嘉義高工、新化高工、鳳山商工、馬公高中、臺南一中、屏東高工，平均每週下鄉巡迴開講兩次。

爲使經費花在刀口上，李遠哲和諮詢委員下鄉都住在青年活動中心、學校宿舍或平價旅館。工作人員們浩浩蕩蕩從臺北集合一起搭車下鄉之前，曾憲政看李遠哲提著公事包與簡單行李，還帶了一個鼓起來的大塑膠袋，好奇地問：「院長，您這裡面裝什麼？」

「是我的枕頭啊。下鄉睡不好，帶枕頭來或許能好睡一點。」他害羞回答。

李遠哲十一月下鄉就占去十個工作天。每週要參加一次小組會議，又占了四個半天；關心各組討論情況的他，甚至還參加他組的小組會議，又占了另外四個半天。十一月十八日的委員大會占了一個工作天。而十一月初向行政院長交出第二期諮議報告書並做專題報告，又是半個工作天。光是一九九五年十一月，就有長達半個月以上從事委員會的各項會議與活動，回到家常熬夜處理公務。

「李院長眞的對教育改革很投入！看他這樣，我能做的，就是把院務做好，讓院長可以有更多的時間對社會貢獻。」諮詢委員之一，也是中研院總辦事處處長的李國偉說。

儘管過程辛苦，李遠哲和委員會所到之處，激起了大眾對教育改革的討論，人們對未來的教育抱持殷切的期望，諮詢委員們也與有榮焉。

「由於我們提出的理念之一，是為了解除過去以來執政者對教育的不當管制與干預，後來我說，『解除管制』（deregulation）應該可以叫做『鬆綁』。」李國偉舉例。其他重要的理念也在委員會及小組討論中應運而生。

有一天，李遠哲向李總統報告教育改革審議委員會的工作狀況，並說：「教育改革未來的理念之一，就是把每一個孩子帶上來，我們國家才會有希望。」

李總統大表贊同：「這個好！為什麼以前沒有人這麼提過？」

然而，一九九六年，臺灣即將首次舉行總統直選，李總統與連戰代表國民黨競選總統與副總統，國民黨非主流派的林洋港與郝柏村則脫黨參選，民進黨由彭明敏與謝長廷搭配，監察院長陳履安則辭職與律師王清峰搭配參選。李總統親自召見李遠哲，希望他能同意選後出任行政院長。

但是，李遠哲婉拒了：「政治需要妥協，我是一個科學家，看數據與真相說話，我不適合從政啊。我連行政院有幾個部會我都不知道。」

李總統不斷說服，還找來連戰、立法委員蕭萬長等人勸進，但李遠哲仍不願意。最後，他退讓表示：「我要回去問我太太意見。」

他徵詢吳錦麗，她堅決反對；而母親李蔡配也非常反對。這兩位對李遠哲影響最深的女性都不支持。

李總統仍盼有機會，請總統夫人曾文惠約見並親自說服吳錦麗，她仍然反對。

由於僵持不下，李遠哲致電蕭萬長尋求建議。蕭萬長說：「你就告訴李總統，等到選後，如果還需要幫忙，你再幫忙好了。」

「但是，李總統選上了，又該如何呢？」

「你放心，選後，他就不需要你了。」

李遠哲遂依照蕭萬長的建議回覆李總統。

中共為了嚇阻臺灣首次由人民直選總統，一九九五年七月對臺灣北部試射飛彈，一九九六年三月對臺灣的南與北海域分別發射導彈；美國總統柯林頓先後派出獨立號與尼米茲號航空母艦戰鬥群巡航臺灣海峽與臺灣東部海域，維護臺海和平。然而中共此舉也激化選情。最後李登輝與連戰以五八一萬票大勝，囊括五四%選票。

選後，李遠哲到總統府面賀李總統，感覺李總統看到他時，表情不太友善。

一如蕭萬長在選前所料，李總統選後並未再邀請李遠哲組閣。在臺灣省長宋楚瑜、蕭萬長等人紛紛競逐行政院長大位之際，李總統指派副總統連戰兼任行政院長。

一九九六年四月，第三期諮議報告書交給行政院。過了一段時日，李遠哲和總統府通電話，李總統在電話說：「我想要換教育部長，你覺得吳京怎麼樣？」

李遠哲一聽，心想，吳京雖是中研院院士，也很能幹，但回國擔任成大校長兩年，對國內的教育體系與問題恐仍無法掌握。於是，他對李總統說：「我認為，應該要找很了解國內教育的人，比較適當。」

李總統又問：「我想找一個本省人來做。」李遠哲想，吳京是江蘇人，並非臺灣出身，但他並未多說，只再度強調：「應該要找對國內教育很了解的人。」

一九九六年六月十日，教育部長郭為藩被調任為駐法大使，新任教育部長竟是吳京，李總統甚至一再公開表示吳京是李遠哲建議的。這使得李遠哲百思不解，也百口莫辯。後來，一位熟悉政情的人向他說明，吳京是宋楚瑜建議與屬意的人選，是李總統為了安撫宋楚瑜。

一九九六年七月，身為中研院院長的李遠哲主辦兩年一度的院士會議，這一回，李總統沒有出席，改派副總統連戰出席。

李總統拉長距離，冷漠無互動，讓李遠哲深有感觸。他想起選前，曾數度勸誡李總統，例如，別再前往不合法且不環保的高爾夫球場打球；並數度表達黑金問題已嚴重影響民主政治，希望國民黨不要再與和黑金牽連甚深的地方派系合作[91]。

「李總統耳根子輕，相信別人挑撥，說我到美國時偷偷跟中共官員見面。這是沒有的事，中央研究院訪問團的隨團記者都能作證。」李遠哲說。

也有一位李總統身邊的高層轉述，有人曾打小報告說：「李遠哲的野心是當總統。」李遠哲聽後只覺得可笑，未免不了解他的為人。

根據時程與法律規定，一九九六年十二月，須將《教育改革總諮議報告書》交給行政院長，教育改革審議委員會也將解散。爲此，李遠哲拜見李總統說：「一年前，總統曾提到我們委員會的全體委員，在呈交《教育改革總諮議報告書》之前，給總統做個專案報告，不知什麼時候能安排？」

「不用了！你們交給連戰。等連戰來跟我報告時，你再跟他一起來就好了！」李總統說。

儘管李總統的反應不如以往，李遠哲仍認爲，三十一位諮詢委員和委員會全體工作人員辛苦努力兩年多，承載全國人民期待。因此，鼓勵全體委員戮力以赴，務必要將總諮議報告書做好。

報告初稿完成了，該如何讓文字更打動人心呢？幾位諮詢委員思考著。

諮詢委員黃炳煌教授想到，之前撰寫國中教科書《認識臺灣》歷史篇的政大歷史系副教授彭明輝，即以「吳鳴」爲筆名的文學獎得主，應該適合來做文字潤飾，就向委員會推薦。

「我來幫忙，是因爲年少打桌球和棒球，和李院長小時候的歷程一樣，也希望有機會能跟李院長工作，就決定來了。」吳鳴亦曾任報社編輯，善於下標題，就挑下大梁。

吳鳴將報告初稿加以修潤，讓整本報告書的語法與口吻一致，甚至將委員會提出的短、中、長程建議都繪製成簡明的流程圖，一目了然。最後，總諮議報告書的五項綜合建議也眞的朗朗上口：

91 李遠哲表示，他也曾為羅福助屢次毆打議員還表態參選立委一事而求見李總統，認為將敗壞司法。李總統曾對他表示，「他出來選，我就把他關起來。」但是羅福助於一九九八年底當選第四屆立法委員，也連任第五屆立委，並在國會質詢與羞辱法務部長。

一，教育鬆綁：解除對教育的不當管制
二，發展適性適才的教育：帶好每位學生
三，打開新的「試窗」：暢通升學管道
四，好還要更好：「提升教育品質」
五，活到老學到老：建立終身學習社會

報告中也建議應及時推動教育改革八大重點優先推動的項目，並列出各項目的近、中、長期目標[92]。而且，報告中建議調整中央教育行政體系。教育部職等應予重新明定。並應依法設置教育專業審議委員會等，使教育決策更具專業取向。教育部內組織應予調整。軍訓處和訓育委員會不必設置等。

一九九六年十二月二日，教育改革審議委員會向行政院長報告總共一〇四頁（摘要一六頁，報告主文八八頁）的《教育改革總諮議報告書》，隨後正式解散。長達兩年三個月，委員會辛勤工作，總計對外舉辦了「教育大家談」二十場、每月發行《教改通訊》、「教改巡迴開講」在各縣市舉辦二十四場、「教改專題論壇」十一場、「教改研討會」三場。由於各界索閱資料踴躍，委員會將各種活動、會議紀錄、報告、各種委託研究案加以彙整，以紙本及磁片寄予各大學與公立圖書館典藏。

委員會解散後，各地的「社區聯絡人」紛紛要求索取《教育改革總諮議報告書》，曾憲政認為這份報告應該廣為流通，於是主動行文請示行政院，是否可將總諮議報告書免費提供民間出版社出版，以印製的成本價廣為流通。但行政院回覆，民間出版社有販售行為就不能免費提供版權。這麼一來，不僅原本某出版社願以成本價印製流通的用意無法落實；這份一〇四頁的報告書無法廣為流通與傳閱，導致許多關心教育改革的人士因而未能實際了解其內容。

根據《教育改革審議委員會設置要點》第五條規定：「本會應每半年就教育改革方向或具體方案，向本院院長提出諮議報告書，**並經本院核定後，分行各有關機關辦理**。」但是，李遠哲等已卸任的諮詢委員們卻未發現，行政院從來就沒有核定《教育改革總諮議報告書》。難道，這份總諮議報告書被束之高閣了嗎？

報告書交給行政院之後，教育部長吳京不斷推出自己的教改構想與施政，成為媒體寵兒，引起一陣「吳京教改旋風」，例如一九九七年一月實施「女生上成功嶺」。還推出「第二國道」政策，開放技職及專科學校大量升格為技術學院或科技大學，以暢通高職生念大學的管道。

「我懷疑吳京根本沒有看過《教育改革總諮議報告書》。」曾憲政直言。

一九九七年二月，行政院成立「教育改革推動小組」，由行政院副院長徐立德擔任召集人，另外邀請了政府官員及專家學者組成。而一九九七年三月十二日，教育部（八六）臺祕字第八六〇

92 詳見《教育改革總諮議報告書》或報告書中摘要，頁一八至二二。

二一二四三號函訂頒《教育改革推動小組設置要點》，這時，關心教育改革的人士才恍然大悟。

首先，行政院並未核定《教育改革總諮議報告書》；其二，《教育改革總諮議報告書》建議在行政院下另設一個專責推動教育改革的機構——「教育改革推動委員會」，不宜由教育部單獨來推動。然而，實情卻是教育部主導。

「教育部就是教改部！應該由教育部負起教改的工作。[93]」教育部長吳京反對教育部之上還有一個「太上教育部」。

種種發展，使得曾任教育改革審議委員會諮詢委員的國科會人文與發展處處長黃榮村公開抨擊：「行政院不但沒有核定列管《教育改革總諮議報告書》，連新成立的『教育改革推動小組』也沒有討論這份報告書。[94]」

教育改革推動小組宣稱，他們融合了教育部一九九五年出版的《中華民國教育報告書——邁向二十一世紀的教育遠景》《中華民國身心障礙教育報告書》及《中華民國原住民教育報告書》，再參酌《教育改革總諮議報告書》，整理成一份新的教改方案，並於一九九七年七月，提出了《教育改革總體計畫綱要》，共有三十條。

但是，一九九七年九月，行政院長由蕭萬長接任，副院長為章孝嚴。依《教育改革推動小組設置要點》，由行政院副院長擔任召集人，亦即教育改革推動小組的召集人也就換成了章孝嚴。

儘管如此，教育部長吳京仍不斷實施自己的教育改革政策。

以吳京開放技職升格的「第二國道」政策為例：一九九七年七月，教育部公布《私立學校申請承租經濟部所屬國營事業土地及設定地上權審核作業處理要點》，以利於民間興建重大教育建設計畫設施；九月，教育部發布《鼓勵新設私立學校處理要點》；十一月，教育部修正並實施《遴選專科學校改制技術學院並核准附設專科部實施要點[95]》，皆是開放私立技職學校升格的法令依據[96]。

「爲了打通技職教育的升學管道，教育部把以往規定專校改制技術學院附設專科部每年核准六所，其中兩所公立專校、四所私立專校的原則取消。教育部預估，若此上限解禁，以『倍數』成長擴充升學管道，並鼓勵技術學院改名科技大學，三年內全國的技術院校將可達到五十所。尤其從國外回來的學者越來越多，技職院校的師資不但可提升，還會越來越好。我們也估計，將來大學生人數將大幅躍升，同一時間，技職體系的學位也將以倍數增加，屆時這些人因爲有一技之長，可能不必像普通教育體系培育出來的學生憂心找不到工作。」吳京說[97]。

「教育部也協調財政部等部門，放寬私人興學的土地取得、租用國有地等限制；同時在名稱上取

93 《吳京教改心》吳京口述，楊惠菁撰寫。天下文化出版，一九九九。頁一六六。
94 一九九七年三月二十三日，《民生報》「教改諮議報告打入冷宮？」。
95 早在一九九五年二月，教育部長郭為藩任內，行政院審議通過《教育部遴選專科學校改制技術學院並核准附設專科部實施方法》。
96 曾憲政受訪時指出，吳京的這一系列政策，造成了後來專科學校崩盤、科技大學林立、業界找不到適用的技術人才等問題。
97 《吳京教改心》吳京口述，楊惠菁撰寫。天下文化出版，一九九九。頁一三八。

消『私立』兩字，改善外界對私立大學的既定印象。」吳京說[98]。

而這些做法，顯然與《教育改革總諮議報告書》的觀念背道而馳。

「教育改革審議委員會建議政府把公立大學辦好，並應增加公立大學的『容量』，而非增加所有大學的數量。所謂的『容量』，是讓更多學子能進公立大學受到栽培。」李遠哲說明。

而曾經提出「廣設高中大學」訴求的四一〇教育改造聯盟，對於吳京貿然開放許多技職學校升格爲技術學院或科技大學，與聯盟的理念背道而馳，深感憤怒，「我們還到教育部前拉白布條抗議，但是他們根本不理我們。」一位四一〇教育改造聯盟成員表示。

而陸續由徐立德、章孝嚴擔任召集人的教育改革推動小組，其作爲與成效也受到媒體質疑[99]。一九九七年十二月一日，《民生報》以「政府教改，花招不少，成效不多。中央方向與教改會建議南轅北轍」爲標題報導：

「前行政院教育改革審議委員會結束即將屆滿一年，『行政院教育改革推動小組』也成立了十個多月，但是，推動小組功能不彰，不但沒有執行教育改革審議委員會的任何一項建議，甚至還停留在討論『教改原則』的階段……推動小組成員普遍對教育改革審議委員會所提的建議認識不深，大多憑個人經驗討論教育改革議題……小組隔幾個月才開一次會，難以凝聚共識。也有前教育改革審議委員會委員批評，教育部對教育改革審議委員會的建議已經不太理會，行政院不但不支持，還比教育部更爲保守，縱使行政院長蕭萬長爲表達落實教改的誠意，新聘了兩位前教改會委員擔任推動小組成員，但依目前態勢判斷，充其量只是橡皮圖章。」

「可以看出，行政院根本沒有眞心接受《教育改革總諮議報告書》，」李遠哲很遺憾，覺得三十一位委員們的辛勞似乎都被抹殺了。

他盡了全力，後來的發展卻不如想像；最難過的是，自己和委員會當初背負了社會各界這麼大的期待，點燃各界對教育改革的熱望，卻沒有辦法讓《教育改革總諮議報告書》被行政院核定，發交執行。儘管如此，「我仍覺得，那兩年的努力是空前的，我感到很驕傲。」

他隱藏起失望，身邊的人卻很難不看見。「遠哲那兩年三個月的平日、假日，不是在處理院務，就是在各地忙著教育改革、演講、溝通，沒日沒夜，投入那麼多，沒想到行政院跟教育部卻是如此。」吳錦麗觀察。

---

98 《吳京教改心》吳京口述，楊惠菁撰寫。天下文化出版，一九九九。頁一一二。

99 《教育改革總諮議報告書》建議改革國民教育的近程目標之一，是實施國民教育小班制。對此，吳京在《吳京教改心》一書（頁四二）表示有困難，並說：「行政院副院長章孝嚴召集的教育改革推動小組中，其中多數委員也擔心，國內人口近年來自然成長率已趨緩和，實施小班制後，如因一時需要而大幅增建教室或學校，可能造成未來的資源浪費。在沒錢、沒人的情況下，教育部同意各縣市可視需要調整目前的學區範圍，透過學區重新畫分獲得紓解。」

而四一〇教育改造聯盟的人也很失望，「我們提出的是最左派的教改構想，教育改革審議委員會成立以後，把改革的方向往中間拉了過去，我們原本還覺得保守。沒想到，委員會解散後，教育部接回去，卻又回到最右派、最保守的方向，行政院也根本不想改。而當初一九九四年全國上下一股想要做好教改的民氣，也就散掉了。」一位四一〇教育改造聯盟的主要成員表示。

這一切變化，天天蒐集閱讀愛子相關報導的李蔡配都看在眼裡。

不料，晴天霹靂的消息傳來，一九九七年八月底，李蔡配因水腫不適入院，醫師確診為胃癌末期，讓李遠哲與吳錦麗難以置信。

「錦麗天天去照顧我媽媽，我也幾乎天天上醫院，一有空就去。」李遠哲難忍心中之痛；若早知如此，他還會出任教育改革審議委員會召集人嗎？這兩年三個月的時間，如果能多撥出時間來陪伴她、慰藉她，該有多好？

「媽媽，妳的手怎麼這麼冷？」吳錦麗每到病房，都會握著李蔡配的手，好讓她溫熱起來。鮮少受到媳婦照顧的李蔡配，終於體會到吳錦麗的好，也真心喜歡上這位媳婦。

但是，密集的治療卻又讓李蔡配再度長嘆：「人生是苦海啊！」說的不再是一生養家育兒操心煩惱的辛苦，而是此刻的病苦。她囑咐：「遠哲，我這輩子過得很不錯，很滿足，希望安安靜靜的離開，不要因為我是李遠哲的媽媽，就在關鍵的時刻把我急救回來，讓我承受很大的痛苦。」李遠哲流著淚點頭。

只是，當李蔡配漸漸不支，與她相處最長歲月且最親密的李季眉及李遠鵬難以接受，央請醫師爲她急救，醫師們也認爲拯救生命是天職。但是，插管只是急救手段，她雖維持了呼吸，卻過得非常痛苦。李遠哲對於未能實現對母親的承諾，非常後悔。

當李蔡配進入昏迷狀態，醫師問他們：「要不要用電擊棒讓她醒來？只是，醒過來很可能會成爲植物人，也可能無法再存活太久時間。」他們才同意不再用電擊急救。

一九九七年十二月四日，李遠哲接到電話，著急地奔向臺大醫院。子女們都同意，遵照李蔡配的心願，不再搶救。

「媽媽，我不再讓妳失望了。」李遠哲對享壽八十八歲的李蔡配輕聲說道。

告別式後，全家人爲了完成李蔡配與李澤藩合葬的遺願，卻因難以兼顧墳墓方位等風水習俗而煩惱，最後，李遠哲設計一個六角形的墓園，解決了難題。

＊＊＊

一九九七年十二月，劉兆玄升任行政院副院長。一九九八年初，教育改革推動小組的新任召集人改爲劉兆玄。總計過去一年就換了三位召集人。

一九九八年二月九日，教育部長吳京下臺，由中正大學校長林清江接任。劉兆玄與林清江都曾任教育改革審議委員會的諮詢委員。

反對教育改革的師範體系學者，期待林清江有所作爲；而主張改革師範教育體系及既有教育沉痾的人們則希望林清江能扮演兩方的協調角色。

林清江接任後，有一天，曾憲政接獲兩份文件[100]：分別是長達八頁的「總統聽取教育改革簡報提示參考資料，中華民國八十五年十二月十九日」和兩頁多的「總統聽取教育改革簡報補充參考資料，中華民國八十五年十二月十九日」，甚爲訝異，趕緊前往中研院面見李遠哲。

李遠哲一看，竟是教育改革審議委員會解散後兩週，李總統接見教育部長吳京時，對《教育改革總諮議報告書》的批評：「在研議的過程，因教改會、教育部、師範教育系統及民間教改團體未能密切合作，以致缺乏充分的現況資料與教育理論支持，影響研議品質。……我國自清末推展新制教育以來，一直抄襲模仿外國制度，這項改革報告書中，不少建議案採自外國，」並裁示「應該建構一個適合國情，眞正屬於自己的現代化教育制度。」

李總統在文件中還表示：「基層教育人員有兩項反應，頗值得我們注意。其一，他們覺得教改會建議的改革規模相當龐大，令人有連根拔起、重新再造的感覺；整個教育系統是否經得起如此巨大的衝擊，頗值得擔憂……」並裁示：「一，教育部及相關主管機關應針對教改會提出的改革建議案，進一步邀集學者、專家、行政人員及教師，把握教育改革的目標與重點，研定優先順序及具體可行的方案；二，爲了達成『建構一個適合國情的現代化教育制度』之目標，教育部應釐訂一個包括近程、中程和長程的教育改革發展計畫。在研訂計畫時，就不必局限在教改會的建議範圍之內……」

而根據另一份資料，吳京於一九九六年十二月十九日也向李總統報告自己將以：一，改進國民教育；二，改進技職教育，強化「職業學校—技術學院」教育體系作爲教改主軸。李總統予以鼓勵。

李遠哲讀完兩份文件，瞬間，一切都明白了。

「我非常非常難過，李總統只聽取片面之詞，不願接見教育改革審議委員會的全體委員，聽取《教育改革總諮議報告書》的理念與建言，就否定了我們兩年三個月的努力。」

恍如誤闖政治叢林的小白兔。一九九六年上半年，李遠哲沒接受李總統在選前希望他同意在選後擔任行政院長的要求。其後，李總統在年中撤換郭爲藩，換上對國內教育問題並不了解的吳京出任教育部長。一九九六年年底，《教育改革總諮議報告書》交給行政院兩週後，李總統就讓報告書落入不被行政院核定、執行的命運。李總統讓吳京以教育改革之名自行發揮，卻讓背負民眾期望的教育改革審議委員會在解散後承受了難以向外人解釋的壓力。

李遠哲感到悲涼之際，曾憲政建議：「李院長，我們開記者會公布這兩份資料！釐清權責歸屬，不然，以後我們可能會背上罵名。」

---

100 筆者於二〇一六年十月十四日向時任總統府機要室主任蔡崇振查證。蔡氏表示，兩份文件由其執筆，於一九九六年十二月十九日教育部長吳京到總統府簡報時，供李登輝總統裁示之用。蔡氏後來交給曾憲政，供已解散之教育改革審議委員會人士了解其內容，至於李總統裁示之內容是否全部依照兩份文件？蔡氏表示年代久遠，不復記憶。

李遠哲搖搖頭說：「讓現在的人做做看好了。」

彷彿運動會中的「大隊接力」，教育改革的第一棒交出來就掉棒了，吳京從地上撿起來接著跑，但是撿起來的早已不是原來的第一棒，而成了花花綠綠的小棒子。而換了三位召集人的教育改革推動小組，就像是另外有三位選手接力，但每一棒都掉棒，撿起來的也都是和之前截然不同、內涵不一的棒子。教育改革命運多舛，眼下的選手撿起棒子，能把教育改革做好，造福下一代學子嗎？

劉兆玄身爲教育改革推動小組的第三任召集人，整合小組成員的意見，並宣稱融合一九九六年的《教育改革總諮議報告書》和一九九七年教育改革推動小組提出的三十條《教育改革總體計畫綱要》，最後變成十二項《教育改革行動方案》。

包含：一，健全國民教育；二，普及幼稚教育；三，健全師資培育與教師進修制度；四，促進技職教育多元化與精緻化；五，追求高等教育卓越發展；六，推動終身教育及資訊網路教育；七，推展家庭教育；八，加強身心障礙學生教育；九，強化原住民學生教育；十，暢通升學管道；十一，建立學生輔導新體制；十二，充實教育經費與加強教育研究。

劉兆玄領軍擬定的這份《教育改革行動方案》，在交給行政院長蕭萬長之後，一九九八年五月二十九日，行政院六六九八號函「核定」通過，並撥款一千五百億元，分五年（一九九九年至二〇〇三年）執行。

但是，一九九九年六月十五日，教育部長林清江因罹患腦瘤請辭，由嫻熟技職體系的楊朝祥接任，部長換將，也爲劉兆玄推動且甫實施的十二項《教育改革行動方案》再添變數。

儘管這一九九八年的《教育改革行動方案》已與一九九六年年底的《教育改革總諮議報告書》大相逕庭；推動和執行「大隊接力」的選手頻頻換將，教育改革的未來難料。對此，李遠哲仍深深祝福，希望選手們能跑到終點，不負社會期望。

可嘆的是，時光不能復返，每回來到李澤藩美術館，李遠哲總是想起開幕時與母親討論教育改革時的抱負，以及母親面容所浮現的矛盾情感。「媽媽以前看到不實的報導後，總是在聽我好好解釋後，提醒我是一位學者，一位做研究的科學家，應避免捲進政治是非。」

當他凝望著父親為母親所繪的肖像，思念頓時一波波襲來，不禁感傷低語：「我會努力奮鬥，不會再讓媽媽失望了。」

只是，知識分子對社會、人民油然而生的關懷，李遠哲真有可能放得下嗎？

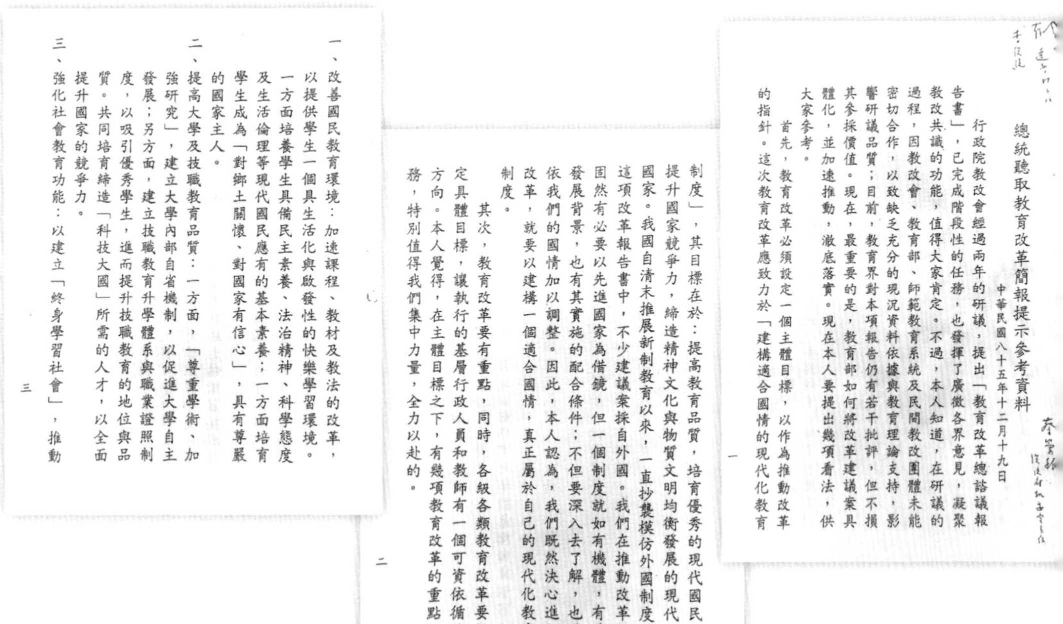

總統聽取教育改革簡報提示參考資料

中華民國八十五年十二月十九日

行政院教改會經過兩年的研議，提出「教育改革總諮議報告書」，已完成階段性的任務，也發揮了廣徵各界意見，凝聚教改共識的功能，值得大家肯定。不過，本人知道，在研議的過程，因教改會、教育部、師範教育系統及民間教改團體未能密切合作，以致缺乏充分的現況資料依據與教育理論支持，影響研議品質；目前，教育界對本項報告仍有若干批評，但不損其參採價值。現在，最重要的是，教育部如何將改革建議案具體化，並加速推動，澈底落實。現在本人要提出幾項看法，供大家參考。

首先，教育改革必須設定一個主體目標，以作為推動改革的指針。這次教育改革應致力於「建構適合國情的現代化教育

一

制度」，其目標在於：提高教育品質，培育優秀的現代國民；提升國家競爭力，締造精神文化與物質文明均衡發展的現代化國家。我國自清末推展新制教育以來，一直抄襲模仿外國制度。這項改革報告書中，不少建議案採自外國。我們在推動改革，固然有必要以先進國家為借鏡，但一個制度就如有機體，有其發展背景，也有其實施的配合條件；不但要深入去了解，也要依我們的國情加以調整。因此，本人認為，我們既然決心進行改革，就要以建構一個適合國情，真正屬於自己的現代化教育制度。

其次，教育改革要有重點，同時，各級各類教育改革要設定具體目標，讓執行的基層行政人員和教師有一個可資依循的方向。本人覺得，在主體目標之下，有幾項教育改革的重點任務，特別值得我們集中力量，全力以赴的。

二

一、改善國民教育環境：加速課程、教材及教法的改革，以提供學生一個具生活化與啟發性的快樂學習環境。一方面培養學生具備民主素養、法治精神、科學態度及生活倫理等現代國民應有的基本素養；一方面培育學生成為「對鄉土關懷、對國家有信心」，具有尊嚴的國家主人。

二、提高大學及技職教育品質：一方面，「尊重學術、加強研究」，建立大學內部自省機制，以促進大學自主發展；另方面，建立技職教育升學體系與職業證照制度，以吸引優秀學生，進而提升技職教育的地位與品質。共同培育締造「科技大國」所需的人才，以全面提升國家的競爭力。

三、強化社會教育功能：以建立「終身學習社會」，推動

三

「心靈改革」為目標。國人要跟上急遽變遷的社會與快速發展的時代腳步，就必須落實終身學習的理念。同時，要淨化人心，改造社會，消除精神與物質發展失衡導致的社會失序現象，也有賴社會教育功能的發揮。

四、健全師資培育：教師在學校教育歷程上扮演關鍵性的角色。有素質優良的教師，才有健全發展的學生。因此，在推動師資來源多元化的同時，亦應重視師資的專業化，尤其，師範院校應加強教育學術研究，協助推展教師在職進修，支援一般大學教育學程，以全面提升師資的素質。

最後，在教育改革的執行方面，目前基層教育人員有兩項反應，頗值得我們注意。其一，他們覺得教改會建議的改革規

四

模相當龐大，令人有「連根拔起，重新再造」的感覺；整個教育系統是否經得起如此巨大的衝擊，頗值得擔憂。其二，教改會的改革理念陳義甚高，目標相當遠大，但未見統整性的策略及具體的執行方案，對教育改革內容仍感茫然。因此，在推動教育改革時，宜採下列幾項重要策略。

一、教育部及相關主管機關應針對教改會提出的改革建議案，進一步邀集學者、專家、行政人員、及教師，把握教育改革的目標與重點，研訂優先順序及具體可行的執行方案。執行方案必須涵蓋具體目標與策略、實施步驟與時程，以及人力與經費需求，才能確實掌握教改進度，真正落實。

二、為了達成「建構一個適合國情的現代化教育制度」之目標，教育部應釐訂一個包括近程、中程和長程的教

五

育改革發展計畫。在研訂計畫時，就不必侷限在教改會的建議範圍之內，而應以達成此一目標作為考量。有了中長程的改革計畫與分年的具體執行方案，就可避免同時進行全面改革工作，造成財政與人力不堪負荷的問題。畢竟，教育不但具有促進社會發展的功能，也兼具穩定社會的作用，因此，先進國家的教育改革發展多採漸進式，少用革命式的手段。此外，同時提出長程計畫與具體方案，也可給執行教育改革的基層同仁有一個明確的努力方向。

三、教師是教育的第一線執行者，是推動教育改革的主力，可以說是居於教改成敗的關鍵地位。只有教師熱情參與，才能保證改革成功。因此，本人希望教育部要督促各級教育行政機關，透過各種管道，跟教師們溝通

六

教改理念，凝聚共識，以激發大家參與改革的熱忱。同時，也要加強在職進修，充實教師執行教育改革所需的專業知能。

四、教育改革除制度的變革外，更要落實到課程、教材及教法的革新。課程的修訂、教材的更新、教法的改進及教師的進修，都是影響教育品質的關鍵因素，若不能落實，教改就不會有實效。同時，這些改革工作，應屬教育行政機關和學校的經常業務，只須善加規劃，力求切合教育改革的需求，即可實施；也不像實施小校小班、增設高中、大學，需要增加大量的經費，故可優先採行。

五、教育主管機關要推動教育改革，本身也需因應革新行政觀念，破除官僚作風，重用富改革推動能力的幹才，

七

善用社會資源，結合學術界、民間團體及基層教育人員，共同推動改革工作。

這項教育改革的成敗，對我國邁向二十一世紀，躍升為已開發的現代化國家，是一項深具關鍵性的影響因素。行政院連院長在聽取教改會的報告後，已應允成立跨部會的委員會，來協助教育部推動改革工作。本人希望吳部長能激勵教育界的工作同仁，積極參與，全力推展；同時，要審慎規劃，謀定而後動，以避免產生疑慮，一步一腳印地澈底加以落實！

八

1 教育改革審議委員會解散後兩週，一九九六年十二月十九日，教育部長吳京到總統府做簡報。李總統根據這份〈總統聽取教育改革簡報提示參考資料〉，裁示教育部另找專家學者研訂教育改革的執行方案，並由教育部釐定教育改革發展計畫，且不必局限在教育改革審議委員會的建議範圍內。

總統聽取教育改革簡報補充參考資料

中華民國八十五年十二月十九日

今天，主要是聽取行政院對教改會改革報告書的看法。同時，吳部長也提出「迎接新世紀，開展新教育」簡報，並以「建構適合國情的現代化教育制度」及「培育優秀現代國民，以提昇國家競爭力為目標」。本人認為，前者可作為教育改革的長程目標，後者可作為近程的改革重點。

在長程目標方面，本人希望教育部邀集學者專家及相關人員成立小組，進行審慎的研究規劃，建立一個完整的改革藍圖。

至於近程的改革重點，要達成「培育優秀現代國民，提升國家競爭力」目標，應該集中有限的人力、經費，全力推動「改善國民教育」和「改進技職教育」。

一、改善國民教育，要從課程修訂、教材更新、教法改進及教

一

師進修這幾項重點工作著手。課程和教材要能涵蓋民主素養、法治精神、科學態度、生活倫理、以及關懷鄉土、熱愛國家等現代國民基本素養。教師也要運用生活化教育、啟發式教學及現代輔導觀念，發揮課程教材的功能，以培養有自信、有尊嚴的優秀國民。

二、改進技職教育，首要強化「職業學校—技術學院」教育體系，使其能與「普通高中—大學」教育體系，平行發展，並駕齊驅，相互媲美，才能吸引優秀的學生。然後，再輔以建立證照制度、更新課程、教材、教法及強化實習制度。

吳部長的報告中，已提到若干有關這兩方面的改革措施，希望教育部能加整合、補強，建立完整的改革架構，並進一步研訂具體的實施方案。正式公布週知，讓民眾和教育人員明確瞭解教育改革的方向和重要內容。本人希望教育部在短期內完

二

成近程的改革方案，再另行安排一次簡報。

三

2

2 同日，李總統根據這份〈總統聽取教育改革簡報補充參考資料〉，裁示同意教育部長吳京提出的教育改革長程目標與近程改革重點。長程目標上，裁示教育部邀集學者專家，研究規畫完整的改革藍圖；近程改革上，鼓勵教育部聚焦於國民教育，並強化職業學校通往技術學院的教育體系。

第十章
原分所躍上國際地圖

「以個人的學術研究來說，我回到中研院的第一個重要決定是：我是否該組織一個研究團隊，進行自己的研究工作？

但是，我是院長，如果我花很多時間在自己的研究團隊，對院裡不是那麼公平；很多中研院同仁期待我帶領院內的工作，怎能花那麼多時間在自己的研究？

可是，我如果沒有繼續發揮我的研究專長，也沒有提升原分所的水準的話，我回國的意義也不是那麼大。該不該組團隊繼續做研究？

這兩者有一些矛盾。」

夜，闃靜。李遠哲思緒如潮，輾轉反側。

回想一九九三年決定回臺灣時，美國能源部破例同意他將幾部交叉分子束儀器帶回來，只因「你設計的儀器你最知道怎麼用」。

接任中研院院長後，他來到臺大校園內的原分所籌備處，臨頭的兩難是：該組織自己的研究團隊，還是專心帶領中研院改革？

他陷入長考。

望向研究室窗外，在臺大校園步行或騎單車的一張張年輕臉孔。幾位年輕學者敲門進來，原分所副研究員張煥正[101]、博士後研究員倪其焜[102]，與兩位柏克萊加大研究生蘿拉·絲莫萊[103]、雪柔·朗費羅[104]追隨李遠哲回國或來臺，臉上煥發著探索科學未知的光芒。

李遠哲想起，還在美國時，雪柔·朗費羅來找他做博士論文的研究。他看到朗費羅此姓，聯想起很喜歡的美國詩人朗費羅（Henry Wadsworth Longfellow）（一八〇七～一八八二）的詩作〈人生頌〉（*A Palsm of Life*）[105]，那是鼓勵人們把握短暫生命，積極行動實踐夢想的激勵之詩。他不禁吟誦起前兩句：

---

101 中研院原分所特聘研究員，曾任中研院學術諮詢總會副執行祕書，曾與李遠哲合作研究多年。

102 中研院原分所副所長。美國柏克萊加大化學系博士後研究、哥倫比亞大學化學系物理化學博士。與李遠哲多年合作研究，屢有突破成就，如高能量分子的能量轉移及超級碰撞、基質輔助雷射脫附游離機制及發展新型生物質譜儀等。

103 Laura Smoliar，柏克萊加大物理化學博士。追隨李遠哲來到臺灣做博士論文研究。

104 Cheryl Longfellow，李遠哲指導的學生，柏克萊加大化學博士。

105 朗費羅為美國十九世紀詩人，詩作影響後世極深，以〈人生頌〉為最。李遠哲甚愛此詩。

Tell me not, in mournful numbers,
Life is but an empty dream!

意思是：

別用哀傷的語句對我說，人生不過是一場夢！

於是他問：「妳是詩人朗費羅的後裔嗎？」

「是的，我是。」雪柔．朗費羅點頭。

「我之後要回臺灣，那麼，妳還要跟著我做博士論文研究嗎？」他再問。

她欣然接受。

「〈人生頌〉是我很喜歡的詩。」李遠哲收她爲學生，心想，她或許也一樣受〈人生頌〉啓發。

如今，朗費羅與其他年輕學者都來到臺灣，站在他面前。當年，少年李遠哲在研究條件貧瘠的臺大是多麼熱衷於科學研究，渴望得到一流前輩的指點。如今，一雙雙渴求知識的眼睛在他的面前閃爍，也點醒了他。

「我決定，讓回國不久的年輕學者自己組織團隊，我來加入他們的團隊；我不自己組團隊了，我就跟這些年輕科學家一起工作。」啓發後進的價值躍然於心。

此後，他每週到原分所籌備處一次，與年輕學者們討論、指點重要議題，「我做他們的博士後研究助理。」他趣稱。

雖然無形中帶給研究者緊張和壓力，卻也增添了國際級的視野和研究進展，「尤其如果是我要報告，壓力就更大了。若先前沒有認眞做實驗、沒有成果，怎能有辦法報告？」倪其焜笑著說。

爲了創造各團隊交流的文化，李遠哲也參加各團隊一起組織的討論會。

原分所籌備處研究員劉國平觀察，「他來group meeting的目的，是讓不同實驗室的人聚在一起，讓各實驗室的人彼此演講。但是，這必須要有一個習慣交流的文化。爲此，幾個實驗室合寫了一項研究案，向民間企業申請經費，補助各實驗室。大家也願意花時間來討論，增加合作研究與產出研究成果的誘因。一起討論的不光只是研究人員，還有學生、助理、博士後研究員，至少有五十人。」

「他唯一不用思考院務或社會改革的時光，就是每個星期來原分所討論科學研究。那是他最享受、快樂的時光！」劉國平說。

＊＊＊

李遠哲是分子束實驗的翹楚，如果不是他設計打造通用型交叉分子束儀器，多年持續改良靈敏度，使之成為相關領域做研究的基礎儀器，那麼，原子分子科學和物理化學研究的學門恐怕沒有如今的進展。

「我回臺時在想，要不要做一部更好的交叉分子束的設備？目前的超高眞空幫浦已經比以前改善很多了。我對自己說，如果有一位非常傑出的學生參加我的隊伍，値得培養的話，那我願意花很多很多時間培養年輕學生設計儀器的能力。」他說。

一九九四年六月，有個符合期待的人選來敲他的大門。那是甫取得臺大化學研究所碩士學位的林志民[106]。

林志民從大一起就獲得「李遠哲獎學金[107]」。後來也兩度前往柏克萊加大李遠哲的實驗室擔任交換學生，做暑期短期研究。

「我讀新竹中學時是攝影社社員，李院長榮獲諾貝爾獎回來竹中。我負責攝影記錄，拍了很多他的照片。」林志民感念多年受李遠哲獎學金栽培，也津津樂道自己先前在柏克萊加大實驗室短期研究的一場奇遇。

「有一天，他走進來問我，你在做什麼？我說我在修理機器，有一個眞空幫浦的零件壞掉了，我要把零件拔起來。」林志民沒料到，李遠哲竟然也蹲下來跟著一起拔。「他是諾貝爾獎得主耶，竟然跟我這學生蹲在那裡拔了超過半小時，滿頭大汗！」

一九九四年的眼下，林志民想學習設計交叉分子束儀器來探索一些主題，希望找李遠哲指導。

李遠哲同意了。「林志民是臺大化學系數年來最優秀的學生，很值得花時間培養。而且，是因爲林志民願意學做交叉分子束儀器的實驗，我才願意挑負起做一部新的最先進儀器的責任。」

此後，他來到原分所籌備處時，也會撥空指導林志民。只是，總愛捲起袖子動手做研究的他，如今已無法享受動手的餘裕，都讓學生與工作夥伴努力發揮，「我已很少動手了，只動腦。」

「我畫了設計圖後，李院長還帶我到竹東的工研院找合適的機械加工師傅；之後我就常常跑竹東。」林志民說。

李遠哲在原分所籌備處另起爐灶，也磁吸更多優秀學者前來一起討論與合作研究。如勞倫斯柏克萊國家實驗室資深科學家孔慶昌[108]、李遠哲指導過的博士後研究員楊學明[109]和留守在柏克萊加大的德國籍博士後研究員，協助關閉李遠哲的實驗室後，將儀器帶回中研院。

---

106 中研院原分所研究員。臺大化學系博士，碩士。李遠哲回臺指導的首位博士生。兩人合作研究多年，突破成就之一是證實臭氧層破洞的成因確實源於人類過往濫用氟氯碳化物（chlorofluorocarbons, CFCs），解決多年科學界爭議。

107 財團法人中技社於一九六三年起頒發，獎項名稱先後以李遠哲、朱經武、李國鼎、金開英、孫運璿、李登輝等知名科研財經人士命名。一九八六年李遠哲獲諾貝爾獎時，改以「李遠哲獎學金」獎勵大學院校化學系績優學生。二〇〇七年更改獎勵項目。

108 中研院原分所研究員。曾任清大光電工程研究所所長及教授。曾與李遠哲合作研究多年。

109 中國科學院大連化學物理研究所副所長，分子反應動力學國家重點實驗室主任。曾任中研院原分所研究員、柏克萊加大化學系博士後研究員。中國科學院院士。

「李院長指導楊學明、林志民和德籍的博士後研究員。他非常積極地參與研究，只是他不必親自在實驗室動手，而是給他們建議，讓他們去開展。」劉國平觀察。

楊學明也幫忙指導林志民打造交叉分子束儀器。「我培養的學生通常都會設計精密複雜的大型儀器，通常學化學的人是沒有機會學到的。」李遠哲欣慰地說。

＊＊＊

學者做研究往往煩惱經費問題。李遠哲雖未自組研究團隊，僅與年輕學者合作，卻困窘於「自己向原分所籌備處申請經費，中研院撥款給自己」。這也是出於他既有的信念與個性。

「我當院長，自己申請的研究經費從院裡撥給原分所籌備處，但我又是籌備處主任的『老闆』，這雙重身分把主任夾在中間很難爲。」他預想到這種局面，爲此轉而申請國科會（今科技部）的研究計畫補助。

國科會表示須經國際審查，就將案件送往國外同領域的傑出學者。

「遠哲，我接到臺灣的國科會要我審查您的合作研究案。」任教麻省理工學院、芝加哥大學等校的化學動態學領域的學者事後寫信告知。

李遠哲也覺得尷尬，不少學者當年都是他指導的博士生，而他自己是諾貝爾獎得主，更是同領域的佼佼者。其實不只國科會如此，連美國能源部做燃燒化學研究案的審查時，審查者也多半是他的學生。

國科會批准了研究案，卻仍招致李遠哲料想不到的局面。

「中研院自己有經費，爲什麼還要向國科會申請！」他聽聞一些國內學者如此批評。然而，國科會批准後的研究款項卻遲未發給，「學者只好自掏腰包先付助理的薪水。」與李遠哲合作研究的年輕學者只能這麼做，而這無效率的情形在國科會竟已行之有年，各領域的國內學者敢怒卻不敢言。數月之後，款項仍未撥下，國科會卻來函要李遠哲寫期中報告，他覺得匪夷所思，向國科會的人員表示，這是很不合理的事。

這般折騰也非毫無收穫，身兼行政院科技顧問的李遠哲，也因此體察到國內學者申請國科會經費缺乏效率與不合理的種種問題。

中研院內設有學術諮詢總會，負責研究發展的長期規畫。總會的人員見他爲了避嫌而左右掣肘，勸道：「院長，你不要這麼辛苦了，反正你申請國科會經費，他們送去給你的學生審查。既然如此，院裡討論經費時，編列一筆研究經費給院長專用，跟原分所籌備處分開，主任就不用爲難。」

學術諮詢總會審核經費有其制度與章法，須經會議討論，不致徇私，於是李遠哲接受此一建議。

「李院長多年來爲籌備原分所付出很多心力，外界以爲他當上院長會對原分所特別照顧。他們都不了解，李院長不但不自私，而且是『大義滅親型』的人，堅持原分所不應得到特別待遇。」劉國平苦笑著說。

「小時候在成語故事裡讀過大義滅親，印象很深。」對李遠哲而言，院務最重要，社會關懷次之，原分所與研究排第三，其他事務排後面，家人居末。

一九九四年九月，李遠哲剛兼任行政院教育改革審議委員會召集人時，擠滿的行程壓縮到本已稀少的原分所研究討論時間。

「院長爲了配合教育改革審議委員會，把來這裡指導討論的時間也挪出好幾個月。他那麼忙，爲了教育改革那麼辛苦，還犧牲了合作的研究。」原分所籌備處祕書蕭陳秀娟爲他抱屈。

一九九五年，在林聖賢主任的努力下，原分所籌備處的工作告一段落，正式升格爲「中央研究院原子與分子科學研究所」，林聖賢擔任所長。這是李遠哲任院長後第一個升格的研究所。從一九八二年倡議與參與籌備至今，轉眼已逾十二載。當年還在美國爲原分所積極尋找研究人才、與張昭鼎籌備各項瑣碎行政事務的中研院院士李遠哲，如今竟能親自在院務會議中通過原分所升格，其間還榮獲諾貝爾化學獎的殊榮。

是的，李遠哲榮獲諾貝爾獎即將屆滿十年，巧合的是，一九九六年十一月，他也即將滿六十歲。所長林聖賢認爲，這是化學界與學術界盛事，有必要主辦慶祝活動。但是，向來不願爲自己錦上添花的李遠哲會同意嗎？熟悉他的人都搖搖頭。

原分所研究員劉國平靈機一動，對李遠哲說：「一九九六年就是您得到諾貝爾獎滿十週年，我們想辦一場國際研討會，邀請與您一同獲獎的另外兩位得主來臺灣參加。」劉國平繼續說明：「原分所是您創設的，你現在回到臺灣來了，這是一個機會，讓全世界知道原分所！」

李遠哲聽了這個構想，果然同意了。

劉國平確實了解李遠哲提升中研院與原分所的用心，其後親自寫邀請函。「我幫忙蒐集院長過去在美國指導的學生和其他學者的聯絡資訊，一封封傳眞出去。」祕書蕭陳秀娟表示，主辦的同仁耗費許多時間精力籌備。

一九九六年十二月十日，中研院以李遠哲六十歲生日及諾貝爾化學獎獲獎十週年爲號召，舉行了化學動態學國際研討會，宴會則選在臺北市區的晶華酒店。三百五十位國內外人士參與，化學動態學重量級學者與曾受李遠哲指導、任職世界各國各大學與研究機構的學生都來了。

盛會中，李遠哲當年在哈佛大學做博士後研究的恩師——諾貝爾獎得主赫許巴赫送給他兩項賀禮：一是居里夫人的傳記，一是逾百位學者簽名的棒球。而李遠哲指導過的學生送上卡片與信件，有的感謝栽培，有的貼上珍貴合照憶往，有人則大方敘述今日的成就，還有人說起當年調皮搗蛋的壞事，並感謝他循循善誘。不少學生獻上六十大壽賀卡。這些情深意重之禮，讓他備感溫暖。畢竟，李遠哲雖以科學成就爲人所知，但是做過最久的「職業」就是傳道授業解惑的「師長」，自一九六八年在芝加哥大學任教直至一九九六年，從事教育工作已近三十年。

晚宴結束前，赫許巴赫向李遠哲敬酒，還獻上一個世紀之前，從波蘭到法國巴黎的一位女留學生所寫的小詩：

是享受知識的喜悅
是因發現窄室的獨處可得到心靈滿滿成長
是許多敏銳的思維鼓舞著
讓理想滿溢著這小室
這些都支撐著她來到此異鄉
也敦促著她去追求眞理
而近在咫尺的亮光
是她一生所追尋眞理之光
她更加勤勵學習
認爲她的世界只有更多學習
才能達成這命中注定之事

「這位女孩就是後來眾所周知的居里夫人。這首詩也是對李遠哲的致敬，因她的故事啓發半世紀後的他，努力追求、完成他科學上的使命。」赫許巴赫說。

隔天，晚宴照片登上某大報頭版。赫許巴赫等外國學者都深感李遠哲在臺灣普受推崇。

連續數日的研討會，國內學者藉此與國外學者交流。美中不足的是，南港的冬夜對外國學者而言卻是濕冷難耐。限於預算，少數學者被安排入住市區的飯店，多數學者則安排入住中研院學術活動中心的客房。但是學術活動中心客房並未附設歐美常有的暖氣空調，棉被也因潮濕而發涼，導致學者們紛紛連夜遷往市區的飯店。

「我辦活動的經驗不足，沒有考慮到氣候對國外學者的影響。」劉國平很自責，一直賠不是，並願爲學者們支付住宿費用。

瑕不掩瑜的是，這場學術盛會一夜之間讓原分所登上國際學術地圖。國際化學界都知道「柏克萊加大與勞倫斯柏克萊國家實驗室」的李遠哲，已經到了中研院原分所（Institute of Atomic and Molecular Science, Academia Sinica, IAMS）。

這場研討會的成果豐碩，口頭報告的論文篇數有三十八篇，貼式報告篇數也多達八十七篇，促成許多國內外學者交流。

不僅如此，美國化學學會出版的頂尖學術刊物《物理化學期刊》更於一九九七年出版特別專輯[110]獻給李遠哲，刊出精選的研討會論文和赫許巴赫教授所寫的專文〈李遠哲的科學探索人生：應該沒問題的！〉。

文中，赫許巴赫以居里夫人對研究與社會奉獻的精神來比擬李遠哲，並列舉李遠哲完成的科學成

---

110 A special issue of J. Phys. Chem., A Vol. 101, No. 36, Sept. 4, 1997。

就，開啓了無法細數的許多先例[111]，領域含括地球、海洋、大氣和天體物理化學。「當李遠哲選定了一個值得深入研究的題目或系統後，也許一開始看似不可能的任務，但他的研究夥伴都知道，最後的結果都是『應該沒問題的』。李遠哲會先仔細審視研究主題的各相關層面、預測可能遭遇到的主要困難點，進而找出避免或克服的方法。他的化學系同仁都知道他的實驗成果，常能對化學的基礎理論修正做出巨大貢獻。」

「我希望在世紀之交，原分所能做出一流的研究，讓本地的學者不用到國外也能做出國際級的研究成果。」李遠哲常想起自己一九八二年倡議並籌設原分所的豪情壯志。

用心耕耘多年，轉眼來到二十世紀與二十一世紀的交界，六十三歲的李遠哲有沒有達成自己在四十六歲時的期望呢？

李遠哲孜孜不倦與年輕學者討論與合作研究。沒有讓他失望的是，楊學明協助指導林志民設計打造一部最先進的交叉分子束設備，背景值較低，靈敏度也較高；林志民也獲得了博士學位。

兩千年，美國夏威夷舉辦了一場重要的化學動態學國際研討會，許多原分所研究人員都參加了。李遠哲則是受大會之邀擔任開幕主講。事前，他對林志民說：「我講到一半，就由你接著講。」

林志民了然於心，認眞準備所需的投影片資料與分析數據。「院長說過，一九七〇年代時，美國國家科學院院士伯恩斯坦教授也曾受邀大會開幕主講，但上臺不久就向大會介紹李院長上場，由他接著講完。算是他的貴人。」林志民如今也感受伯恩斯坦院士當年的用心。（詳見第二部第九章）

「我希望把榮譽歸功給眞正做出這研究的人！」李遠哲謙虛地說。不只林志民，許多原分所同仁的學術成就都沒有辜負李遠哲的用心。世紀之交，李遠哲與倪其焜的合作研究也有劃時代的突破，改寫典範。

「我年紀大了，而且很忙，在數據的取得上應該更有效率，所以構想做一部很不一樣的質譜儀器：能同時量出很多種分解產物的質量，並同時量出速度。」他的構想由倪其焜帶著臺大物理系博士生蔡尚庭實現。

這座「多質量光分解產物速度分析儀」（Multimass Photoproducts Velocity Analyzer）**能同時量測**

---

111 李遠哲開創的科學先例：（一）F + H_2 反應的完整的態與態間產物分布與動態共振解析（resolution of the complete state-to-state product distributions and dynamical resonances in the F + H_2 reaction）；（二）自由基與不飽和碳氫化合物反應初始步驟的確認（identification of primary steps in reactions of radicals with unsaturated hydrocarbons）；（三）吸熱性取代反應的動力學研究（the dynamics of endothermic substitution reactions）；（四）於激發軌道正位時電子激發原子的化學反應活性相關性探討（the dependence of chemical reactivity of electronically excited atoms on the alignment of excited orbitals）；（五）多原子分子間光裂反應動力學研究（dynamics of photofragmentation of many polyatomic molecules）；（六）化學活化或局部激發分子內能量傳遞研究（intramolecular energy transfer in chemically activated or locally excited molecules）；（七）燃燒程序中居關鍵角色的自由基動能學研究（the energetics of free radicals important in combustion processes）；（八）碳正離子與水化氫離子的紅外線吸收光譜研究（infrared absorption spectra of carbonium ions and hydrated hydronium ions）；（九）特定電子激發的選擇性光鍵解研究（bond-selective photodissociation governed by specific electronic excitation）；（十）離子化分子的結合能研究（binding energies of molecular ions）；（十一）鹵化氫化合物、水及氨的高精度質子親合力研究（highly accurate proton affinities of hydrogen halides, water, and ammonia）；（十二）碳原子與一些不飽和碳氫化合物間反應分析於一些拱星包層形成的重要性探析（analysis of facile reactions of carbon atoms with unsaturated hydrocarbons, developing evidence for the importance of such reactions in some circumstellar envelopes.）。

分解產物的質量和速度，是突破性的創作。

將雷射打到一個分子，到底會如何分解？分解的動態如何？他們怎麼做到的？

「**這是用很不一樣的思想**，牽涉到需要測量不同空間產生的離子的問題。」李遠哲解釋，既有的質譜儀在測量一個分解物的質量時，是先把分子加以電離（通電使之變成離子），用電場加速到同一個能位（同一個能量），因爲跑出來的離子雖然會在電場中有一樣的軌跡，但磁場內則會跑出各種不一樣的軌跡，於是，藉由軌跡可分析出不同的質量。

分子被電離之後，李遠哲他們這部新質譜儀不同的是，「我們用很短的電場的脈衝（pulse）把離子加速到同樣的動量（momentum），就把電場關掉。」

「由於每個離子獲得加速的時間相同，電場就關掉了，這表示，每個離子的動量也一樣。但是每個離子的能量與質量成反比，所以在電場裡，每個離子會跑出不一樣的軌跡，因此可以把不同的質量同時分析出來。」

「通常的質譜儀原理是讓離子以同樣的能量跑，再以磁場將不同動量的離子跑出的不同軌跡分開。我們的新質譜儀是加速到同樣的動量，用電場把不同能量的離子所跑出的不同軌跡進行分析。」

既有的質譜儀爲了創造磁場，必須使用很大的線圈，導致設備既大且笨重。但是李遠哲團隊的新質譜儀沒有這種缺點。「這部新質譜儀可以做得比較小、比較扁平，是因爲電場很容易在兩個電極板內產生，可以設計得很緊湊。尤其是爲了分析眞空紫外光雷射所照射過的一條長線裡產生的各種各樣的離子，與產生離子的位置的定位，能做得很理想。」李遠哲指出。

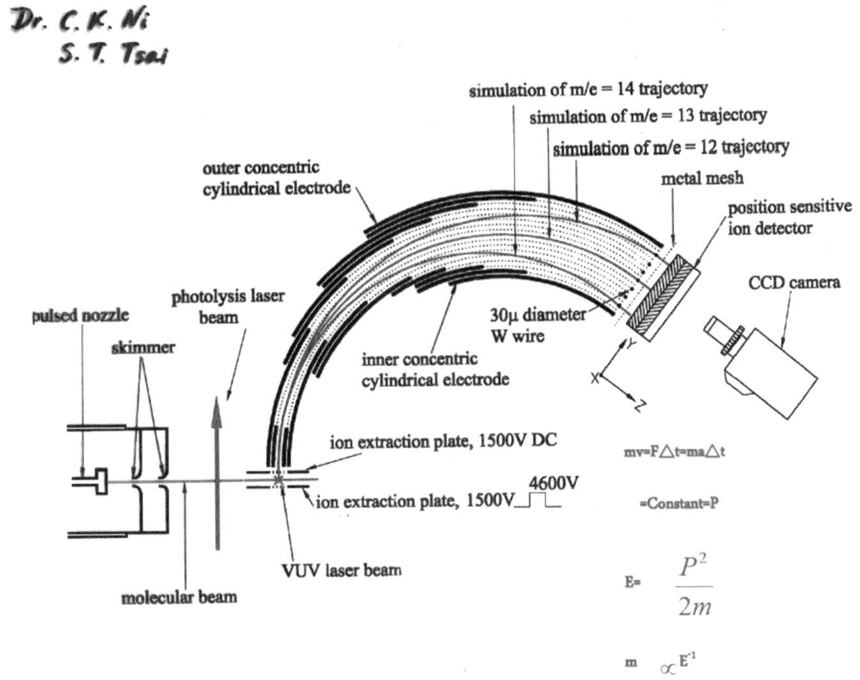

李遠哲與倪其焜團隊合作的多質量光分解產物速度分析儀的原理圖解

在李遠哲提出這部新質譜構想之前，從未有人提出過。而之所以能實踐這突破性的構想，除了倪其焜與團隊成員的努力，也與運算效率的提升有關。

「很有趣的是，一個分子在空間移動，用雷射激發它，它吸收光子就開始振動。但是，它跑得很慢，在離開照射區的毫米的空間之前就分解了，」李遠哲比喻，當我們看慢動作的電影，就像是在看著分子的移動，當雷射一打，分子在剎那間分解，如果我們仔細觀察分解的過程會發現，我們看到的一剎那，分子的運動時間通常是微秒（microsecond，一秒的 10^{-6}），而光子激發了分子，從電子激發態轉化爲振動激發態的時間是微微秒（picosecond，一秒的10^{-12}），至於分子的分解是毫微秒（nanosecond，一秒的10^{-9}）。

「分子受到雷射激發，能量轉化爲振動能而分解，其實是在微微秒到毫微秒的短暫時間，分解後的產物隨即逐漸擴散到不同的方向與角落。我們在雷射照射區的下游，約五到十公分處，再用另一支眞空紫外雷射，在被激發的分子如果沒有分解而能抵達的時間，從分子束運動的垂直方向照射離化。這些順著眞空紫外雷射的直線軌跡，產生的一條線上的所有離子，我們可以用新儀器分析質量，而從離子產生的位置與分子束之間的位移，我們也可以測出產物分解後的速度。」李遠哲欣喜地說：「以前常常要好幾個星期才能做出來的數據，現在一天就能做出來了！[112]」

這突破性的構想，抓住跨領域的變遷，年輕學者不懈的實踐力，打造出精密複雜的新質譜儀，一天就能完成以往數週才能完成的實驗。以往李遠哲所設計打造的儀器，世界各國都會爭相仿效打造或索取設計圖；但由於他們設計的儀器太過精密與複雜，「別的科學家就算仿效打造出來，也不一定會操作。」李遠哲說。

「如果我組成自己的研究團隊，那麼，我天天想的就都會是新研究的構想，而不會是中研院的改革或社會關懷，這絕對不是我願意看見的。」李遠哲說。

朗費羅〈人生頌〉其中一段詩句言猶在耳：

Not enjoyment, and not sorrow,

Is our destined end or way;

But to act, that each to-morrow

Find us farther than to-day.

意思是：我們的歸處或道路，既非享樂，也非悲傷；而是行動，每個明天都超越今天。

可以確定的是，儘管李遠哲無暇親自於實驗室動手做研究，卻仍立於學術巔峰，用腦力行動，繼續和年輕學者合作，爲每個人類未知的突破展開新頁。

---

112 以這部新質譜儀的設計構造及原理為主題發表的論文為Shang-Ting Tsai, Chih-Kai Lin, Yuan T. Lee and Chi-Kung Ni, 2001, "Multimass Ion Imaging Detection: Application to Photodissociation", *REVIEW OF SCIENTIFIC INSTRUMENTS*, 72, 1963-1969.（SCI）（IF: 1.614: SCI ranking: 35.7%, 49.3%）。

1

2

1 李遠哲（右五）以諾貝爾獎得主之姿回國貢獻，不僅成功延攬傑出海外人才回臺，亦吸引許多海外學人來臺交流學術。照片為 1997 年 1 月 20 日，李登輝總統（右六）接見美國國家科學院院長亞伯特（Dr. Bruce Alberts）伉儷（左六、左五）等十人訪問團。

2 多質量光分解產物速度分析儀可同時量測分解產物的質量和速度，為突破性的研究成果。

第十一章
九二一震災重建

一九九九年，九月二十一日凌晨一點四十七分。

李遠哲正在書房裡寫演講稿，忽然間，燈光熄滅，四周一片漆黑。

「沒有颱風，如果沒有其他天災，電力應該會馬上恢復才對。」他意識到，難道是地震嗎？一秒，兩秒，三秒，默數到第十五秒，地板與桌椅搖晃了起來，越來越劇烈。是地震！

李遠哲估算，臺灣是南電北送，地震波每秒約傳送十公里；停電後十五秒鐘地震波才抵達中研院附近，可見震央大約在臺北南方一百五十公里之外。

「地震了還不趕快逃命，還在算什麼……」被震醒的吳錦麗，不以爲然地說。

搖晃了一分鐘四十二秒，周遭似乎恢復平靜。李遠哲打開收音機，才得知臺北市有大樓倒塌。上午，他依原定行程飛往香港演講，再到埃及開會。旅途中，卻見到震災新聞登上各大電視媒體。這是七十年來最大的地震，震央在南投縣集集鎭，導致中部地區逾萬間房屋倒塌，死傷者無數，許多人無家可歸[113]。他的心情不禁一沉。

埃及，國際科學理事會（International Council for Science, ICSU）三年一度的會員大會正在此舉行。我國也是會員，代表機構正是中研院，身爲院長的李遠哲乃以國際科學理事會中華民國分會的代表身分出席會議。

九月二十七日，李遠哲接到臺灣來的傳眞，是中研院社會所籌備處主任瞿海源的手書，表示民間自發性的捐款與資源送到災區，卻缺乏協調，有些災區資源太多，有的卻得不到資源。瞿海源表示，不少民間社福團體希望借重李遠哲的公信力與社會聲望，號召成立一個民間聯盟，監督震災捐款並協調資源。李遠哲覺得很有意義，隨即傳眞回覆：「願意跟大家一起努力。」

與此同時，行政院長蕭萬長也來電：「遠哲，這次地震眞的很嚴重。因爲很多政府的現今法令已不適用於災區，無法解決問題，希望你回來幫忙組織一個民間的諮詢團。」

接獲這兩項越洋的救災訊息，李遠哲深感任重道遠，隨即提前飛離埃及。

九月三十日，他一下飛機就趕往中研院院長室，與瞿海源、中研院地球科學研究所所長葉義雄、臺大心理系教授黃榮村、臺大建築與城鄉研究所教授陳亮全見面，討論這兩個組織的定位，最後決定民間諮詢團是介於民間和政府之間的組織。

---

113 後經官方統計，九二一大地震造成兩千四百多人死亡，一萬一千多人受傷，失蹤近三十人。五萬一千多間房屋全倒，五萬三千多間房屋半倒。

當晚，李遠哲趕赴行政院與蕭萬長見面。蕭萬長希望他了解災區眞正的需要，居中協調政府與民間，減少兩者之間的角力。隔天，李遠哲驅車前往行政院「九二一震災災後重建推動委員會」（簡稱重建會）中部辦公室，和行政院副院長暨重建會執行長劉兆玄交換意見，隨後即趕往災區。

一進入臺中縣，沿路看到許多倒塌的房屋，道路崩落凹陷。抬眼望向山邊，觸目皆是走山後的黃土色，綠意消失，一片淒涼。

「好像二次世界大戰，房子倒了，親人在美軍空襲中死傷了，人人都很悲悽，彷彿世界末日到來……」李遠哲的兒時記憶與此刻交疊，慘狀恍若當年。

才抵達熟悉的南投縣埔里鎭周遭，他完全不能相信眼前所見。

牛耳石雕公園創辦人黃炳松哭著奔過來，啞了的嗓子哀號：「院長，救救我們！」

一九九五年時，李遠哲曾與一些教育改革審議委員會的諮詢委員們前來了解埔里的教育情形，因而認識諮詢委員黃炳煌的胞兄黃炳松。埔里向來是藝文人士嚮往的所在，李遠哲後來偶爾來訪，就在牛耳石雕公園認識了雕刻家朱銘。

如今，黃炳松的家園傾頹，事業受創，想重建卻周轉困難。眼見遊客卻步，事業也難以爲繼，員工一一成爲災民，黃炳松連發薪都相當困難，卻也不忍心遣散員工，苦楚難訴。但是，講起朱銘多年打造的朱銘美術館甫於九月十九日隆重開幕，一天後眼見埔里受災，隨即送來一卡車的賑濟物資，黃炳松又是感激涕零。

來到南光國小時，李遠哲一見傾頽的校舍，抬腳就要踏進校園。黃炳松急得大喊：「院長，太危險，不要進去啦。萬一磚塊或柱子倒下來就麻煩了……」李遠哲並未聽勸，也因此見證地震慘況，仔細審視公共工程品質。

天色漸暗，兩人已過用餐時間許久，黃炳松提議帶李遠哲去災區外的餐廳吃飯，李遠哲卻指著慈濟的服務站說：「我們吃這個好了。」

兩人各自捧了一碗素菜，黃炳松見李遠哲自然而然地往地上一坐，隨後一起進食。「他很樸實，完全沒有架子和身段，這讓我印象很深刻。」黃炳松說。

毫無宗教信仰的李遠哲純粹是看到這個服務站的用餐人數不多，不忍浪費物資，才做此提議。後來才聽說，多數災民吃不慣素食，紛紛轉移到其他供應葷菜的服務站。

來到埔里鎮中心，原本街上房屋的騎樓與一樓消失了，二樓大多變成一樓。此時，《新故鄉雜誌》總編輯廖嘉展從窗戶跳了出來，小心翼翼越過地上的石塊，大喊：「李院長！」

廖嘉展說起地震當下聽見一片哀嚎，近六千棟房屋全倒，數萬人無家可歸，埔里人原積極往觀光、藝術和農業發展，卻瞬間失去希望。「很多老鎮民不得已只能選擇離開，而堅持留下來的，面對浩劫後的家園，一臉茫然。」

李遠哲目睹雜誌社辦公室化成危樓與傾頽石塊，旁邊堆置廖嘉展與顏新珠夫婦搶救而出的資料與設備，難過寫在臉上。

廖嘉展原任職《人間》雜誌，該刊停辦後，在嘉義新港與陳錦煌醫師做社區營造工作，撰寫《老鎮新生》一書引起社區營造風潮。李遠哲因教育改革審議委員會的任務下鄉舉辦座談會，而認識了這群社區營造的學者與專業工作者，眾人同感扎根地方，推動教育與文化復育的重要性，因而共創中華民國社區營造學會，並公推李遠哲爲創會理事長。

一九九九年初，廖嘉展夫婦搬回埔里成立新故鄉基金會，正值中華民國社區營造學會動念創辦《新故鄉雜誌》之際，學會公推廖嘉展擔任總編輯，於是雜誌社就設在埔里。同年三月，創刊號發行即造成轟動，長榮航空國際線航班都能免費索閱這本暢談各地社區營造故事的刊物。不料，半年後卻遭逢震災，重創雜誌社辦公室與基金會址。

李遠哲鼓勵廖嘉展夫婦振作起來，災區需要看到重生的希望。於是，廖嘉展夫婦決心走出悲傷，另覓新址，兩人分工合作，一面推動災區重建，並由編採人員持續在臺灣各地爲《新故鄉雜誌》報導新的故事。

重回舊地，情景不變，李遠哲格外感傷。來到圓環附近，醫檢師暨文史工作者鄧相揚從毀壞的自宅旁經過，一見他驚喜喊道：「李院長！我九月十九日才到臺北參加朱銘美術館開幕，當天趕回來埔里，卻沒想到會趕上這場大地震！」

兩人再見面，恍如隔世。

鄧相揚和埔里基督教醫院長期爲地方服務，另一個身分是深入研究霧社事件並著有專書的作家。

李遠哲看到鄧相揚也安然度過大難，深覺欣慰。

鄧相揚帶李遠哲到日月潭勘災。「院長，前幾年您來日月潭，跟邵族耆老們一起唱『出草歌』，一起跳舞……他們好多人都已經不在了。」

「啊！」李遠哲難忍悲傷。他憶起，幾年前初訪邵族部落，頭目與耆老本來有些戒心，但聽到他竟然能唱原住民的「出草歌」，就認定他是邵族裔，一再邀他唱歌跳舞、喝酒過夜。邵族人的熱情使他難以脫身，最後是鄉紳把他帶離那場難忘的晚宴。怎料，一場震災，就是天人永隔。

李遠哲驅車前往鄰近地區勘災，感覺埔里算是災區中較爲井然有序的。這才知道，震災時在日本出差的屏東縣長蘇嘉全隨即指示縣府人員：「屏東縣能力雖有限，但我們挑一個災區的鄉鎮，全力去支援它。縣內的警察隊、工程隊，能夠動員的資源，都一起去幫忙。」

於是屏東縣府選了埔里鎮，全力支援。

李遠哲注意到，我國原本在中央政府之下有省政府，然後才是縣市政府。省政府設有建設廳、教育廳等，在中間層級負責很多工作，而縣市的能力基本上很有限。九二一地震時正値精省[114]，「我在災區看到，整個行政體系在省政府消失後，縣市政府端還沒能夠加強，能做的事有限。但是屏東縣政

[114] 一九九〇年代，由原有的四級政府，往三級調整。原屬省政府的業務改歸由中央或縣市政府處理。詳見《臺灣省政府功能業務與組織調整暫行條例》。

府以一個縣來支援埔里鎮，卻發揮了很大的功效。」

他看到屏東縣的工程車隊進駐埔里，打通阻塞的馬路，使屏東縣警車能在鎮上巡邏，協助當地居民。雖然謠傳「外勞在搶東西」，其實並無此事，因爲有屏東縣的警察維持治安，安定民心。許多人遷到學校操場，暫居在臨時帳篷裡，屏東縣戶政人員很快普查帳篷裡的住民，替他們編戶口。

「震後的埔里，政府也彷彿消失了，還好在工程團隊、警察力量、戶政人員齊心協力下，總算較快地恢復了過來，救災事宜也很快上了軌道，這是因爲一個縣市幫一個鎮。震後初期，只有埔里鎮和仁愛鄉是獲得縣市層級組織幫助的地方鄉鎮。」

他跨過傾倒變形的路面，走進操場探視臨時帳篷中的災民，「我有一個很深的感受，瞿海源要我來做這個民間聯盟的工作，是很有道理的。爲什麼呢？因爲地震發生後，地方政府就消失了，鄉長、鎮長都是災民，鄉鎮公所、學校也都倒了，凡事都是靠大家用各種各樣的方式在幫忙。」

初進災區，堅定了李遠哲與志同道合的人一起努力的意志，他從監督、協調到解決，想要化危機爲社會再造的轉機。

「我立刻戴起兩頂帽子，一個是在災區的民間的組織——『全國民間災後重建聯盟』（簡稱全盟）；一個是政府的『行政院災後重建民間諮詢團』。這兩頂帽子雖然分屬於兩個組織，但顏色是一樣的，都是以民間的立場，在『做』和『看』災後重建的事。」

就在李遠哲初進中部災區的這一天（十月一日），在臺北，許多社福團體召開首場籌備會。由於得知李遠哲願意領導，眾人皆感振奮，頓時湧入二十六個團體共三十位代表，由於人數眾多，臨時商借了其他會議室才能開會。初定名為全盟，並公推李遠哲為總召集人。

百年一次的大震災，為什麼兩個重要的重建組織都希望李遠哲領導？

翻開十月二日《聯合報》：「全盟是行政院籌組的災後重建民間諮詢團之外的民間組織，**一個來自官方的委託，一個是民間的自發組織，但都由深孚眾望的李遠哲領軍，將可有效發揮民意上達的功能。**」報導並指出，全盟首要任務是監督災變期間的捐款流向與使用徵信，整合民間資源，避免人力及各項資源的混亂與浪費，達到最高效率，保留實力陪災民走更長遠的路。

全盟率先於十月七日成立；李遠哲出任總召集人，執行長為瞿海源，副執行長為臺大農機系教授謝志誠、臺大城鄉所教授陳亮全、東海大學社工系副教授彭懷眞[115]。十月九日，行政院災後重建民間諮詢團也宣布成立；團長是李遠哲，執行長是臺大心理系教授黃榮村，並有四十幾位學者與企業界人士加入。

多戴上這兩頂帽子的李遠哲，為監督、協調、解決災區重建各項事務而常跑災區。

十月中旬，他率領中研院各研究所所長前進中部災區，了解各所能如何發揮專業，協助救災。

李遠哲與中部災區早有淵源。先前，中研院的考古團隊進駐埔里的水蛙窟遺址，挖掘到不少兩岸原住民初始交流的物證。地方上也希望水蛙窟附近能成立中研院埔里院區，後因遺址附近無法建造出

---

115 彭懷真於二〇〇〇年二月請辭。

土文物展示館等議題而作罷。不過，他自己常常到埔里了解社區營造工作，與許多地方人士相熟。因此，他訪查災區現況時，這些友人就帶他從不同角度看見許多根本的問題。

「民間諮詢團希望從民間的立場，把問題看得更清楚，並對政府的重建工作提供一些建議。」他看見原有的城鄉差距與就業問題，震災後更加凸顯。「在災區，早該注意的人口老化問題也緊迫地出來了，為什麼鄉下的年輕人都去外地工作？」

他也看見公共工程品質的問題。「為什麼公家的房子都倒了，私人的房子反而沒倒？不只出於天災，很多都是偷工減料或低價搶標的結果。」

震災後，貪腐問題並未因此消失。

李遠哲舉例，震後被認定為「全倒」的房子要拆掉，重建會執行長劉兆玄派國軍進駐災區拆除。南投縣某一個鎮，當國軍拆到八五%、九〇%，鎮長就向劉兆玄的辦公室表示，全倒房屋已盡數拆除，國軍可以退出了。國軍果真撤退了。不料，鎮長卻發文給鎮民，表示房屋還沒有拆的，十天內必須拆除，不然要受罰。然而，鎮長自己經營的工程公司卻開始向災民收錢，拆除國軍尚未拆掉的房子。

李遠哲連忙聯繫重建會：「搞錯了，只有拆九〇%你們就退了，應該再把國軍送回去。」當國軍再進駐鎮上，拆到九八%左右，鎮長又向重建會表示已拆完，國軍可以撤退。重建會下令讓國軍撤出後，鎮長卻又向鎮民表示，不拆就要受罰。

「災區有很多地方上的黑道、惡勢力在角逐；我在災區一方面看到熱心的人在幫助災民，另一方面也看到一些黑心的人。這些非常腐化的事，在很多地方發生。」李遠哲沉痛地說。

還有一回，臺中縣長廖永來請教李遠哲：「我們縣裡，大家捐了十幾億，但是我們怕議長會把這些錢用到其他地方，讓他們的工程公司比較容易承包。我們該怎麼辦？」

李遠哲建議廖永來：「你趕快成立一個災後重建基金會，找縣裡受尊敬且較無私心的人擔任委員，請議長擔任基金會召集人，並擬好章程，規定基金會金錢動用都要經過委員會同意。」

廖永來接受建議，在臺中縣組織了九二一重建相關的基金會，邀請許多地方上公正人士參加，並推舉議長擔任基金會召集人。「這麼一來，基金會討論通過的決議，議長在議會裡也不能加以推翻。廖縣長非常感謝我，覺得這個想法還不錯，但我不曉得後來實際進行的情況。」李遠哲說。

「地震發生後，我去了不少地方，看到很多問題，也看到很多不理想的事。人性醜惡的一面，善良的一面，都展現在災區裡。」他說。

他還注意到，許多現行法令與行政辦法不適用於災區，須另外制定一套法令規章因應。「例如房子被認定為『半倒』的災民搬遷出去，有人想整修，有人想拆掉，八〇%要修，二〇%要拆，該怎麼執行呢？或是，震災導致道路或地表移動，也涉及了財產的處理，並牽涉到很多法令，這些問題都需要有針對災區的『暫行條例』來因應，不然是無法解決的。」

對災區實況的掌握，是李遠哲領導一個官方與一個民間組織投入震災重建的重要依據。

在民間諮詢團方面，身爲團長的李遠哲持續向政府反映災區現況與重建進度，同時與四十餘名委員，因應災區狀況不斷開會討論，研擬出一套《九二一震災重建暫行條例》版本。

而在全盟方面，是一五四個已立案民間團體的暫時性結盟，最主要的階段性任務是監督震災捐款和協調資源。在組織上分爲兩個委員會：一是協調委員會[116]，爲最高決策機構，制定規章，提供災區服務及協調資源；一是捐款監督委員會[117]，負責捐款徵信與查核。

地震後，臺灣民眾很快捐出累計約三百五十億元善款，相當於十億美元。李遠哲的外國友人聽聞此事都不敢相信地說：「你們的地下經濟一定很大，不只兩倍，否則以臺灣ＧＤＰ一萬兩千美元來算，不可能這麼短時間就捐出三百多億。」

但是，這些善款到達需要的地方了嗎？就此，全盟嘗試扮演關鍵角色。

「我們看到有些團體以救災名義收錢後，就放到自己的口袋或不曉得流向何方。如果用募來的錢運作自己的事，是不對的。一些團體與全盟合作，公布募了多少錢、做了些什麼，帳目全公開讓全盟知道。自然，很多人就不敢再拿著災區重建的旗幟斂財。」李遠哲說。

全盟本身不對外募款，徵信與查核其他機構時即有初步的公信基礎。

全盟執行長瞿海源指出：「全盟在監督民間捐款的工作上，雖遭到一些質疑和挑戰，就整體而言是非常成功的。主要的質疑和挑戰在於，全盟作爲民間團體，有什麼權力來監督？全盟一再強調，參與監督的會計師、律師和社工的專業性，以及李院長的公信力，同時堅守民間的立場。」

行政院的九二一震災帳戶也收到民間的鉅額捐款。

起初，行政院打算用這筆錢支付災區的健保費，導致許多民間團體抗議，而李遠哲也代表全盟與民間諮詢團向行政院長蕭萬長表示反對。他認爲：「民間捐出的錢，應該成立民間的基金會來監督使用，政府不該把民間善意捐出來的錢，當作政府預算在使用，這是不對的。」

後來，蕭萬長接受了李遠哲的意見，成立「財團法人九二一震災重建基金會（簡稱九二一基金會）」，邀請海基會前董事長辜振甫擔任董事長，還打算邀請李遠哲擔任副董事長。

但是，李遠哲看到董監事名單就婉拒了。「很多董事看起來是民間的人，但不少曾任官職，而且很多位是國民黨中常委。我對蕭院長說，這是不對的，我不接受這個基金會的副董事長。我是民間諮詢團團長和全盟總召集人，我要從民間的立場對災後重建提供意見。」

李遠哲請辭後，名單上一些原定的董事人選也紛紛退出。「他們退出，也是對政府表示抗議，表達九二一基金會應該是民間的立場。當然，我婉拒的另一個原因，也是想給政府壓力，讓它重新組織一個眞正屬於民間的基金會。」

---

116 全盟的協調委員會由執行長瞿海源兼任召集人，由十三到十七位協調委員組成，下設十一個分組。此委員會任務是擬定工作方針及策略目標，綜理協調各分組，擬定規章細則、工作經費籌措等。

117 捐款監督委員會由數個具公信力的民間組織組成：中華民國消費者文教基金會、中華社會福利聯合勸募協會、臺灣省會計師公會、臺北市會計師公會、中華民國律師公會全國聯合會及臺北律師公會。執行長瞿海源肯定這些民間專業團體積極投入，為捐款監督工作能順利進行的關鍵。

然而，一九九九年十月十三日，九二一基金會正式成立。由辜振甫擔任董事長，王金平與吳伯雄出任副董事長，孫明賢爲執行長。可以說，李遠哲的此一用意，並沒有扭轉大局。

李遠哲曾以屏東縣政府協助埔里災區爲例，建議政府建立緊急應變機制。使災後消失的政府，能在外力的幫助下盡速恢復行政能力。

他建議，中央政府應先爲全國各地區編號。比如臺灣有三百多個鄉鎮，一旦地震發生，受災最大的不會超過十個鄉鎮，如能預先建立網絡，安排一個縣市政府去幫忙一個鄉鎮，能力足足有餘。例如屏東縣負責埔里，它事先就需對埔里有所了解：震後哪些道路可能不通、應該怎麼走、埔里有多少人口、可能需要什麼……以一個縣市對其所負責的鄉鎮做足研究即可；規模夠大的臺北市，即可分成四個隊伍，於災後迅速到位。「地震發生後，地方政府會消失的，所以建立臨時政府是很重要的事。」他在許多場合向政府官員呼籲建立這種防災分工，以備不時之需。可惜，一直沒有被政府採納。

越了解災區問題，李遠哲與全盟就越期望政府能眞正解決災民的問題。

十一月底，全盟召開記者會，宣布尙有十萬災民未受安置。中央官員指控全盟的數據失眞。十二月初，全盟又召開記者會指出，光是臺中縣與南投縣就有逾六萬兩千九百八十二名災民沒有領到津貼，強調中央政府對災民生活安置或重建的舉措及統計數據，和實際情況有嚴重落差。

李遠哲的監督立場獲得許多災民支持，當然，也有少數民眾寫抗議信來表達不滿。而他也寫信回覆，娓娓說明[118]：

……引起中央官員強力反彈，我們隨後並無太多回應，主要原因在於，協助救災才是全盟努力的宗旨，打口水戰並無意義……

組合屋數量足夠與否，不純然是算術加減問題……如果埔里組合屋不足，集集尚有剩餘，那麼，埔里災民可以任意遷居集集住組合屋嗎？

許多居民領了房租津貼，依法不能申請組合屋，但有些人租不到房子，只好繼續住帳篷……政府「依法行政」，可以不管人民處境，但問題並沒有解決。十二月八日全盟工作同仁訪視南投縣魚池鄉頭社村，七〇％房子倒塌，但無組合屋，也無帳篷。大部分居民領了房租津貼，其中有些人投靠親戚朋友，但也有一大半人（大部分是老人）住在山上簡陋的工寮，甚至有數戶人家擠一間工寮的情況，寒冬已到，沒有人可以擔保這些類似難民營的工寮會產生多少社會問題。而這也不是我們政府所關心或注意到的問題。

埔里有百餘户都市原住民，災後沒資格申請組合屋，也不能領房租津貼，一直住在宏仁國中操場的帳篷裡，最近在慈濟和原住民同舟協會共同努力下，幫他們搭建組合屋，這些完全是民間力量針對「解決問題」想出來的辦法，也沒有列在政府原先統計的數據內。日月潭

118 以下為摘要，全文詳見《協力與培力—全國民間災後重建聯盟兩年工作紀要》，主編謝國興。

邵族、和平鄉的雙崎部落、石岡鄉的土牛村，目前有許多民間自力搭建組合屋的工作陸續進行，數量不下數百户，東勢鎮東勢林場管理處内也有超過百户的都市原住民仍住在帳篷裡，他們的安置問題至今尚無著落，這些都是「依法」不在政府統計數據内的需求。所以，當政府說安置已百分之百完成時，只是「依法」的形式成果，實際災民安置問題仍存在……

以上僅就安置問題而言，整體災後重建問題則更爲複雜。我們相信政府確實努力想做好救災，但我們也看到政府確有許多需要加強的地方。一個缺乏反省能力的政府，絕不是民眾所樂見的。在災後重建上，我們的政府有許多地方可以向民間學習，包括關懷、謙虛、包容與大愛……

災後三個月，新聞媒體上的災區報導退燒，話題轉移到二〇〇〇年三月即將舉行的總統大選。十二月，行政院重建會的中部辦公室，執行長劉兆玄已經撤離，「改由內政部次長簡太郎實際坐鎮中部辦公室，業務則回歸各部會署與地方政府，當爲救災與安置爲主的單一窗口的重建會形同解散[119]。」民間諮詢團執行長黃榮村指出。

此時，不少熱心的團體也後繼無力，慢慢從災區撤出。

當官方與新聞媒體減少關注災區，災民們心生迷惘，失去至親的創痛未平，眼看著冬天就要來到，何時才能回家？

儘管如此，仍有不少民間資源陸續投注。而李遠哲領導全盟與民間諮詢團，不僅沒有棄守，亦更加積極介入災區重建。

爲了協調資源，全盟扮演「媒合資源」的角色，鼓勵加盟的團體或災區撰寫「重建服務計畫案」交給全盟審核，審核通過後，全盟則協助推薦給其他基金會或募款單位，爭取補助。執行長瞿海源指出，忙碌的協調委員們收到各申請案，假期和新年期間都在加班審查。

從十一月到一月，全盟從一百四十八個計畫案中通過八十七案，並推薦給捐款單位，實際媒合成功者卻僅四十七案，金額約七千多萬，成效並不理想。主因是，捐款單位雖知道社工服務、心靈重建很重要，卻傾向於補助成果能「眼見爲憑」的重建計畫案。

媒合資源顯然過於被動，全盟苦思解決之道，認爲既然全盟了解災區現況，應該尋求一筆固定專款，專用於：一，先補助已通過審核的計畫案；二，全盟主動規畫方案，協助在地工作團隊由下而上，開出一個個自發性的重建花朵。

這時，李遠哲戴的另一頂帽子——中華民國社區營造學會理事長，現身支援。他代表中華民國社區營造學會對外募款，捐款單位包括矽統科技、中興保全、TVBS關懷臺灣文教基金會、屏東縣政府九二一震災專款管理委員會等，共募集了一億五千萬元專款，全數交由全盟統籌協調資源。其中，屏東縣政府的附加條件是優先補助其認養的埔里鎮與仁愛鄉。

---

119 引自《臺灣921大地震的集體記憶（921十週年紀念）》自序，黃榮村著，印刻出版。

李遠哲一方面勸募專款，全盟也擬定了新的「聯絡站」[120]設置相關辦法。副執行長謝志誠和協調委員暨中研院近代史研究所研究員謝國興深入尋訪災區的工作團隊，成功合作設立第一批聯絡站[121]。二〇〇〇年三月底，南投縣、臺中縣、彰化縣等二十一個鄉鎮市，共設立二十九個聯絡站，它們都是重建的據點，也是生活安置、就業、生計資源、兒少照顧的根據地。全盟並對工作站實施教育訓練；四月底在暨南大學舉辦重建服務團隊工作坊，多達一百多個災區服務團隊參加。

借力使力，援引資源，扶植在地重建團隊，李遠哲與全盟只在乎如何實際幫助災民短期安置與長期自力更生。

「李院長很關心基層，他不是官，更不是官僚。官不了解基層，但是基層的辛苦他都了解。」牛耳石雕公園創辦人黃炳松觀察。

在民間諮詢團方面，經四十幾位專家提供具體意見後，有助於行政院擬定《九二一震災重建暫行條例》。

對於制定這項法律，全盟也沒有缺席，由瞿海源、謝志誠、協調委員沈美眞律師主動拜會官員與各黨立委，提供全盟的建議版本。「我們說服各部會的官員，社區應在重建中扮演重要功能，社區得設置重建發展委員會，同時要加強生活重建的工作，設置生活重建中心來落實。全盟所提的建議，都是以爭取災區民眾福祉爲主要訴求。」瞿海源說。

二〇〇〇年一月十五日，立法院通過《九二一震災重建暫行條例》，其中納入了不少全盟的意見。二月三日公布施行。自此，災區重建工作有了重要的法律架構。

「如果問我，民間諮詢團最大的貢獻是什麼，我會說是幫助擬定《九二一震災重建暫行條例》。」李遠哲認爲。

民間諮詢團看似功成身退，全盟仍繼續努力[122]。

全盟在災後初期著重於監督震災捐款。就此，二〇〇〇年四月，公布成果。

一九九九年十月起至三月三十一日，全盟共出動二四七人次的會計師、律師和社工師；訪視二十九個完全透過全盟徵信的團體，也訪視了一〇二個部分透過全盟徵信的團體。至於全國二一二個捐款團體，高達一九三個提供資料給全盟，包括芳名錄、轉捐收據、收支憑證、收支明細表、內政部核備函等，「各團體提供的資料類別和詳細程度不同，但是都很有誠意。」瞿海源說。

捐款總額方面。全盟統計，扣除轉捐重複列計者，九二一震災捐款總數約爲三百五十億。其中，

---

120 全盟初創時，李遠哲就堅持在地方設立聯絡站，反映災民意見、聯繫災區即時訊息、協助工作團隊，一方面也能培植社區營造的草根團隊。但是這個想法起初無法落實，於是全盟精準的災區訊息，多由全盟派駐的工作團隊親自訪視而來。但是災後三個月，這些全盟派駐的工作團隊漸漸退出災區，全盟又決定在各地設聯絡站，並重新訂定相關辦法，於二〇〇〇年一月實施。

121 和平鄉的雙崎部落重建團隊（後改稱彌戶團隊部落重建協會）、埔里的新故鄉重建工作站、石岡的石岡人家園再造工作站、東勢的本街重建工作站（後改稱東勢愛鄉協進會）、東勢的長老教會東勢重建關懷站等。

122 全盟設立之初即擬定以下任務：協助整合重建資源、協調民間力量以及民間與政府的合作、協助訂定和修訂法令和政策、監督民間捐款、監督政府重建工作、推動前瞻性的防災救難和社會價值重建工作。在這六大任務中，全盟都扮演著積極的角色。

行政院九二一基金會約有一一三億，民間捐款約一四二億，縣市政府捐款約七六億。而檢視民間捐款，有四二億已自行運用，三三億轉捐政府，三億三千萬轉捐民間帳戶，剩下還未運用等有六四億。這六四億中，有五五億將支應認養學校之需，於是，民間可資運用的捐款大約只有九億。

二〇〇〇年中，輿論開始質疑捐款流向時，全盟是唯一能詳細公布並說明的公正團體。

九月，震災滿一年，災區各社區的復甦情況，各有所別。

相較於重建會或九二一基金會，資源有限且純粹民間性質的全盟，選擇扶助的聯絡站已成長為四十個，扎根地方，孕生出重建的目標、方向與作爲。

「有社區營造經驗的鄉鎮，災後復甦的速度也比較快。」李遠哲很有感觸。

廖嘉展與新故鄉基金會，以及桃米生態區就是一例。

地震後，廖嘉展從倒塌的新故鄉基金會辦公室爬出來，在對街的小公園緊急成立「埔里家園重建工作站」，鼓勵居民自發參與規畫重建藍圖，凝聚共同願景，再引進專業團隊支援。同時組成「婆婆媽媽工作隊」，深入了解個人、家庭、社區的需求；設立「婆婆媽媽之家」幫婦女、孩子走出陰霾、輔導課業等。還發行電子報，蒐集、記錄、出版重建相關議題，形塑災區內外民眾的共識。在全盟的專案補助與支援下，新故鄉基金會陪伴其他埔里社區如桃米、鐵山、籃城、內埔居民靠自己的力量站起來。

來到桃米村，婆婆媽媽們化身爲生態解說員，站在溪邊教導遊客聆聽蛙鳴，辨認蛙的種類。一位遊客大喊：「這蛙叫聲太大了！老師，可以把聲音關小一點嗎？」惹得桃米媽媽們啼笑皆非。

桃米生態區[123]的成就，就是居民自發力量的展現。經新故鄉基金會的啓發，居民決意復育生態，以蜻蜓和青蛙來帶動永續生態的觀光。新故鄉基金會並引進外界資源、培訓生態解說員等。桃米社區的成功，促使了其他重建區反思與仿效。

震災一年後，全盟的階段性任務大抵完成，一些加盟團體紛紛表示，全盟應該改組或解散。聽聞此一消息，二〇〇〇年十月，中部災區的工作團隊聯名寫信給李遠哲，呼籲全盟不要撤守災區：「如果全盟消失，災區的近四十多個在地工作團隊將會失去統一、有利的發聲管道，面對各種分食重建大餅的勢力，工作團隊將無所依憑。」

接獲這封來自基層人民的聯名信，李遠哲親赴災區，與村長、社區媽媽們懇談，並當場承諾全盟會至少再運作一年。

此後，地方工作隊也警覺到，不能一直依賴李遠哲與全盟，應該更積極自立。一些聯絡站陸續向內政部或縣市政府申請立案，成立「臺灣社區重建協會」「臺灣原住民族部落重建協會」「東勢愛鄉協進會」等團體，各地聯絡站也與他們串聯合作，主動規畫重建，並爭取政府與民間的重建資源。

---

123 二〇一五年，桃米生態區有一家休閒農場、三十家合法民宿、四家露營區與十家餐廳，以及三十餘位生態解說員。舊社區成功轉型，獲得大多數居民高度認同。

當社會關注已遠離災區，李遠哲仍不忘赴災區走動，給予在地人民支持。

在他的支持下，中研院地科所與多所大學早在地震後就積極研究車籠埔斷層，了解九二一大震的成因。其中最爲人所知的斷層裸露區位於臺中縣霧峰鄉的光復國中，地科所建議在此興建博物館。經全盟協助，TVBS關懷臺灣文教基金會認養規畫興建，國立自然科學博物館負責其後的策展與營運，二〇〇一年二月十三日定名爲「九二一地震教育園區」。

深具紀念意義的二〇〇四年九月二十一日，教育園區正式開放參觀。傾頹的校舍、隆起的操場跑道，經建築師邱文傑的巧思設計與嚴格的監造施工下，化爲一個個令人動容與嘆息的震災實況體驗。

重建工作雖艱難，在災區的不少有志者仍持續進行社區營造。

廖嘉展與新故鄉基金會一方面持續陪伴其他社區重建，自身也以「再現埔里蝴蝶王國」爲概念，投入數所中小學和埔里鎮的重建規畫。重建任重道遠，尤須全心投入。二〇〇一年，廖嘉展徵得中華民國社區營造學會同意，將獲得許多獎項肯定的《新故鄉雜誌》停刊。

其後，李遠哲和中華民國社區營造學會也支持廖嘉展建立紙教堂紀念園區的構想。

二〇〇五年，日本建築師坂茂爲紀念日本一九九五年阪神大地震所設計，原址在日本鷹取的「紙教堂」即將於阪神大地震滿十週年之際功成身退。廖嘉展認爲，「紙教堂」若能遷建到埔里，將象徵不同的意義。「地震不分國界，在震災發生的埔里重建，也象徵重建區民眾重生的力量。」廖嘉展努力籌措經費，還向李遠哲借了一筆款項，誓言要完成目標。

二〇〇八年九月，「紙教堂」在埔里的桃米濕地重生了，經建築師邱文傑的設計，坐落在濕地間的紀念園區賦予「紙教堂」全新的意義，處處充滿希望與活力。李遠哲不但親自參加開幕式，還與坂茂進行一場世紀對談。

結合了桃米生態區的紙教堂紀念園區，一躍爲國際震災重建與生態典範，廣受國內外觀光客歡迎。幾年內，李遠哲就收到廖嘉展償還的借款。

「重建是一條漫長的路。這些年，我看著廖嘉展他們在埔里扎根蹲點，很了不起。他幫助了許多人，埔里也因震災而展現出生機。」李遠哲說。

一步一腳印，由全盟和中華民國社區營造學會耕耘過的社區，重建與復甦的成績有目共睹。

「李院長關心的是全面的，不是只有學術界，他關心地方的建設、地方的苦難，他會親自聽人民的聲音，不只是聽聽就算了。」黃炳松坐在恢復綠意與生機的牛耳石雕公園內，談起李遠哲對災區長年關心與付出，感慨表示，社會上像這樣默默奉獻的人士已經很少了。

談起有一回帶李遠哲到社區參加拼布義賣會，「一幅十萬元，李院長自掏腰包買了兩幅，他很誠懇，他不會應付你，也不會炫耀。」黃炳松說。

齊心協力、自發性的重建力量，經過初期耐心扶持，就可能源遠流長。

數算這場九二一大地震，民間諮詢團成立半年內完成任務，全盟在兩週年後公布財務並解散。行政院重建會在二〇〇六年二月結束、行政院九二一基金會於二〇〇八年七月公布資料並告終。相較之下，李遠哲與一群社區營造工作者仍不斷耕耘，將災區化爲令人驚喜亮眼的重建區。

大樹成蔭，牛耳石雕公園處處矗立著名人雕像，李遠哲站立的塑像也在其間，不少遊客都會與之合照。

有時候路過埔里，李遠哲會順道探望災後逢生的老友，感到格外珍惜。而他每見自己塑像仍感害羞，卻也不忘幽自己一默：「我已經站很久了，能不能幫我找張椅子坐？」

即使眞有張椅子，這位不論頭上戴哪一頂帽子（中研院院長、中華民國社區營造學會理事長、民間諮詢團團長、全盟召集人……），都願意捲起袖子，以耐力與鼓勵務求解決問題的人，也很難有餘暇坐下吧？

「我已經站很久了，能不能幫我找張椅子坐？」南投埔里牛耳石雕公園內，雕塑家謝棟樑創作的李遠哲雕塑。

2

1

4

3

1 李遠哲(右)和吳錦麗(左)於桃米茅埔濕地種下無患子植栽。(新故鄉基金會提供)

2 九二一震後,邵族自力造屋。(新故鄉基金會提供)

3 九二一震後,埔里居民在帳篷生活。(新故鄉基金會提供)

4 李遠哲聽取災後重建工作。

5 跨海來臺的紙教堂是臺灣和日本震後社區重建的交流平臺,紙教堂新故鄉見學園區於 921 地震九週年正式開園,為桃米新人文地景。(攝影/顏新珠)

6 九二一震災後初期,埔里發起「殘牆風華」活動,藝術家們留下埔里的深情。(新故鄉基金會提供)

第十二章　臺灣首次政黨輪替

一九九九年九二一大地震後，李遠哲以民間的立場，積極協助九二一災後重建。然而，越深入災區，他看到了民間社會蓬勃的善良與人性的溫暖，卻也看到一些鄉鎮市長與地方勢力黑金勾結，從震災重建中飽私囊的現象。

「政府與社會腐敗的程度，讓我很難過。像鄉鎮長等地方上的腐敗，大家習以為常，彷彿是一件能接受的事，使我非常傷心。」李遠哲去拜訪一位內閣閣員，兩人就此議題有不少討論。

「沒有讓國民黨下來一次，大概不會改革。」這位中國國民黨籍的閣員語重心長地說。聽到這位閣員的話，李遠哲覺得對方「是一位有良知的人」。

一九九九年年底，新聞媒體在災區或震災重建的報導減少了，對隔年三月第二次總統直選則投以越來越多的關注。

國民黨中央屬意由連戰與蕭萬長代表參選，而同黨中民意支持度甚高，曾任臺灣省長的宋楚瑜則堅持脫黨，並與張昭雄搭配參選。國民黨確定分裂，新黨也推出參選人。

民進黨中央修改相關條款，由一九九八年年底臺北市長大選高票落選的陳水扁參選總統，創黨元老許信良抗議，以無黨籍參選。

選舉過程中，國民黨、民進黨、新黨提名的總統、副總統人選，加上脫離國民黨參選的宋楚瑜和退出民進黨參選的許信良共五組人馬競爭激烈，各參選人陣營文宣在在激發統獨對立，被激化的族群偏見與統獨立場，往往與兩岸問題扣連。

從國家長遠發展來看，李遠哲不禁憂心，新的執政者是否有改革黑金及腐化的決心？過去李遠哲曾多次當面表達，希望李總統解決地方派系與黑金勢力勾結的腐化現象，但不見成效；反而有一些黑道人士代表國民黨參選，透過賄選搖身一變為縣市長、立委或議長，傷害民主政治。

而且，從國民黨五十五年以來的執政方式觀察，李遠哲也沒有信心。「日本殖民統治的時候，臺灣人受壓迫，也受到不平等的待遇，但法治還算上軌道，社會腐化的程度也沒這麼嚴重。二次大戰結束後，大陸人來臺接收日產，有些人直接把日產登記到自己的戶頭下。我小時候常聽到民眾的不滿，他們說日本人走了，有些日產就跑到接收大員的手裡，而不是變成公共財；大家也常批評國庫通黨庫等不合理的事，這都和國民黨的腐敗有關。不管來臺先後，臺灣的一般老百姓有這些腐敗的現象嗎？可能也有的，但老百姓通常不那麼壞，比較善良。」

「在民主國家，只有政黨輪替，才能促成改革和進步的動能。」曾在美國生活工作三十二年的他認爲。

其實，早在民進黨確定由陳水扁參選總統，而陳水扁對外尚未公布參選搭檔時，就曾經來找過李遠哲，提出由李遠哲選總統，陳水扁選副總統的構想。但是，李遠哲並不願意從政，自認擔任中研院院長較能長期貢獻臺灣。一九九九年十二月十日，陳水扁宣布與呂秀蓮搭配參選。

而十二月九日，國民黨立委召開記者會指控宋楚瑜家人介入興票案疑雲，更導致新聞媒體熱議，國民黨選情分裂已趨白熱化。

眼下的局勢是，在國民黨激烈內鬥之下，民進黨參選人陳水扁可能當選，進而引發首次政黨輪替的可能性就增加了。

然而，「我對民進黨與陳水扁認識不深。不過，民進黨是一個年輕的政黨，對黑金問題比較沒有包袱，比較可能改革；但是，如果他們因爲對中國不了解而導致誤判兩岸關係，很有可能危及兩岸的和平。」李遠哲擔心。

這並不是杞人憂天。

回想一九九五年與一九九六年，中共向臺灣南北海域發射導彈，企圖影響第一次總統直選。後來是美國總統柯林頓派出航空母艦戰鬥群，才得以不讓戰爭發生。

二〇〇〇年一月，一位美國科學家來訪臺灣。一九九〇年代，這位科學家就穿梭海峽兩岸，試圖爲兩岸和平找出解決之道。這一次，科學家與李遠哲見面時，不斷談及李總統提出「兩國論」的不智，爲何要甘冒大陸與日本的不滿？這位科學家還提到自己剛去中國大陸和錢其琛談了不少事，知道中共堅持一個中國的政策不會改變，也不會發表放棄武力的話語。這位科學家提醒中共不要介意臺灣講的話，倒是，臺灣要學會怎麼講。

李遠哲向這位科學家說：「請轉告大陸，不要繼續講『不排除以武力解決臺灣』這種話，這是最傷臺灣人民感情的事。」

對方對於陳水扁如果當選總統，反應倒是很正面，還問起李遠哲會不會從政。李遠哲表示，李總統以前曾邀他出任行政院長，但他並沒有同意。

如果局勢發展下去，該如何避免戰爭？如何維持兩岸和平又不損及民意？李遠哲思考著。

二月四日就是除夕，家家戶戶迎接農曆新年之際，李遠哲卻沒有心思。

正月初四，李遠哲和義美食品公司副董事長高志尚、總經理高志明，以及社會學者蕭新煌見面，討論大選前是否該有所作爲[124]。

正月初六，亦即國曆二月十日晚上，他與幾位朋友見面，包括曾任臺北市交通局長的賀陳旦、曾任臺北市教育局長的吳英璋、律師范光群、一起從事九二一震災重建的臺大心理系教授黃榮村和臺大城鄉所教授陳亮全。他們對社會是非不分、腐化、建立政黨政治，以及兩岸關係等四個議題都有深刻

124 《李遠哲與臺灣首次政黨輪替》，謝秩祿（盧世祥）著，玉山社出版，頁四三。

感受。

曾與陳水扁共事的外省子弟賀陳旦分析，外省子弟之所以支持陳水扁，其一，因為陳水扁不願意對惡勢力低頭的氣質；其二，陳水扁不可能獨裁，因為國民黨在國會居多數席次。

他們也談論是否該幫助陳水扁，不願在三年之後，後悔沒能幫忙。

會後，李遠哲在筆記上寫著：「我會慎重考慮」，還在字的下方畫線註記。

隔天午間，李遠哲與宏碁董事長施振榮餐敘，感謝施振榮在九二一震災後補助中研院一千萬做生醫研究。施振榮談起甫受邀參加連戰在高科技方面的造勢活動，並說自己跟陳水扁也很熟，覺得許多圍繞在陳水扁身邊的年輕人都不錯，而且覺得，如果陳水扁先擺出資政（智囊團）的名字，將會有幫助[125]。同一天下午，中正大學政治系助理教授林佳龍來向李遠哲傳話，奇美集團董事長許文龍要李總統保持中立，李總統似乎答應；而且，連戰或陳水扁似乎都是李總統可以接受的人選。

農曆春節前後陸續與友相談，都讓李遠哲感覺，作為一個知識分子，應該提醒人民，不要被激化的統獨對立與情緒沖昏了頭。而應該要從**影響臺灣長遠發展的兩個主要問題：改革黑金與腐化、兩岸關係**，來決定手中的一票。

由於李遠哲的支持傾向動見觀瞻，二月十一日之後，各方人馬陸續來探測他的意向，有的希望他支持陳水扁，還討論到最適合的閣揆人選，甚至不斷勸進他擔任閣揆；有些人希望他可以支持特定人選，但是絕不能入閣，應該保持中立。

更有一位較傾向支持蕭萬長的人士警告，如果李遠哲不保持中立，難保不會發生兩年前臺北市長選舉時的不愉快事件。

李遠哲隨即想起，一九九八年臺北市長大選前，媒體報導影射他支持陳水扁競選市長連任。隨後接到匿名信，信中恐嚇在選舉結束後會殺光他們一家人。選後隔天，鄰居看到有人想闖進院長官舍，打電話向社區警衛通報，管委會主委則是一個月後才告訴李遠哲夫婦。

因此，當這位人士如此警告，李遠哲隨即回答：「你這是威脅，我不能接受。我會做該做的事。」

但是，這位人士卻又要他保證，選前倒數六天不會爲陳水扁站臺。

「不，我絕不會在這種受威脅的情況下答應這種事。」李遠哲斬釘截鐵地回答，還罕見地下了逐客令。

幾天後，一位李遠哲與連戰共同認識的老朋友，特別來向他澄清，威脅一事乃是該人士自作主張。李遠哲對這位老友很清楚地說：「**我做任何事都不是為了我自己，希望你知道，許多事我做得很痛苦，但也是為了臺灣的老百姓。**」

---

125 謝秩祿（盧世祥）在著作《李遠哲與臺灣首次政黨輪替》四五頁中提到，「施振榮其實也把這一構思向另一候選人宋楚瑜提過。施振榮強調，政黨輪替之後，宋楚瑜同樣需要一群人幫他安排政黨輪替過渡期的工作，有如美國在大選之後政權移交必有的交接團隊。但是，宋似乎覺得沒有必要，因為他出身中國國民黨，該足以掌握底下的人。」

李遠哲做好準備，挺身而出。三月五日，他在臺北國際會議中心發表公開演講「跨越斷層——掌握臺灣未來關鍵的五年」：

從美國回來臺灣服務這幾年，我看到了整個國家社會政治民主化與經濟自由化的珍貴過程。但是也有兩個大問題，我有很深的感受。一方面，我目睹派系和黑道橫行，社會上是非不清；另一方面，我眼見九二一大地震後，短短時間內，民間各界捐出了新臺幣二三〇億的愛心捐款。這不是任何國民所得一萬四千美元的社會都做得到的事；臺灣人不但有錢，拿得出來而且肯拿出來。可是，災後幾個月來，地方派系與黑道也在災區爭得很厲害。我們可以隨時看到臺灣「向上進」的力量，但也可以到處看到「向下退」的力量在同時對衡。

多年來，臺灣地方自治沒有落實，財政收支畫分不合理，造成地方政府有一種必須依賴中央、靠中央來切派的不正常心態。在災後的臺灣，我們一方面看到了很多愛心；另一方面不好的事也紛紛暴露出來，可說是「危機」與「轉機」互相拉扯。如果重建原則與機制不良，財務規畫仍和過去一樣不如理想，那麼，過去不好的事情，如抽頭、圍標、綁標、回扣就照樣會黑下去。

上述兩股力量的極化：一方面民間的善念社會力動起來了，但是舊的惡勢力也跟著動起來；新生與老化，理想與落伍的衝突加大。這樣的事情，在學校與社區的重建過程中，特別明顯。像日月潭被指定為國家風景區，如果真的要做到比瑞士更美，其實必須將日月潭、魚池、埔里等地區放在一起做整體規畫。可是現在卻是不同鄉鎮各自為政，那麼目標就不可能達成。

我回國六年來，從來沒有像過去這一年那樣，心中有如此強烈的迫切感；迫切地擔憂臺灣到底會「向上提升」抑或「向下沉淪」，這種上下緊繃拉扯的顯著狀況，在學術、政治和經濟都到處可見。

在學術的國際競爭上，這幾年臺灣能夠與國際互動，與海外學人大量回國服務有關，以中央研究院的自然科學方面為例，國外回來的人，就幫了大忙。可是，這些揚名國際後回國服務的人大多在六十歲上下，即將面臨退休，接下來，四、五十歲以下這一層的人，活躍在美國學界的少了，臺灣如果五年內再沒有進一步自己做好培養人才與改善研究環境的工作，將面臨「學術斷層」的危機。

再以實際的例子來說明，全世界基因序列研究正面臨新的突破，人類所有約十四萬個基因的序列在一、兩年內都會被找出解答，全球的科學家們將進一步了解每一個基因的功能、生命的祕密。由於最近幾年，國內學者努力帶動研究後，臺灣在生物科學領域有很好的成就，三、五年內，在基因功能的探討與研究還可以與世界一流的單位競爭。但若政府在這新的時機來到時不能大力支持進一步的尖端研究，優勢或機會亦將瞬間流逝，如此一來臺灣在未來的醫療衛生與製藥科技將難有遠景。

同樣地，在教育改革方面，行政院教育改革審議委員會已經結束三年了。當年，雖然有許多理想與共識，但隨後卻拿掉了《憲法》中保障教科文預算占總預算的一五％條款。而省政府預算中原有的地方教育補助款也不知去向，根據民間教育團體「振鐸學會」的估計，今年一年，全國教育預算就少了三百億，這是相當驚人的損失。

一個國家的學術機構必須要吸引並留住社會的菁英分子，博士與碩士級人才不但要有高水準，也必須自己培養，不能老靠外國，這樣的學術團隊才可能有長遠的承諾與使命感，可是臺灣現在的年輕學術菁英卻一再被高科技企業高薪吸引而流失。相對而言，政府在教育自己的學術人才上卻依舊投資不足，如果我們要辦好教育並趕上國際水準，至少從現在起，每年須投入比現有的教育經費更多出七、八百億。這個數字，在政府「延緩濟急」的考慮下，學術與教育的需求就被列爲「延緩」的項目。因此，「教育斷層」已迫在眼前。

或許有人認爲，我這樣的迫切感是否因爲年紀漸增，我想也許不盡然。我觀察到不只是學術教育上有這種面臨是否能在數年內提升的抉擇問題。其他國家發展也面臨了相似的狀況。

爲了應付可能的危機，許多人希望未來新的國家領導人，能聽取多元社會的聲音，進行進一步的改革，眞正讓老百姓做主人，做出一個好的國家發展藍圖。臺灣才不會落入「發展斷層」。

大家也希望新的國家領導人應能承接已有些成績的憲政改革，繼續整合不同意見者的聲音，使憲政改革能進一步符合國家發展的迫切需求。民間社會必須掌握這樣的契機，盡更大督促憲政改革的民間責任，進一步落實民主改革才有希望。

一種新的社會力，隨著網際網路科技的開展，代表新知識經濟的意見領袖和企業家的社會角色，也將被重新定位。過去臺灣的企業界是與政治決策機制疏離的，未來情況將很不一樣，特別是新的科技跨國公司興起，政府的角色在新經濟結構中將面臨挑戰而下降。這次總統選後，我希望企業家對於國家總體發展建立新共識方面有正面的影響力。就像今天的歐美一樣，企業界人士對政治與社會的未來發展都很積極關懷，形成社會的穩定基石。大多數的臺灣企業家應該都會同意這樣的發展方向。

推動科技與推動教育改革都需要龐大經費，令人憂慮的是，現在各種社會緊急需求已形成相互排擠的效果。九二一大地震後，救災當然需要錢，可是政府也只能舉債來籌款。如今，幸好民間還有錢，這是因爲企業發展帶來了龐大的社會資源。可是這些民間資金，卻可能也面臨著臺海兩岸關係不穩定的威脅，這就涉及兩岸政治的未來發展變數及其可能衝擊。可是，眼前的兩岸關係卻有著莫大的「政治和心理斷層」，橫阻在臺灣與中國大陸之間。

有些朋友建議我，在選舉後，應該多關心兩岸事務。我問過自己，不是我是否願意的問題，而是我能做什麼？我認爲最重要的是，找出最適當的切入點或角色來參與。這並不簡單，需要長期的努力，而非只靠理念和口號即可找到兩岸政治的出路。

國內大眾對兩岸關係衝擊臺灣前途的嚴重情形，警覺性可能還不夠。從最近中共發表對臺政策白皮書的後續情況來看，美國政界不但緊張，而且較傾向不樂觀和負面觀點。南斯拉夫戰爭時，美國誤炸了中共大使館，中共則認定，這是有敵意的動作，導致兩個國家之間的關係下降。對所謂「臺灣問題」，中共確實是想趕快解決，也暴露了它的急迫性，但美國不可能同意中共的武力解決，也不會坐視。因爲這也涉及美國身爲維護世界和平的警察立場。因此，中共與美國在全球戰略之間存在的問題其實是很敏感的。對美國而言，所謂的「臺灣問題」，如不能和平處理，將是國際共同關切的重大事件，不但影響亞洲安定，也會對全球穩定造成衝擊。

兩岸之間是長期的誤解與不信任所造成的緊張對抗關係。這種誤解與不信任，當然又與雙方面的國際情況有關聯。近年來，臺灣與大陸當然也有過朝好的方向走的機會，事實上，在政治民主化與經濟自由化的過程上，兩岸是有一些共同點，在臺灣與大陸過去幾年的交流中，也已經提供了一定的貢獻。但在這樣的經貿、社會和文化交流下，似乎沒有同時增加足夠的互信，今後我們必須改變交流的內涵和方法，而降低誤解則是最爲緊迫。

臺灣有相當多的人主張臺獨，或相信這樣的主張才能達到臺灣人當家做主的理想，臺灣人才不會再受到外來政權的欺負。有意思的是，中國大陸主張統一的人，他們所追求的目的，也是一樣，想要當家做主，不受外國人欺負。我們應該注意到這種兩岸「民心」的類似期望。如能從這樣的基礎來談，或許有可能找出答案。現在，我們的政府提出要求，大陸必須與臺灣一樣達到民主、均富的條件才要談，而大陸卻不願接受這種談判條件；同樣的，大陸堅持在「一個中國」和「一國兩制」的前提下才要談，臺灣當然也不接受。雙方面的僵持，徒增兩岸的誤解與不信任，甚至加深敵意，這樣的發展是不利的。大家應該注意，在還沒有取得互信之前就勉強進行談判，對雙方長遠發展未必有助益，目前任何「促談」的訴求，其實都缺乏理性的基礎。我們應該把共同點放在更長遠的目標。

如果大家都接受五十年後世界就是個地球村，那麼未來的「主權國家」的觀念，也將與現在完全不一樣。所謂「一個中國」的說法也將有完全不同的意義和內涵。同樣的，眼前的統獨爭議，再過五十年，也將不一樣。長期看，在一個地球村的架構下，兩岸之間的良性關係自應有所調整。統獨兩極論到時將沒有那麼大的差別，兩岸人民都可能達到各自當家做主不受欺負的目標。許多人可能會認爲我太樂觀了，不過我想強調的是，我們是否同意每個人都應有這樣心願與決心，是最重要的第一步。

臺灣許多企業家正在推動企業管理扁平化的改革，他們這種企業內部民主化的作爲，也獲得一些不錯的成效。如果臺灣企業改革的經驗能帶到大陸，當可向他們證明臺灣是有能力帶動中國往好的方向走的。這是否能促成大陸的政治轉型，有待觀察，但至少是兩岸民間企業，在國際市場競爭壓力下，在共同努力解決經濟的難題。這種局面，特別是臺灣高科技企業人士的大陸經驗，令人感到樂觀。他們的經驗可能與政治人物的感受不同，政治人物總以爲中國與臺灣的政治關係特殊，以爲經濟能改革，政治卻很難改變，我不相信兩岸之間注定只有這種改不了的惡運。如果我們能夠珍惜彼此慢慢累積的細微共識，臺灣就不會陷入泥淖，非成爲中共眼中美日所利用的反革基地不可；也不至於在他們心目中，臺灣變成了解決中國民族主義最後的尊嚴所繫，因此非併吞不可。

除了兩岸問題的威脅，世界性的生態環境問題也將衝擊臺灣。五年內，溫室效應將使全世界對二氧化碳排放量做出嚴格的限制，這將對臺灣的工業發展造成嚴重影響。臺灣過去與現在的能源使用，仍受到高耗能工業的拖累，這種不重視環境生態後果的工業政策，未來如果仍然持續，臺灣會因爲過多的二氧化碳排放與過多的汙染排放，使臺灣成爲「被懲罰的對象」，全世界各國將對臺灣採取抵制行動。目前，政府雖然也有一些推展永續發展的方案，可是投資與努力都還很不足，主要的原因是，臺灣半世紀「一切爲經濟」的發展模式所造成的汙染，早已超出海島生態環境能自淨的最大容許量和承載能力。如果未來還以增加高耗能的工業來持續擴大經濟規模，必將違背海島永續發展的願景。

無論在學術研究、教育改革、企業發展，或兩岸關係與環境保護，每個方向，臺灣都正走在往上提升或向下沉淪的抉擇點上。未來五年，臺灣要是沒趕上，就可能永遠沒機會了。

今年春節期間，我向幾位來家裡作客的朋友表示，我很憂慮，大眾被一時選戰的激情所迷惑，而忽略了更長遠的願景。我們應該勇於善盡知識分子的言責提醒社會，否則，一旦臺灣向下沉淪，未來我們一定會感到後悔，沒有站出來說該說的話。

今天我們說話了，就是關切臺灣未來的承諾，期待得到大家的回應，面對左右未來五年關鍵發展的所有「斷層」，臺灣人要一起努力跨越它們，而且共同建立美好的希望之橋。

這篇演講稿是近月以來，他和高志尙、高志明、蕭新煌和新聞工作者楊憲宏討論，擬定並修改而成，以他爲名發表，卻隱含一群知識分子在關鍵時刻向全國人民公開呼籲的訴求。

而他的演說鼓動了現場聽眾，講稿經過媒體刊登與轉載，引起許多迴響。演講會後，許多人來向李遠哲表達肯定之意。

三月五日演講會當天，陳水扁隨即回應，提出「清流共治，終結黑金」，並聯繫李遠哲，希望和他見面。不過，會面並未安排。李遠哲表示：「任何有理想的人，如果爲了改革想跟我談，我都很願意；但若那個人的身邊盡是些沒有理想、沒有改革意願的人，那我不會跟那個人談。」

但是，三月九日，決定性的事件發生了——臺中海線重量級黑道角頭、臺中縣議會議長顏清標爲宋楚瑜站臺。

李遠哲認爲宋楚瑜如果當選，絕不可能改革黑金。這時，他更認爲，影響臺灣長遠發展的主要問題不只有兩個：改革黑金、兩岸關係；還該增加第三個——「政黨輪替」，才眞正能深化民主政治。

選前八天（三月十日），李遠哲與陳水扁見面，肯定陳水扁願意積極改革，反黑金的立場；並依施振榮先前餐敘時的提議，建議陳水扁組成「國政顧問團」。李遠哲不僅加入國政顧問團，還提出規畫名單，讓陳水扁主動邀約。

三月十日當天，第一批國政顧問團的名單公布，包括：李遠哲、張榮發（長榮集團董事長，一九二七～二〇一六）、施振榮、殷琪（大陸工程董事長）、許文龍、陳必照（國家安全會議諮詢委員）、蕭新煌等七人；三月十三日，第二批國政顧問團名單出爐：經濟學家林鐘雄（一九三八～二〇〇六）、高志明、林信義（中華汽車副董事長）、張俊彥（交通大學校長）、曾志朗（陽明大學校長）、鄭國順（中正大學校長）、邱坤良（國立藝術學院校長）、陳其南（交大人文社會科學院院長）、林懷民（雲門舞集創辦人）。

在關鍵時刻挺身而出，李遠哲爲了不給中研院造成困擾，也選擇辭去院長一職。三月十三日，他寫信給中研院全體同仁，公布這篇「爲實現我們共同的夢想努力」的聲明。文中提到：

「正因爲許多人同意我『跨越斷層——掌握臺灣未來關鍵的五年』的觀點，讓我覺得是時候了，我應當更進一步走入民間、走進社會，爲臺灣的永續發展與美好的未來，更加用心和努力。

而最迫切的是，希望能夠爲緩和兩岸關係的緊張和營造內政改革的理性環境，創造更好的條件，使臺灣能夠成爲一個眞正有尊嚴和幸福的社會。

這是我一生很重大的決定。我願意把我的心力貢獻給臺灣這塊土地，與大家一起爲實現臺灣人的夢想而努力。」

他提起毛筆，親手寫了辭職信，請人於三月十四日送到總統府給李總統。三月十三日晚上召開的記者會，他親自出席，並強調：「本人一向主張，未來的國家領導人必須徹底解決黑金問題，推動改革，國家才能跨越斷層危機，教育、科技與學術的發展才會有希望。本人非常肯定陳水扁先生長期以來在反黑金與推動改革方面的努力與擔當……」

連續幾天，他接受《中國時報》《CNN》《NHK》《聯合報》《TVBS》，以及各種媒體採訪時，都表達了相同的立場。他也說：「至於我為什麼選擇民進黨？因為民進黨勝選機率不小，如果因為民進黨對大陸的了解不夠用心，而導致兩岸的戰爭，這是很令人遺憾的事。萬一有什麼狀況，我若能幫忙而不幫忙，事後追悔莫及，我會很後悔，很遺憾。[126]」

選戰後期選情緊繃，各陣營搶攻選票。但是，選前三天，中國總理朱鎔基卻措詞強硬地表示：「臺灣的選舉是地方性選舉，是臺灣人民自己的事情，我們不想干預。但是我們必須講清楚，不管誰上臺，絕對不能搞臺灣獨立，任何形式的臺灣獨立都不能允許，這是我們的底線，也是代表十二億五千萬中國人民的心聲。我們解決臺灣問題的一貫方針是『和平統一、一國兩制』，但是我們絕不承諾放棄使用武力。誰贊成『一個中國』的原則，我們就支持誰，我們就跟他談，什麼問題都可以談，可以讓步，讓步給中國人嘛。誰要是搞臺灣獨立，你就沒有好下場。因為，你不得人心，你違背了海峽兩岸中國人的人心，你也違背了全世界華裔、華僑的人心。」

透過電視螢光幕放送，朱鎔基威脅性的表情與口吻激化了選民的統獨情緒。對於支持臺灣優先、獨立自主的綠營選民來說，臺灣人非得當家作主，非得投陳水扁不可。而對於支持統一的藍營來說，

126 《中國時報》獨家專訪，「李遠哲：處理得宜，兩岸可爭數十年和平」，二〇〇〇年三月十四日。

卻也無比振奮，認爲朱鎔基不啻在提醒選民應該放棄獨立。微妙的氣氛中，選戰期間流傳的「棄連保宋」「棄宋保連」或「棄連保陳」等耳語迅速激化，讓選票流到最有贏面的候選人身上。

大選前一天晚上，民進黨在中山足球場舉辦造勢晚會，選民湧入現場，期待李遠哲現身。不過，李遠哲並未如陳水扁陣營期待的公開站臺，而是以錄影方式播出談話。選戰就在激情中落幕。

三月十八日就是投票日了，到底臺灣人民會選擇由誰來帶領國家？

當晚大選結果揭曉，陳水扁與呂秀蓮以四九七萬七六九七票，得票率三九．三％勝出；比起無黨籍的宋楚瑜及張昭雄（四六六萬四九七二票，三六．八四％），只多了三十一萬張票，得票率只多了二．五％，可見競爭之激烈；連戰與蕭萬長的票數居第三（二九二萬五五一三票，得票率二三．一％），另外兩組候選人的得票率皆未達一％。

執政長達五十五年的國民黨，第一次敗選，輸掉了總統大位。臺灣首次政黨輪替。

這個結果，讓藍營支持者無法接受。李總統在連戰的逼迫下，辭去國民黨主席之職，爲敗選負責。而中國國臺辦前一天掌握的情報，以爲連戰會贏得大選。

到底誰是臺灣首次政黨輪替的關鍵性因素？

選後，新聞媒體端出各種分析，從李總統本人的態度、朱鎔基的語言威脅、棄保效應，到李遠哲與國政顧問團挺身而出的清流改革形象，都是可能的因素。

觀察此次選情的美國學者傑瑞米．史東（Jerenmy Stone）指出，李遠哲是這次大選的關鍵因素，並指出，選前報界已經預言此一公開支持，足以增加幾個百分點的得票率[127]。而陳水扁陣營更直指，李遠哲是勝出關鍵。

不過，中研院社會學研究所所長瞿海源卻提出不同的看法，認為選情相當複雜，選後難以確知是否真是出於李遠哲效應。

無論如何，這一回，中共並未於選舉期間真正動武，戰爭並未發生，解除了李遠哲在年初時的憂慮。選後，李遠哲夫婦按照原定計畫飛美國，長榮集團董事長張榮發派了兩位保鑣坐在他們夫婦的座位附近，保護安全。他到美國加州僑界演講，觀察到科技業對大選結果的反應相當正面。

三月二十四日，李遠哲與陳水扁在選後第一次見面。儘管陳水扁不斷勸進他組閣，他卻持保留態度。但是為求政局穩定，兩人約定，李遠哲給十天時間讓陳水扁尋覓閣揆人選，這段期間當外界詢問他是否出任閣揆，他將不直接否認。兩人還討論了國政顧問團的工作與角色。

選後，直到五月二十日新總統就職前，還有將近一個月的真空期。為求政權和平過渡，李總統指派軍方宣示會接受新總統的領導。

對民眾來說，國政顧問團也發揮了穩定民心的效果。三月二十六日，國政顧問團召開第一次會議。李遠哲在會中表示，國政顧問團工作有三項：一，在新總統執政後幫忙處理國政；二，幫忙新政

127 《李遠哲與臺灣首次政黨輪替》，謝秩祿（盧世祥）著，玉山社出版，頁一一八。

府尋找人才，在原則方向上提供意見；三，政權交接後對新政府提供協助。而陳水扁也在會中感謝成員，並期待可以有第三波、第四波、第五波國政顧問團成員來協助新政府。會中也討論了閣揆人選，有人提議由李遠哲組閣，也有人反對。陳水扁沒有排除李遠哲這個選項，只是請眾人思考另一位人選：唐飛。與會者也各自提出意見。幾天後，國政顧問團發言人殷琪公開表示：第一次會議中確立了閣揆人選的三個條件：落實「全民政府，清流共治」的理念，不必有黨派成見與偏見，一起穩定國家政局。

三月二十九日，陳水扁接受當選證書。國政顧問團也舉行第二次會議，陳水扁公開閣揆人選為唐飛，並宣布將敦請李遠哲留任中研院院長，並將聘他為總統府資政，擔任即將成立的「跨黨派小組」召集人。

選前，李遠哲寫信向李總統辭職，就沒有再進到中研院。他毫無所悉的是，李總統不但沒有接受他的辭呈，還請專人將辭呈送回中研院。在中研院同仁的期待下，李遠哲仍繼續領導中研院。

內閣人事逐漸成形，國政顧問團成員對於先後傳出的閣員人選不無意見，但是李遠哲認為，閣揆既已確定，自己就不再參與。

另一方面他也在思考，國政顧問團是否該畫下句點。

選前，自從公布第一批國政顧問團名單，就紛紛傳出成員被查稅，影響原本有意出面的企業人士意願。李遠哲也被中研院的政風單位調查，「最後他們只查出來，我曾自掏腰包送兩輛車給中研院。」選後，陳水扁曾期許邀請更多成員加入顧問團，看來是不可能，也沒有必要了。四月十三日，國政顧問團第三次會議後，李遠哲宣布：「國政顧問團階段性任務已經完成，今天起宣布解散！」

從成立到解散，一個多月間，國政顧問團對選前及選後穩定政局扮演著極爲重要的角色。

「阿扁可解黑金，我幫忙兩岸關係」，這是李遠哲在選前思考自己能幫助國家的角色定位。在國政顧問團解散前，李遠哲著手爲新政府的中國政策跨刀，積極籌組「跨黨派小組」，從朝野各黨派及社會各界尋找合適人選。七月四日，他發表致社會各界公開信，表明自己願意承擔這個任務，「無非是爲了兩岸的和平，與所有人民的福祉。」

跨黨派小組是總統府設立的諮詢單位，主旨是「凝聚全民共識，促進族群和諧，維護臺海和平及發展兩岸關係。」儘管國民黨和宋楚瑜在選後成立的親民黨都不願派人參加，予以抵制。但仍邀集來自民間，超越黨派，甚具有代表性的二十三位成員，並於二〇〇八年八月十四日成立。

成員包括：沈君山、蕭新煌、林子儀（臺大法律系教授）、陳添枝（臺大經濟系教授）、明居正（臺大政治系教授）、黃昭元（臺大法律系教授）等學術界人士；黃崑虎（本土派大老）、曹興誠、林明成（華南金控董事長）、吳東昇（台証證券董事長）等企業界人士；吳豐山（公共電視董事長）、范光群（律師）、曾貴海（醫師，臺灣南社創辦人）、梁丹丰（畫家）、白光勝（臺東布農部落牧師）等社會公正人士；朱惠良（新黨）、沈富雄（民進黨）、林濁水（民進黨）、洪冬桂（國民黨）、趙永清（國民黨）、蔡同榮（民進黨，一九三五～二〇一四）、顏建發（民進黨）等政黨關係人士。

從九月二日舉行第一次會議到十一月下旬，這群立場與光譜各異的成員，經過七次會議，異中求同，達成了「三個認知，四個建議」的共識。

跨黨派小組認為，三個認知是：

一，兩岸現狀是歷史推展演變的結果；二，中華民國與中華人民共和國互不隸屬、互不代表。中華民國已經建立民主體制，改變現狀必須經由民主程序取得人民同意；三，人民是國家的主體，國家的目的在保障人民的安全與福祉；兩岸地緣近便，語文近同，兩岸人民應可享有長遠共同的利益。

四個建議則是基於以上三個認知，跨黨派小組建議總統：

一，依據《中華民國憲法》增進兩岸關係，處理兩岸爭議及回應對岸「一個中國」的主張；二，建立新機制或調整現有機制，以持續整合國內各政黨及社會各方對國家發展與兩岸關係之意見；三，呼籲中華人民共和國政府尊重中華民國國際尊嚴與生存空間，放棄武力威脅，共商和平協議，以爭取臺灣人民信心，從而創造兩岸雙贏；四，昭告世界，中華民國政府與人民堅持和平、民主、繁榮的信念，貢獻國際社會並基於同一信念，以最大誠意與耐心建構兩岸新關係。

美國在臺協會理事主席卜睿哲（Richard Bush）對李遠哲說，跨黨派小組經過七次會議努力，得到「三個認知，四個建議」，對兩岸應該有很大的幫助。卜睿哲從美國的觀點認為，跨黨派小組的建議很了不起，極富貢獻。

只是，中共似乎早就定調，在陳水扁的五二〇就職演說後，就以「聽其言，觀其行」予以回應，並要求陳水扁接受「一個中國」政策。儘管李遠哲與跨黨派小組致力於達成共識，提出「三個認知，四個建議」，起初國臺辦主任助理、發言人張銘清卻批評它是「不三不四，不倫不類，完全是廢話和空話，完全是文字遊戲。」

李遠哲很失望，不能理解北京為何不深入了解其意義。陳水扁也對他說：「我早就跟你說過，大陸不信任我們，你還如此拚勢，顯然徒勞。」並對「三個認知，四個建議」不再認眞看待。

李遠哲想起，殷琪曾經問他：「李院長，你眞的了解阿扁嗎？」他說，自己確實不是很了解，只是覺得幾組候選人中，陳水扁比較有改革黑金，促進民主政治的決心。

不久之後，有些中國學者間接向李遠哲傳話，提醒他，中國政府本身並未批評「三個認知，四個建議」，並說，「不三不四」只是張銘清隨興談話，並非中國官方意見。

「早期我訪問大陸，和他們的領導人見面，他們說，因為國民黨是執政黨，所以不跟民進黨談。我以為政黨輪替了，他們會跟民進黨談，我沒想到，他們的政黨沒有眞正想為人們謀福利，所以我相當失望。」李遠哲感慨。

綜觀這一整年，李遠哲的挺身而出，在臺灣首次政黨輪替上，有著一定程度的影響。「但是，如果國民黨沒有分裂，政黨輪替可能也不會這麼早到來。」

從來就是肩負起挑戰的他，在關鍵時刻做出關鍵抉擇，歷經這艱難的一役，他已逐漸感受到政治利益大於人情義理與人民福祉的現實。形勢逆轉，國共再度合作，李遠哲竟成了中共與藍營的共同敵人。

儘管有人笑他太過理想主義、太過天眞，卻使人不禁聯想起陳嘉庚，這位一路幫助孫文革命、蔣介石北伐，看見國民黨腐敗而轉投共產黨，最後在中共文革時發現唯有教育是國家與人民前途之所寄的教育家。「前半生興學，後半生疏難」，從一次次的選擇中覺醒，雖寫下代價高昂、可歌可泣的革命故事，卻不啻爲理想主義的範型。

「如果不去做，就期待事情會變好，這是不可能的事。」李遠哲仍深信。

未來，他將遭遇什麼？是否也像陳嘉庚一樣，付出高昂的代價？

1 以維護臺海和平、發展人民福祉為理念的跨黨派小組備受各界矚目。照片中為李遠哲召開跨黨派小組記者會。

2 在李遠哲號召下成立的跨黨派小組，集結超越黨派、具代表性共二十三位民間各界人士，於二〇〇〇年八月十四日正式成立。經七次會議，異中求同，達成「三個認知，四個建議」的共識。

第十三章

躍登《科學》雜誌，國際學術版圖上的中研院

年輕女孩們停下腳步，睜大眼睛，驚喜尖叫，接著拿出筆和筆記本要求簽名。她們的偶像不是音樂家，也不是電影明星。他是一位六十三歲的化學家，雙肩微垂，是臺灣唯一的諾貝爾獎得主。他的好友兼登山友伴、任教於美國喬治亞大學的化學家薛佛（Henry Shaefer）回憶，一九九六年間，甚至攀登臺灣崎嶇的中部高山時，「我們遇到的每一個人都認識李遠哲」，那些年輕女孩給予他的是「李奧納多的待遇」。

……在他的領導下，中央研究院在科學圈所獲得的認同，就像在登山時獲得的支持一樣。「我不知道還有哪一所研究機構的科學聲望，能夠在這麼短的時間內攀升得這麼高。」薛佛說。他指的是，中央研究院在國際期刊上經同行審查通過發表的論文，十年之內從兩百篇增加到一千兩百二十篇，躍升了六倍。約翰·霍普金斯大學的分子生物學家黃秉乾也指出，「中央研究院毫無疑問是個令人矚目的主力。」

這是頂尖的《科學》（*Science*）雜誌[128]於二〇〇〇年五月十九日刊登的評論。稱許李遠哲參與

九二一重建與社會改革，譽爲「臺灣的良心」；這篇評論更將中研院近年躍升的學術成果，歸功於他自一九九四年起返臺領導改革。

李遠哲做了什麼，讓中研院這個老字號學術機構，七十二年來首次成爲耀眼的新星，登上國際科學舞臺？

評論指出，在人才上，李遠哲延攬許多國際級學者到臺灣服務，其中不少人和臺灣毫無淵源，但他誠懇坦率的態度和奉獻社會的作爲，贏得了他們的信任；在學術表現上，他引進嚴格、嚴謹的評鑑標準，須由國際同行學者審查檢討各計畫與研究所的表現；在經費上，過去六年來，李遠哲爲中研院爭取的經費從七千五百萬美元成長到一億五千萬美元。

文中也指出一些中研院尚須解決的問題：例如，應更積極鼓勵成績優秀的研究人員。就此，李遠哲爭取將「特聘研究員」制度適用於本國研究者，不再僅適用於延攬國際級學者；並積極爭取設立國際研究生院，吸引各國學生成爲院內的人才庫。

《科學》雜誌也刊出另一篇專文，舉兩個研究所爲例，說明中研院的成就。

其一是分生所，專文盛讚多個團隊所做的研究，「不輸給美國、歐洲和日本第一流的實驗

---

128 美國科學促進會（American Association for the Advancement of Science, AAAS）是全世界最大的非營利科學組織，主辦並出版《科學》雜誌。編輯部設於美國華盛頓特區及英國劍橋，刊登具原創性的科學論文、評論與分析。文章須經過科學同行評審通過才能刊登，審稿極為嚴謹。本文摘錄自*Science*, Vol. 288（19 May 2000）:1164-1166。中譯：中研院歐美所研究員李有成。

室」；其二是天文及天文物理研究所籌備處，它們第一個重大成就[129]是參與哈佛大學的史密松天文臺（Smithsonian Astrophysical Observatory, SAO），在夏威夷架設次毫米波陣列（Sub-Millimeter Array, SMA）是聰明的投資，更大幅擴展這陣列的科學性能。成立僅十年的籌備處，在這個陣列尚未落成啓用前，三十五位研究人員及博士後和助理人員毫不懈怠，借用其他天文臺做研究，已在國際期刊上發表逾一五〇篇論文；籌備處的科學家一旦開始使用這陣列，將端出令人振奮的成果。

六年前，李遠哲決定回臺灣接掌中研院時，美國的同事曾質疑：「臺灣的研究環境跟美國差太遠了！」但是他說：「我要證明的是，在臺灣也可以做出很好的研究。」如今，《科學》雜誌的評論與專文，確實肯定了他與中研院同仁這六年來的努力成果。

李遠哲讀到《科學》雜誌所說的次毫米波陣列，回憶湧上心頭。一九九三年，吳前院長尚在任時，天文及天文物理研究所籌備處成立，由柏克萊加州大學天文系講座教授徐遐生[130]出任設所諮詢委員會主任委員。

當李遠哲確定接掌中研院院長時，徐遐生來拜訪他，說明籌備處面臨的棘手問題。這才知道，籌備處規畫與哈佛大學合作研究，在美國夏威夷建立次毫米波陣列，預計經費八千萬新臺幣，國科會承諾將撥予經費，卻又撤回承諾。眼看計畫即將胎死腹中，徐遐生拜託他幫忙推動，一方面是難得能與哈佛大學合作，提升研究實力，培育人才；另一方面要藉此提升臺灣天文望遠鏡的研發實力。

李遠哲認爲，中研院資源不足，做研究必須「重點與擇優」，「天文所籌備處的策略非常聰明，原本哈佛大學只規畫六座天線，籌備處只投資兩座天線，就能參與合作研究，還能把八座天線的功能發揮到近兩倍！[131]」儘管在夏威夷建造這陣列要耗時六年，卻將成爲世界第一組在次毫米波的波長範圍內操作的電波干涉陣列，能穿越星際間的氣體與星塵，一窺星球與星系的形成。他相信籌備處有實力完成和哈佛大學的這項合作計畫。

他上任後，向負責科技的行政院政務委員夏漢民積極爭取，挽回了這筆國科會的預算，籌備處才能繼續投入這項研究。這座陣列於二〇〇二年完工啓用，成爲天文所籌備處與哈佛大學的重要研究工具，也達成提升研發實力，培養人才的目標[132]。

儘管《科學》雜誌讚譽，中研院的進展還不足以使李遠哲停下腳步，改革仍是進行式。

---

129 專文也指出，籌備處還在國內架設以三臺全自動光學望遠鏡組成的陣列，計算古柏帶中較小的天體；這將有助於了解形成太陽系的原始物質，以及彗星碰撞對地球的威脅等。

130 曾任中研院天文及天文物理研究所特聘研究員、清華大學校長、美國天文學會會長。曾任教柏克萊加大、美國紐約大學石溪分校等。美國國家科學院院士。中研院院士。

131 哈佛大學建立此座天文臺，採用干擾法（Interferometry），原規畫六座天線，功能是6x(6-1)=30，但中研院天文所籌備處增加投資兩座，成為8x(8-1)=56，能力增加近兩倍。

132 興建這兩座望遠鏡牽涉組成材料、精密金工、結構分析、超導偵測器、微波工程、低溫物理、電子控制及最關鍵的系統整合，在史密松天文物理臺的協助下，中研院天文所籌備處、中山科學院航空研究所、中國造船公司、耐特股份有限公司，以及臺大、清大研究團隊共同完成，厚實了我國研發實力、培養人才的目標。

放眼未來，中研院的研究能走在國際前端嗎？

二十一世紀之交，人類基因圖譜發表，相關的科學研究席捲全球。未來，能爲人類創造福祉的科學探索，就在基因體相關研究。爲此，李遠哲預訂班機親往美國，要先爲中研院洽談實驗動物的技術移轉事宜，再遊說幾位傑出學者回中研院領導研究工作。

行前，卻被立法院要求前往備詢。

中央政府首次政黨輪替，但是在立法院，過半數立委是藍營的反對黨，甫從執政黨轉在野的國民黨立委們對李遠哲磨刀霍霍。

政黨輪替前，朝野立委們對他推崇有加，但自從他在總統大選支持民進黨之後，藍營立委對他的態度與評價已是天壤之別，在「不是朋友，就是敵人」的思維之下，企圖削弱他的正面影響力。他備詢時受在野黨立委的人身攻擊與羞辱，相較於當年回臺首次備詢時的禮遇，已不可同日而語。

等到李遠哲耐心答詢完，一位立委要求：「明天，請你把一些資料送來立法院。」

「請副院長送可以嗎？」李遠哲問。

「可以。」這位立委說。

結束質詢當天，李遠哲按既定行程前往美國。但是隔天在立法院內，在野黨立委們卻怒斥：「李遠哲沒有親自來送資料，是藐視國會，要凍結中研院的預算。」

專注布局中研院下一階段的學術研究實力，在美國出差的李遠哲，對立法院的風波毫無所悉。

李遠哲抵達美國加州聖地牙哥市，前往以生物醫學研究聞名於世的斯克里普斯研究所（The Scripps Research Institute），和沃爾夫化學獎得主彼得．舒爾茲（Peter Schulz）教授會面，討論實驗動物（以老鼠爲主）進行實驗的相關議題。

「研究人員將實驗試劑注入老鼠體內，老鼠突變後會出現各種各樣的疾病，加以篩選後，探究疾病跟遺傳基因的關係，日後進一步發展出治療的藥物及相關的研究主題。」李遠哲代表中研院的相關研究所洽談，「希望引進突變老鼠的技術。」

與舒爾茲教授談完之後，進入此行的另一項重點：延攬國際級醫師科學家——杜克大學（Duke University）教授陳垣崇[133]。

陳垣崇爲了治療杜克大學醫學中心的兩位罕見疾病龐貝氏症兒童，積極投入研究，在臺灣企業的資金挹注下，研發出治療藥物（Myozyme），引起各國龐貝氏症家屬熱烈關切，視其爲救星。

李遠哲判斷，陳垣崇具有熱血濟世的胸懷，即使是罕見疾病的藥物也投入許多心力研究，或許會願意回國服務。

陳垣崇爲了與李遠哲會面，特別從北卡羅萊納（North Carolina）的杜克大學飛來聖地牙哥市。

---

133 中研院生醫所特聘研究員。第三世界科學院院士。中研院院士。父為臺大醫院小兒科權威陳烱霖醫師。成功研發多項藥物，最知名者是治療龐貝氏症藥物，藥物上市後成功挽救世界上數百名罹患此一罕見疾病的孩童，使家庭免於破碎。此故事後來改編成電影《愛的代價》（Extraordinary Measures），由好萊塢巨星哈里遜．福特主演。

兩人談得很投契，陳垣崇肯定表示將於二〇〇一年回國接任中研院生物醫學研究所所長。

會面時，還有兩位學者在場，其一是傑出的幹細胞研究學者游正博[134]。

一九七七年起，游正博就在斯克里普斯研究所工作，在幹細胞研究學有專精，而且其幹細胞研究也是走在世界前端的科學領域。

李遠哲也遊說游正博：「你也考慮回來吧！」

他同時勸說另一位任職於斯克里普斯研究所，專研醣蛋白的優秀研究學者翁啓惠[135]，先回中研院化學所服務，由於醣蛋白化學富創意與潛力，可以在臺灣繼續進行研究工作。

一群人談得熱絡，在街上走著尋找餐館用餐。一輛汽車剎然停駐，車內傳來熱情的喊叫聲：「遠哲！你來聖地牙哥，怎麼不先跟我說？」

聲音很熟悉，李遠哲向車內探看，是他指導過的博士生，任教於聖地牙哥加州大學的羅伯·康堤南堤[136]。

「眞抱歉，我這次是因要務而出公差。下次再來看你啊。」李遠哲看著康堤南堤失望的表情，只能這麼說。畢竟這位學生當年跟著他做了近七年研究，非常欣賞他的風範。

「這趟眞是大豐收！」搭上返臺班機之際，他爲談妥技術授權，以及確認陳垣崇將回臺服務，中研究生醫所和國內生物醫學均將獲益甚大而感動不已。

然而，一回到臺灣，李遠哲卻得知立法院已然凍結了中研院預算。

「這表示，一月一日開始，大家都領不到薪水，十分嚴重。」他決定去拜會立法院長王金平。「本來就說好，資料由副院長送過去就好了，為什麼不是我親自去，就說是藐視國會呢？」他向王金平詳細說明事件的來龍去脈。

會面結束之際，他說：「我要召開一個記者會，把事件經過讓社會大眾知道。」

王金平連忙說：「不要不要，萬萬不要做這個事，我來負責解決。」

後來，中研院還是發了薪水。

李遠哲認為：「王院長叫我不要開記者招待會，因為那對立法院還是會有負面的影響。」

赴美延攬人才之行開花結果。二〇〇一年，陳垣崇回臺接任中研院生醫所所長；翁啓惠也回到化學研究所擔任特聘研究員；二〇〇二年，游正博由副院長陳長謙延攬回院，擔任動物所所長。

這三位與人類基因體有關的傑出學者，將國際級研究經驗與技術帶回臺灣，率領並培養研究人員投入新研究主題的探索，一段時日後，隨著分生所、生醫所的快速成長，讓中研院與臺灣站上基因體

134 林口長庚紀念醫院幹細胞與轉譯癌症研究所所長，中研院細胞與個體生物學研究所客座講座。

135 國際醣蛋白研究權威。曾任中研院院長、基因體研究中心主任。沃爾夫化學獎得主。美國國家科學院院士。中研院院士。

136 Robert Continetti，曾任聖地牙哥加州大學化學與生化系主任。柏克萊加大化學博士。

研究的國際版圖。

李遠哲延攬人才時，往往不僅只思考中研院，而是著眼提升全國整體學術水準。例如，他曾擔任過清華大學校長遴選委員會召集人，眼見一位加拿大籍的候選人，不願為了赴任清大校長而放棄雙重國籍，因而決定不回國服務。他深知，為了延攬優秀又少有的國際級人才，《國籍法》相關規定有必要修改。於是他向中央政府力陳，促成二〇〇〇年年初《國籍法》第二十條修法，放寬大學校長、研究機構首長等可由雙重國籍者出任。

就在清大為了二〇〇二年即將出缺的校長一職舉辦遴選時，李遠哲被賦予重任，親自前往美國遊說國際級天文學者徐遐生回國競選清大校長。

「清大校長？這不在我的生涯規畫裡。」徐遐生說。

清大研究所畢業的李遠哲勸說：「你的父親徐賢修曾經為清大奠定了很好的基礎，他如果知道你也能帶領清大，承繼他的努力，應會很感動的……」

李遠哲親自帶徐遐生到新竹參觀清大，擔心清大校長宿舍可能不符美國學人期待，事先特別取得工研院同意，出借湖邊環境清幽的獨棟宿舍，供日後徐遐生擔任校長時入住。

徐遐生被李遠哲的誠意感動，同意擔任清大校長；二〇〇二年返臺就任，但最後仍住進清大宿舍，並拆除破舊的校長宿舍，改建為教師宿舍大樓，解決清大缺乏教師宿舍的問題，無私之舉，深受敬重。而冥冥之中，《國籍法》第二十條的修訂，彷彿成全了徐氏父子先後出掌清大的美談。

「他很善良、厚道、誠實、誠懇，跟他相處很容易，不需揣摩他的想法。而且，他很有耐性。」常與李遠哲緊密互動的中研院祕書組主任李有成觀察。

李遠哲認為，好人才與資源不全為我所用。在美國時如此，在為國家延攬人才如此，連院內的研究規畫也是如此。例如，中研院以許多主題研究來促進跨所研究，也鼓勵跨校合作研究。

「預算和經費雖由中研院向國家申請，但是我們也歡迎各大學的教授來和院內的研究人員一起合作研究，經費由中研院撥給。」中研院學術諮詢總會執行祕書吳金洌說，中研院也歡迎院外學者申請進行短期研究或訪問研究，由院內提供空間和設備。

「中研院的研究資源就是國家的資源，中研院能使用，也該與更多人共享。」李遠哲說。

＊　＊　＊

假日穿過中研院新大門，再往裡走，悠悠然出現一塊清幽的濕地，復育的是南港的原生種水生植物。濕地昆蟲在水中彈跳，小白鷺於其間啄食，研究員正在訓練志工如何解說和棲地維護。

由於李遠哲倡議並成立的「中央研究院環境美化規畫委員會」通過決議，將院區內的一塊實驗田保留，不挪為建築用地，而是復育為生態池，並由院方撥款施作。二〇〇〇年，生態池落成，植物所研究員陳宗憲、動物所研究員謝蕙蓮等委員向社區招募志工，逐漸培養出一批生力軍。儘管受限於院內會計制度，棲地維護與保育工作無法常態編列預算，他們仍熱心呵護生態池。很快的，四季的臺灣田野常見，卻已在此久違的白鷺鷥、紅冠水雞都回來了，也不時有鳥友架起相機拍照。

「如果不是李院長支持，向植物所所長要這塊實驗田，中研院不會有這座復育了濕地生態系的生態池，成爲全國研究機構的示範，告訴人們，什麼是濕地復育，何謂生態多樣性。」謝蕙蓮說。

「人與大自然是利益共生的。人類活在生態系裡，卻常常忘記生態系帶給我們的價値，也沒有想到保護生態；當人類用一塊地蓋房子覺得理所當然，卻沒有想過要還給大自然另一塊地，把生態復育回去。我們這些人在李院長的大力支持下，一步步推動生態復育，中研院同仁們好像也認爲有進展。他所推動的院區環境關懷和照顧，是一股很大的力量。」她強調。

生態池是以鳥類爲主角而設置，讓鳥類在中研院有一塊棲地。從更寬廣的眼光來看，與中研院的後山以及緊鄰的二〇二兵工廠的生態保育林，可望連成一氣，成爲生態綠色廊道。

早在吳故院長任內，就爲了中研院的長遠發展而有向二〇二兵工廠擴增院區之議。一九九四年，李前總統曾允諾移撥廠區一小部分給中研院，李遠哲也曾帶同仁參觀數次。政黨輪替後，政府才決定將火工區內的一小部分撥給中研院。

二〇〇〇年八月，李遠哲再度進入火工區參觀。隨行者還有植物所研究員陳宗憲、動物所研究員陳章波等自然生態專家。

火工區幾乎都是山坡地，軍方只使用了較爲平坦的地方。一行人經過一座約一公頃的埤塘，看見茂盛的水生植物、小白鷺、黃小鷺等，彷彿回到兒時的鄉村水埤，李遠哲讚嘆：「這麼好的自然生態！應該好好保育！」

火工區東邊緊鄰中研院，他們看見一片約〇．七公頃的小水潭、一部分廠房和占地逾十六公頃的樹林，是被砍伐後自然生長的次生林。在地人說，這片區域在百年前是「古三重埔埤」所在地。對照《臺灣堡圖》才明白，小水潭和方才所見的一公頃埤塘，都是古三重埔埤的遺跡，占古三重埔埤面積的五分之一；另外五分之四，就是腳下的廠房土地，數十年來已被軍方填平了。陳宗憲注意到軍方挖掘出一公尺高的土方，就堆在小水潭邊正待填入。

參觀過後，李遠哲建議這片區域「該只用少數的平地就好，山坡地和濕地由中央研究院代管，保護生態[137]。」

二〇〇一年九月十七日，納莉颱風帶來驚人雨量，市區排水功能失效，基隆河水位暴漲，基隆河堤左岸三號水門並未關閉，大水淹進臺北市，捷運板南線成了大型滯洪池，沿河地帶的民家淹到一層樓高。南港位於臺北市低窪地帶，坐落在南港的中研院又有四分溪流經，一夕之間成了受災戶。

---

137 李遠哲卸任院長之後，中央政府將二〇二兵工廠火工區內二五．四四公頃的土地撥給中研院國家生技園區，一公頃埤塘不在此區內。在開發計畫中，以中研院累積多年的生態復育專業經驗，劃設一四．三三公頃的原有次生林為生態保留區，保留四公頃人工濕地復育區，剩餘之七．一一公頃才作為研究專區、公共開放空間及建築之用，通過環境影響評估。

暴雨中，院區停電，基隆河水回堵上游四分溪，大水直接衝入緊鄰四分溪的地科所、生化所、資訊科學研究所、化學所、歐美所、經濟所及中國文哲研究所籌備處等七個研究所的地下室；部分實驗室的硬體設備泡水故障，停電則造成生物活體損毀，損失逾兩億元。

災後，研究人員們穿著短褲拖鞋齊心搶救清掃，進入四分溪淨溪，合作將這座學者的社區復原，並紛紛討論如何防範這種百年難見的颱風豪雨、建立緊急應變機制等相關措施，也有研究員投書《中央研究院週報》集思廣義。

風雨中，儘管水量還是太大，啓用不久的生態池仍扮演起滯洪池的角色。颱風過後，濕地動植物的欣欣向榮，向人類示範了何謂復原力。

災後，臺北市府將二〇二兵工廠火工區東邊小水潭挖成一座工整的滯洪池，先前經軍方不斷填土，復由北市府人工修築，使得這座古三重埔埤僅存的少數遺跡，也就更失去原貌了。臺北市府也規畫將四分溪兩側堤防加高到兩公尺，引起中研院內人員反對。李遠哲表示，院區常有外賓，四分溪流經頻繁舉辦國際會議的學術活動中心正前方，不利於院區整體環境。

馬英九市長公開表示，如果未來臺北市淹水，李遠哲要負責[138]。

中研院不願市府將學術活動中心前方的四分溪加高堤防，更重要的原因是，中研院區地處低窪，如果院內淹水，要到一定的高度，水才可能淹到臺北市。而且，院區的地勢外高內低，從大門口向院區最裡面的四分溪緩緩傾斜。是以，大水進入院區時，水總是流向四分溪。

於是，李遠哲及關心防災的同仁們決定實踐一個重要觀念：必要時，整座院區將成爲滯洪池。

「院內大樓的地下入口都設閘門；院區與鄰居社區間，在需要的地方抬高土地。大水再來，水進不去各大樓地下室，會往四分溪流去。若四分溪排水不及，水回淹院區，整座院區就能當作大型滯洪池，雖可能變成汪洋一片，卻不致影響鄰近社區居民。」李遠哲強調。

納莉風災後，立法院正在審查中研院的根本大法——《中央研究院組織法》。

上一回修法是一九九一年吳故院長任內，十年後的二〇〇一年，中研院終於有機會將《中央研究院組織法》修訂草案送進立法院。這是李遠哲上任後積極推動的工作，歷經近八年，由多任副院長經手，慎重與各所開會討論，匯集共識而成的版本。

不料，立法院也有幾位立委各自提出修法版本。「中研院花這麼多年才修訂出這部適合中研院未來發展的組織架構，怎麼能讓不了解的人，隨便改掉牽一髮動全身的制度呢？」中研院的院務會議中，與會者都很焦急。中研院副院長朱敬一[139]請教執政的民進黨籍資深立委施明德，施委員建議：「你們一次要修改這麼多，在目前立法院的生態很不容易取得共識，阻力也會很大。我建議你們這次

---

138 納莉風災後，臺北市府在研究院路一段與二段交接處路面設置「南深橋陸閘」，二〇〇四年完工。若南港的洪水即將淹滿，即可關閉陸上閘門，不讓溢流的大水進入臺北市區。此外，中央政府設置的水利設施：「員山仔分洪道」於二〇〇二年開工，施工中曾三次因應颱風而緊急分洪，二〇〇五年完工，成功紓解颱風暴雨，未再釀成水患。

139 我國駐WTO常任代表。曾任國科會主委、政務委員等。中研院院士。

先小修，修幾個比較重要的條文，我來幫忙護航。」

果眞，中研院依照施明德的提議，改而提出一個修訂幅度較小的草案版本。十月，立法院通過《中央研究院組織法》修訂，由總統公布實施。檢視修訂的重要條文，例如：院長任期修改、副院長須由院士擔任且可設置二至三人、培養高級學術研究人才、中研院得依需要設立研究中心、中研院得置研究技術人員、設立儀器服務中心，都成爲落實中研院改革的法令依據。（見第十五章）

其中，最重要的條文就是第三條（院長副院長之設置）：

「中央研究院置院長一人，特任，綜理院務；副院長二人或三人，職務均比照簡任第十四職等，襄助院長處理院務。

院長，由本院評議會就院士中選舉產生，報請總統任命之。副院長，由院長就院士中遴選，併同其任期報請總統任命之。

院長任期五年，連選得連任一次；副院長任期不得跨越院長任期。」

爲何能順利通過？

對在野黨立委來說，李遠哲是必須打擊影響力的人物。這部法要將院長終身職改爲五年一任，連選得連任一次，還有施明德護航，在野黨自然是順水推舟。

其實，即使政黨並未輪替，李遠哲仍會堅持他一貫的主張。一九九四年，他在立法院備詢時說：

「院長最好有任期制，任期五年，我連任一次，所以十年為期。……如果一個研究機構的領導者，十年都還無法把水準提升，也應該離開了。」

這時，再翻閱二〇〇〇年五月《科學》雜誌的那篇評論，讀到結語，一切也就更明白了：

過去，中央研究院的院長屬終身職，但李遠哲堅持把《中央研究院組織法》修訂，將院長的任期限定爲兩任，一任五年。「我勢必是中央研究院最年輕的退休院長，」李遠哲說：「我不願成爲妨礙年輕一代前進的科學家。」

李遠哲接任中研院時的豪情壯志言猶在耳：「我要證明，在臺灣也能做出一流的研究。」如今，他仍不忘初衷。

1

1 中研院於 2000 年由實驗田復育的生態池，厚植了中研院的生態復育經驗。（陳宗憲提供）

2 中研院向社區招募志工，共同維護生態池。（陳宗憲提供）

3 生態池復育後，久違的白鷺鷥、紅冠水雞都回來了。照片為實驗田中的高蹺鴴。（陳宗憲提供）

4 世紀之交，李遠哲的多年努力終讓中研院的研究水準躍上國際學術舞臺。他也於 2001 年諾貝爾獎一百週年，重返瑞典與其他諾貝爾獎得主同慶。照片中為李遠哲、吳錦麗與赫許巴赫伉儷。

第十四章 三次出使APEC

二〇〇一年，我國無法參加亞洲太平洋經濟合作會議（Asia-Pacific Economic Cooperation, APEC）[140]，全國譁然。

APEC成立之後，我國以中華臺北[141]經濟體的名義，於一九九一年與中國大陸、香港同時加入成爲會員。APEC每年由不同的會員國主辦，主辦國負責發邀請函給成員國。

各項會議中最引人注目的，就屬一九九三年起舉辦的經濟領袖會議（APEC Economic Leaders' Meeting, AELM）。通常由會員國派出總統或總理參加，由於中國反對我國總統參加，因此我國改派「領袖代表」出席。

然而二〇〇一年，主辦的中國卻未發函給我國。因爲他們認爲，「臺灣不是一個國家」。此舉使我國未能參加經濟領袖會議，也是給首次政黨輪替執政的民進黨政府的一記重擊。

一年過去，眼看著二〇〇二年十月下旬，APEC經濟領袖會議即將在墨西哥舉行，陳總統苦思人選，將算盤打到李遠哲身上。

「因爲政治的敏感度太高，所以，要發函邀請我們時，主辦國通常會先和中、美兩國溝通。」陳總統表示，希望李遠哲代表我國出席，因爲這一年按照座次，「我們的領袖代表會坐在美國總統布希（George W. Bush）旁邊，美國希望一位有國際地位且英文流利的人出席。當然，這個人要是中國能接受的人。」

陳總統打出這張牌不能說不高明，因爲，李遠哲是頗富盛名與聲望的諾貝爾獎得主；更甚者，李遠哲於一九七〇年代末期起就幫助中國發展科學與教育。打出這張牌，中國不見得會杯葛。

「這場面並非我習慣的，但是能爲國家做事，我就答應了。」

李遠哲被說動了，問道：「您希望我能成功，我該達成什麼目標才叫做成功呢？」

陳總統直言：「您只要去了，就是成功了。」

---

140 亞太經合會（Asia-Pacific Economic Cooperation, APEC）：一九八九年創設，為促進亞太區內各經濟體相互經濟成長、合作、貿易、投資的論壇。現有二十一個經濟體成員。各會員國透過非約束性的承諾與成員的自願合作，開放對話，平等尊重各成員，有別於其他經條約確立的政府間組織。主要組織架構有：一，APEC經濟領袖會議；二，APEC部長級年會及專業部長會議，每年九月至十一月間舉行；三，APEC企業諮詢委員會；四，APEC資深官員會議；五，APEC祕書處；六，委員會、工作小組及次級論壇。

141 我國以此名義加入APEC。在中國反對下，我國總統不出席經濟領袖會議，改派領袖代表出席。李遠哲以中華臺北（Chinese Taipei）代表出席亞太經合會。

「這樣好了，請陳總統安排一場飯局，邀請先前曾代表我國參加ＡＰＥＣ經濟領袖會議[142]的人士，交流意見。」李遠哲建議。

飯局是安排了，但是李遠哲所獲得的訊息或經驗交流卻很有限，也發現我國以往參加ＡＰＥＣ似乎並無清楚的目標，因此很失望。

政府相關單位如國安會、外交部、經濟部國貿局派員向他簡報，說明美國與ＡＰＥＣ的關係、各項論壇的功能，也談及相關的世界貿易組織（ＷＴＯ）和貿易及投資架構協定（ＴＩＦＡ）等。

「我們臺灣到ＡＰＥＣ的主要目標是什麼？」李遠哲又問。

這些單位都無法明確回答，多年來似乎如此。

爾後李遠哲分別與美國、紐西蘭、澳洲駐臺代表見面，逐步獲得了清晰的輪廓；也從中了解美、澳、紐三國參加ＡＰＥＣ的目的，以及過去與今年設定要達成的目標等。

例如美國代表強調，九一一事件至今，他們仍關注反恐；而澳洲代表強調的是貨櫃船檢查等經濟議題；紐、澳兩位代表也提醒：「這次會議，布希可能會把經濟議題挾持成『反恐』議題。」

那麼，臺灣參加ＡＰＥＣ的主要目標是什麼？

由於中國反對，日本不願正式與我國展開雙邊會談，因此我國只與菲律賓進行雙邊會談，其他國家則安排不期而遇的非正式會談。儘管如此，李遠哲認爲我方有必要表達臺灣所能做出的貢獻，例如發展疫苗提供給亞太較低度發展地區，運用我國資訊產業的優勢，協助有需要的國家弭平數位差距[143]。

我國如期收到主辦國墨西哥的邀請函，直到出發前，中國都沒有對李遠哲參加APEC公開表示意見。「顯然中國並未反對我擔任我國的領袖代表。」他想。

於是，李遠哲這位以往就常以諾貝爾化學獎得主身分和各國領袖會面的科學家，代表我國前往墨西哥的半島濱海小鎮洛斯卡沃斯（Los Cabos），並與另外二十位各國經濟領袖同赴盛會。

第一次來到APEC經濟領袖會議這外交意義大於經濟意義的場合，李遠哲意識到自己舉手投足間傳遞的訊息。

十月二十六日下午，會議室的寒暄拉開序幕，各國代表都在此認識、交談，李遠哲也走進了會議室。

[142] 歷年擔任我國APEC領袖代表者：一九九三及九四年，時任行政院經建會主委蕭萬長；一九九五至九七年，時任總統府資政辜振甫；一九九八與九九年，時任行政院經建會主委江丙坤；二〇〇〇年，時任中央銀行總裁彭淮南；二〇〇一年中國大陸阻撓，我國未能出席；二〇〇二至〇四年，時任中研院院長李遠哲；二〇〇五年，時任總統府資政林信義；二〇〇六年，台積電董事長張忠謀；二〇〇七年，宏碁創辦人施振榮；二〇〇八至一三年，前副總統連戰；二〇一三至一五年，前副總統蕭萬長。

[143] 疫苗發展與弭平數位落差，李遠哲在二〇〇二年即有此構想，也在國內成員中討論過。但正式提到APEC經濟領袖會議中討論，是在二〇〇三年。

這時，加拿大總理讓．克雷蒂安（Jean Chretien）走過來對他說：「有幸和擁有偉大成就的諾貝爾獎得主見面，使我相形之下顯得很渺小。」

寒暄得差不多，眾人幾乎都坐定時，中國國家主席暨中共總書記江澤民才入場。

李遠哲隨即走向江澤民席位，伸出手問候：「江主席您好，我是李遠哲。」

江澤民笑著與他握手後，他就回到了自己的座席。

李遠哲見到俗稱「小布希」的布希，也以英文問候：「很榮幸能見到您，陳總統要我代為致上問候之意。」

布希苦笑著沒說什麼，又轉頭問李遠哲：「兩岸情況怎麼樣？」

「最近似乎較為安定下來了。您對我們提供了很明確的訊息，和平解決對兩岸的穩定很有幫助。」李遠哲說。

期間，布希又轉頭問李遠哲：「你們雙方有握手嗎？」

「有啊。」

「他（江澤民）沒轉過身去避開你嗎？」

「沒有。」

「那他友善嗎？」

「是啊。他是微笑的。」

「誰先伸手的？」

「是我，我較年輕，與他也是舊識。」

「那很好。」布希的表情似乎很滿意。

李遠哲注意到，當馬來西亞副總理暨內政部長阿布都拉・巴達威（Abdulah Ahmad Badawi）發表談話時，布希向李遠哲右方座位上的新加坡領袖代表、貿易與工業部長楊榮文詢問道：「他（阿布都拉・巴達威）是好人嗎？」

楊榮文說：「是的，他是虔誠的教徒。」

離席前，李遠哲向布希說：「我眞的很欽佩您的勇氣與領導，您向臺海兩岸政府傳遞了很清楚的訊息。」

「是啊，我是說眞的。」布希說。

二十六日的晚宴前，候客室舉辦了一場酒會。

眾人攜伴在候客室聊天時，江澤民進來一一問候各代表，卻未主動問候李遠哲，只握了站在李遠哲對面代表的手，就走過去了。

這時，李遠哲鼓勵吳錦麗向江澤民的夫人王冶坪問好。但由於王冶坪行動不便，坐在椅子上，吳錦麗有些遲疑不決。

後來，眾人準備走出候客室時，布希夫人與墨西哥總統比森特・福克斯・克薩達（Vicente Fox Quesada）的夫人不約而同往吳錦麗看，吳錦麗就走了過去，李遠哲也隨著她走去。

江澤民一見走來的李遠哲夫婦，主動把他們介紹給王治坪：「這是臺灣來的李遠哲。」

王治坪起身回禮，吳錦麗很快地說：「不要客氣，請坐著。」

氣氛相當和諧。

晚宴開始，座位依照各國或經濟體的英文字開頭順序排列。

李遠哲坐在吳錦麗與新加坡領袖代表楊榮文之間，吳錦麗的左邊依次是布希、布希夫人與不善英文的越南總理。不過，布希一直跟李遠哲夫婦對話。

「你們眞的想獨立嗎？」布希問。

李遠哲回答：「並不眞是如此，一點也不是，我們只想要和平和穩定。」（Not really, not at all, we only want peace and stability.）

「你認爲臺灣和大陸將來有機會統一嗎？」（Do you think Taiwan and mainland will have a chance to be united?）

「我想將來可能會，當它們變成一個民主國家的時候。」（It might happen, when they become a democratic country.）

「那要花一段很長、很長的時間。」（That will take a long, long time.）

兩人又談起大陸與江澤民。

李遠哲說：「江澤民可以是個很有魅力的人（could be a charming person），但我常不知他在想什麼，不可捉摸。」像是：「江澤民抱怨，爲什麼美國賣武器給臺灣？」

布希回答：「都是防衛用的武器。」接著又說：「再過一個星期，我就要和胡錦濤處理（deal with）一些事情。」

吳錦麗也說：「他可能較容易相處（easier to deal with），沒那麼頑固。」但布希並沒有接話。

布希還表達了一些意見，讓李遠哲印象深刻。諸如：

「如果你們努力，大陸將會是你們的，你們的企業家那麼能幹。」「大陸似乎每一個人都受到監視，有一次安排了一場單獨面談，但隨後就有人闖進來。」「我要（美國）國防部與大陸軍方交流，但國防部很不希望（很不喜歡）跟他們來往。我跟國防部說：把他們帶進來（Bring them in.）[144]。」「網際網路將改變大陸；他們接受到許多訊息後，是會改變的。」「我到大陸的清華大學訪問時，談的是宗教信仰的問題。如果我不是有神助（divine intervention），我也不會從一個酗酒的年輕人變成美國的總統。他們不應該這樣對待法輪功。」

吳錦麗對布希說，她認識江澤民，見過幾次，也共進晚餐。

布希說：「江澤民可能不會承認。」

吳錦麗接著向布希說明臺灣人民的心聲。

李遠哲聽著，佩服在心裡，「她比我表達得還要好。」

布希也問李遠哲，是否擔心北韓的核子武器發展？

144 李遠哲表示，這意思是為了和平。

「當然。」李遠哲回答。

「我要江澤民施加影響力，也挑負起應有的責任，因爲江澤民是能影響北韓的人。我也請日本首相小泉純一郎對北韓施壓。」布希強調。

晚餐約兩個半小時，他們聊得很盡興。

布希還聊到家族的事。說到自己的父親「老布希」（George Herbert Walker Bush）看了太多報紙與電視上的負面消息，很擔心兒子。

布希還透露自己到佛羅里達州爲弟弟傑布·布希（John Ellis "Jeb" Bush）助選時，卻看到弟弟的女兒因吸毒被捕，雙手上銬，實在很不忍心。順口說到自己在APEC經濟領袖會議之後要趕回美國助選。

「你不是還要去德州助選嗎？」李遠哲問。

「那是選前最後一天。助選後隔天，就在德州投票。」布希說。

李遠哲向來關注世界大事，美國政治社會動態尤然，因此與布希的對話一來一往，宛如打網球。

一如大多數美國人，布希很快就講到棒球等運動話題。

「我曾經擁有過德州遊騎兵隊[145]，那時全隊的薪資只要六百萬美元。但是，現在一個A-Rod[146]的薪水，九年就要兩億五千萬！其實沒有球員值得那麼多錢。」

「那時你擁有的遊騎兵隊，有一個很有名的球員諾蘭·萊恩[147]。」李遠哲接話，他剛到美國留學時，就常與吳錦麗聆聽收音機裡的棒球比賽轉播，萊恩是他們全家最愛的球員之一。

「我親眼看過他的兩次無安打比賽（no hitter）！」布希津津樂道，又說：「我現在天天晨跑……」

享用甜點後，布希道別並起身離開。這時，全場約莫有一百人一齊離去，甚爲壯觀。美國反恐維安的等級，在布希身上一覽無遺。

整場晚宴約兩個半小時，李遠哲夫婦與布希夫婦談了很多。而布希離開後，李遠哲對吳錦麗有著道不盡的感激。「錦麗的表現可圈可點，她能帶動對話，她的在場，是布希與我能開懷暢談的原因。」

不過，晚宴中，李遠哲最不安的是布希談及「好人」與「壞人」的觀點，以及「替天行道」的堅持。幾個月前，他參與了一群諾貝爾獎得主聯名簽署致函布希總統，希望布希能協助低度發展國家提升科技和教育的普及，而非開啟戰爭。但是，顯然未能影響布希。

他也回憶起自己兒時在幼稚園接受日治時代的軍國主義教育，每天拿日本國旗高唱：「替代天，打不義。」「爲了『神』，爲了『天』，在上位的人常把他們想做的不理想之事『合理化』，這是可

---

145 Texas Ranger，美國職棒大聯盟中，屬於美國聯盟（美聯）西區隊伍之一，主場在德州阿靈頓棒球場。

146 艾力士．羅德里奎茲（Alexander Emmanuel Rodriguez），美國職棒大聯盟球星，全盛時期球技所向披靡。

147 Nolan Ryan，美國職棒大聯盟投手。生涯一共投出五七一四次三振，高居大聯盟史上第一。曾買下遊騎兵隊，後來又賣出並退出執行長職位。

怕的事。」

＊＊＊

十月二十七日，在碧海藍天旁襯下，APEC經濟領袖會議正式登場。會中談起自由貿易協定（FTA）的精神時，李遠哲發言：「如果FTA造成許多小國無法進入，或將某些國家排除在外，那麼會造成更多的壁壘，這違反APEC的精神。」其中，墨西哥總統比森特．福克斯．克薩達又再邀請李遠哲發言，並特別提及他是諾貝爾獎得主。李遠哲只好順著話表示：

「既然福克斯總統提起我是科學家，我想說些話。今年三月時我到義大利參加會議，主題是，區域的政府怎麼樣幫助歐洲共同體（European Community）的科技發展。但主要是討論怎樣經過合作，促成競爭力提升。那時我覺得有些奇怪，歐盟競爭力的提升是爲了能和美國、日本競爭，我從亞洲來，仍會覺得奇怪，亞洲在哪兒？我又是來幹什麼？難道APEC合作也是爲了和歐盟競爭？

我們這幾天會談到合作，也會談到競爭力的提升；但，有競爭便會有輸贏，輸的人便很慘。

我是科學家，爲了科學合作，也因相信科學知識是屬於全人類所有的，便到世界各地交流，例如今年十一、十二月，明年的三月、六月都會前往亞洲各國。但是國際競爭得靠智慧財產權的擁有，我們分享科學的知識，但我們不分享技術；分享或不分享之間是有矛盾的。」

上午會議告一段落，茶敘時，李遠哲對江澤民說：「陳總統要我向您致意，也希望您有機會來臺灣訪問。」

江澤民很嚴肅地說：「政治上的問題一定要一個中國。」

李遠哲回答：「我可以了解，我可以了解。」

江澤民便走開了。

這場會議的座位，李遠哲坐在江澤民的正對面。

經濟領袖代表的席位按照各國英文首字字母排列，臺灣旁邊原本應該是泰國，接著才是美國。但因泰國翌年即將主辦APEC，因此泰國代表的席位移到主席旁，才使得李遠哲一直能與布希比鄰而坐。

不過，會中李遠哲與布希並沒有多談，其實也沒有機會講話。或許因爲前一天晚餐時已長談許久。

臨走時，布希說：「昨晚你說你們不會搞獨立，使我很放心。你會把這訊息傳給陳總統吧？」

「是，我一定會。」李遠哲承諾。

開會期間，布希常很專心地看著隨身祕書提供的紙本資料。而布希有時無心聽其他代表發言，還會跟李遠哲說：「你喜歡的舊金山巨人隊，目前以三比〇領先我喜歡的洛杉磯天使隊。」過一陣子又告訴他：「球賽已經結束了。我隊以五比三打敗了你的巨人隊。」

李遠哲非常訝異，美國總統的國情資料中，也包括棒球世界系列賽（World Series）的報導。

會議結束後，各經濟領袖代表在海邊賞景，輕鬆閒談。

聊起一九九六年祕魯反政府軍占領日本大使館[148]，祕魯總統亞歷山卓．托雷多（Dr. Alejandro Toledo Manrique）說：「我就是被挾持的人質之一。」

話題也不是沒有八卦，某國首相自曝，和女友只能在餐館約會等事。

經濟領袖會議結束時，二十一位領袖發表這一年的領袖宣言（Leaders' Declaration），作爲會議成果。身穿白色上衣的各領袖代表排開陣勢，以碧綠的海爲背景，李遠哲就站在前排右側，與眾人微笑合影。

首次出使ＡＰＥＣ經濟領袖會議，李遠哲與吳錦麗成功畫下句點。

回顧李遠哲首次代表我國參加ＡＰＥＣ經濟領袖會議期間，他得到布希總統、小泉首相等各國領袖的尊重，表現確實稱職。其中有一天，他在走道上碰到財政部長林全，林全特別向他致謝，並說：「李院長，您眞是代表國家很好的人選。」

他領導我國代表團與會，堅持做了幾件事，其中最重要的兩項原則是：一，爲避免媒體無止盡的追蹤，會議期間每天舉辦兩次記者會，他一定會參加晚上這一場；二，無論當天行程與活動延遲多晚，團員多麼疲累，必定召開所有與會人員的工作簡報與檢討，並對翌日的工作進行需要的準備。

因此，李遠哲建議我國代表在部長級會議（Annual Ministerial Meetings）中，提出我國能以「數位機會中心」和「疫苗發展」向ＡＰＥＣ做出貢獻的構想。

由於親自認眞帶領，也受與會者的尊敬，幾位專程前來支援這次會議的駐外人員很振奮，異口同聲地對李遠哲說：「這是第一次，我們感受到『爲國家服務』的榮譽！」

他感受並感謝此行許多人員的幫助，也很感謝總統府國策顧問暨中研院社會所研究員蕭新煌特別襄助，擔任他的顧問。「我的顧問比起其他領袖代表的祕書是高超很多的。尤其蕭新煌的學術成就與見識，絕非其他國家『祕書』們所能比的。」

李遠哲沒有想過，他還會再代表我國出使ＡＰＥＣ。

148 日本大使館人質危機（Japanese embassy hostage crisis）：一九九六年，日本駐祕魯大使館遭武裝人員挾持，要求祕魯政府釋放獄中的四百六十名戰友，但祕魯總統堅不讓步。後來，祕魯政府仍採取營救行動，解救了七十二名人質，結束一二六天的人質危機。

二〇〇三年，APEC經濟領袖會議於十月二十一日在泰國曼谷舉行，陳總統仍指派李遠哲代表我國出使APEC。

「從我國的觀點，可能是我去年表現不錯，受國內外的稱讚吧！或者也可以說，我們國家處境並不如意，才需要一位諾貝爾獎得主，也主持中央研究院的院長參加吧？」李遠哲自忖。

不過，吳錦麗並不習慣經濟領袖會議的排場和這類公開的社交活動，並沒有同意再陪同出席。

李遠哲獲悉，去年他們夫婦與布希夫婦在晚宴時談得很熱絡，且主辦單位安排領袖代表們坐在一整排顯眼的高腳桌，其他部長級與會人士坐在圓桌區，由於這兩區的高度落差，使位於高腳桌區這兩對夫婦特別顯眼，引起中國不滿。因此，中國建議日後排座位應該要有新的排列組合。這意謂著，今年李遠哲與布希將不會坐得很近。

今年，中國由新任的中國國家主席暨中共總書記胡錦濤出席。

李遠哲甫抵曼谷後即接受一系列新聞媒體訪問，不少記者問及胡錦濤。

他答覆：「我沒有見過他，並不認識。不過，從他的談話中，我覺得他眞的關懷人民，也想爲中國做些事。別人對他的評價也不錯。」

十月二十日，李遠哲第一次見到了胡錦濤。

由於去年與江澤民見面的經驗，李遠哲這次沒有立即向胡錦濤提及陳總統要他代爲致意的訊息，而是先向胡錦濤道賀：「恭喜神州五號載人上太空成功！」

胡錦濤說：「這不只是兩岸中國人的光榮，也是全球華人的光榮！」

「看到中國在改革開放二十年取得的進步，我覺得很高興。」李遠哲說。

十月二十日的晚宴前，李遠哲見到胡錦濤夫人劉永清。

「感覺她是一位沒有心機的人，倒像是一位學校老師。」他觀察，並上前自我介紹。

劉永清一聽，有點興奮地說：「我在電視上看過你！」

胡錦濤馬上轉身說：「他是臺灣中央研究院的李遠哲院長。」

這個介紹詞，與去年江澤民引介李遠哲給王冶坪認識的方式相同。

十月二十一日的午餐前，李遠哲再度見到胡錦濤。

「陳總統要我向您致意，他希望有機會兩岸能坐下來好好談。」李遠哲說。

「『一個中國』的原則下，什麼事情都可以談。」胡錦濤說。

「陳總統也說，兩邊坐下來什麼事情都可以談。包括將來『一個中國』的問題也可以談。」李遠哲說：「陳總統與李總統不一樣，他是很有彈性的人。」

「兩年前我們曾說過要『聽其言，觀其行』。」胡錦濤接著又說：「你們大概也是一樣，我對兩岸人民有責任。」

「對全世界的人民，我們都有責任。」李遠哲說完就離開了。

事後回想，李遠哲覺得胡錦濤似乎是一位溫文儒雅的人。「這次與胡錦濤的三階段見面與談話，算是還不錯。我想，他會相信我的誠懇。」

至於美國總統布希。相隔一年不見，李遠哲主動上前對布希說：「陳總統向您致意。我帶了他的一封信，他想要向您保證……」

布希立即打斷他的談話，並說：「去年我們談了很多，我了解臺灣的情形，你也不必多說了。我相信你所說的。」

李遠哲判斷，布希顯然是對陳總統拋出的「一邊一國」說法很有意見。

隔天，李遠哲對布希說：「我要謝謝您對臺灣人民的支持。」

布希回答：「我們會保持。」（We will stay.）又說：「獨立很困難。」（Independence is very tough.）

李遠哲沒有與布希並肩而坐，能對話的機會減少了。不過，他仍代吳錦麗向布希夫人問好。

「今年雖然沒有跟布希多談，但他很友善，顯然把我當作可靠的朋友。」他判斷。

今年與李遠哲比鄰而坐的是俄羅斯總統普丁（Vladimir Putin）。

李遠哲主動問候：「四個月前，我曾經受貴國之邀，到聖彼得堡頒發能源獎，當時與您會面。您還記得嗎？」

普丁說：「我還記得。」

對於這位冰冷的俄羅斯領袖，李遠哲的形容是「他是一個殼子，不容易敲得開的。」

此行在經濟領袖會議的討論中，李遠哲有重要的發言。

第一天的會議（Retreat）及企業諮詢委員會[149]，以及世界貿易組織與多哈回合貿易談判（WTO & DOHA Development Round）的討論中，談到農業問題。

布希發言指出，亞洲國家過度保護農業，農產品關稅應該要免除掉。

紐西蘭總理海倫．克拉克（Helen Clark）發言反對。

待李遠哲發言時，他指出：

「對人口密集的發展中國家而言，農業除了農產品（食物、纖維）的生產與貿易之外，它有很重要的非貿易因素。農業與農村對人民的生活與生態保護有很重要的功能。對小農國家而言，農業是一個社會的骨幹。

世界貿易組織在解決農業的歧見時，應該注意發展中國家特別的需要，不能讓農業消失。對他們來講，農業的消失將意味著整個國家的消退。」

李遠哲曾長居美國三十二年，深知美國聯邦政府每年挹注多達五十億美元做水利灌溉，大筆補助

149 APEC Business Advisory Council, ABAC：一九九五年起設立，由各會員國遴派其三名企業界代表組成，共計六十三位，將民間意見提交給ＡＰＥＣ領袖參考，加強民間與官方合作。目前我國ＡＢＡＣ代表是義美食品董事長高志尚、網路家庭國際資訊董事長詹宏志和臺灣工業銀行副董事長駱怡君。

農民在廣大土地上做商業性種植，農藥與肥料往往由飛機從空中噴灑，這樣的農業型態與農村及農村文化並沒有關聯。這些補助大面積種植的大國爲了打開亞洲市場，卻無視農業對亞洲國家的重要性。他擔心，亞洲小農國家大開農產品市場將導致農村破滅，也影響經濟及國家安定。

在企業諮詢委員會與企業家對話時，李遠哲表示：

「臺灣除了投資的多元化之外，我們也相信最好的策略是幫助鄰近國家富有起來，才能保持自己的繁榮。臺灣在資訊科技的硬體的製造取得很好的成就，希望我們在資訊的應用，尤其與自己國內市場有限的國家與地區合作，在下一階段的發展中能夠共享成果。」

在第二次的會議，大會先從汶萊的目標談起。李遠哲也發言：

「我們在泰國的國際學校辦得還不錯，決定從國際學校擴大爲國際村。我們將投入資源幫助別的國家。另外我們也將提議成立數位機會中心[150]。」

中午時，大會談到反擊恐怖主義（反恐）的議題。李遠哲發言：

「我們中華臺北將配合APEC反恐的各種努力，包括布希總統與澳洲總理約翰・霍華德

（John Howard）所提及的。但是我們從長遠，我們還將做兩樣事：

教育我們的下一代，學習並尊重不同的文化、宗教等。

幫助世界上不幸的人們脫離苦海，不管他們是由於飢餓或受壓迫。我相信世界上如果有人爲他們的生存進行正義的鬥爭，我們的地球將會是更安寧的。」

會後，韓國總統盧武鉉（一九四六～二〇〇九）對李遠哲說：「我很認同您談到農業議題時，強調農業的非貿易因素。」顯然，韓國與我國一樣，農業與農村是國家社會的基石，卻受迫於一再開放農產品市場，農村的破滅令人擔心。盧武鉉對李遠哲能提出此一觀點很感激。

晚宴是在一張大圓桌上進行，李遠哲坐在兩位經濟領袖中間，墨西哥總統比森特·福克斯·克薩達和祕魯總理亞歷山卓·托雷多。李遠哲在去年的ＡＰＥＣ經濟領袖會議認識他們。

「中國製造業對墨西哥的經濟影響很大，我們ＧＤＰ掉了〇．八％，加拿大更慘，掉了一．二％。日本也下降一％左右。」墨西哥總統隨後又說：「墨西哥有不錯的石油和天然氣，但是沒錢提煉石油，國會也不准外國投資。以致原油輸出之後，還須從外國輸入大於五％的汽油。」

150 APEC Digital Opportunity Center, ADOC，根據李遠哲的建議，在ＡＰＥＣ實施過ADOC，二〇一〇年又實施ADOC2.0，詳見ADOC官網。

祕魯總理一聽也說：「我國發現很大的天然氣儲藏量，是世界第二大，正在找國家投資。」
「那你們有興趣來臺灣訪問嗎？」李遠哲的言下之意是：「你們怕不怕中共打壓？」
「我可以去啊。」祕魯總理說。
日本首相小泉純一郎見到李遠哲時，稱讚了他的發言，他也向小泉首相談到兩國的科技合作。
馬來西亞首相馬哈地（Mahathir bin Mohamad）一見李遠哲便說：「你們打敗我們了！」
「您所指爲何？」李遠哲不解。
「你們一〇一大樓比我們雙子星塔（Twin Towers）更高了！」馬哈地說。
「我國諺語不是說：『一個很好，但是兩個更好』（One is good, but two is better.）嗎？」李遠哲說。
隨後馬哈地氣憤表示，一場亞洲金融風暴，竟將二十年來馬來西亞累積的經濟成就一掃而光，還說：「美國華爾街非常不道德！」
菲律賓總統亞羅育（Maria Gloria Macapagal-Arroyo）則對李遠哲說，她關心的是臺灣對菲律賓的投資；因爲自從中國大陸開放後，原先臺灣在墨西哥和菲律賓的投資計畫就消失了。
無論會內或場外的談話，李遠哲與這些領袖的互動熱絡，爲臺灣交了不少朋友，了解雙方各自關心的議題。然而，「國內的媒體只關心我們跟這些領袖有多少次的雙邊會議，以次數來衡量代表團的成功與否，並不注意我們到底談了些什麼。」李遠哲覺得惋惜。

晚宴後，泰國主辦方安排一行人到河畔欣賞表演節目，並搭乘遊船夜賞湄公河。壯觀的是，成千上萬個點燃的蠟燭隨河水漂流，幾百個天燈緩緩向空中飛去，但李遠哲想到它們對環境生態造成的衝擊，不禁難過起來。低頭看著身上穿的絲質禮服，是泰國主辦單位致贈的，「雖然很好看，但聽到是花了一整年的時間才織成，就覺得不安。」

「花了那麼多錢取悅『統治者』的做法，是不能讓我心安的。太浪費、太奢侈了！」他感到罪過。

經濟領袖會議結束前，發表了今年的領袖宣言。所有的經濟領袖代表身穿絲質禮服合照，象徵會議成功畫下句點。

完成第二次出使APEC重任，李遠哲感受到許多人士協助。其中不少重要人士同行，助益尤甚。比如，宏碁集團創辦人施振榮同行，對馬來西亞、泰國、菲律賓的影響較大。李遠哲也觀察，中信金控創辦人辜濂松在泰國與塔克辛（Takshin）見面，似乎甚有幫助。

而顧問群中亦有國安會諮詢委員賴幸媛、中研院社會所研究員蕭新煌同行。「行前，賴幸媛提供的談話資料整理得不錯。」

至於政務官員方面，「衛生署長陳建仁、財政部長林全也都善盡了其職責。」

二〇〇四年，陳總統第三次指派李遠哲代表我國出席APEC。

主辦國是智利，於十月二十日在聖地牙哥舉行。

爲此，李遠哲十六日在京都開完學術會議後，隨即從大阪飛往洛杉磯，在達拉斯（Dallas）過夜，直至十八日清晨九點，長途跋涉，終於安抵聖地牙哥。

經濟領袖會議尚未登場，十八日下午三點，他就參加了一場記者會，隔天也接受新聞媒體的採訪。還應邀前往智利科學院做了一場學術演講。

二十日上午，李遠哲參加我國與菲律賓的雙邊會談。下午，APEC經濟領袖會議也揭開序幕。

李遠哲一走進會場，智利總統李卡多・拉哥斯（Ricardo Lagos）以非常溫暖的姿態迎接他，邊說：「歡迎您來！中華臺北是一個重要的經濟體。」

各經濟領袖代表陸陸續續進來，互相問候。

李遠哲看到胡錦濤了，但是胡錦濤並沒有對李遠哲打招呼，而且似乎是刻意閃躲，尤其避免被攝影機或鎂光燈拍攝到兩人握手。

這時，李遠哲的肩膀似乎被誰輕輕拍了一下，他回頭看，是美國總統布希。

李遠哲隨即道賀：「恭喜！我們都很好！」（Congratulations! We are all alright.）布希則是滿面春風，容光煥發。

在場中，李遠哲第二次找布希談話，提及：「陳總統要我向您問好。」

布希卻說：「告訴他不要來硬的。」（Tell him don't press.）

李遠哲隨即說明：「我們不會啊。」

布希強硬地說：「我知道你不會，但是，告訴你的總統。別尋求獨立，中國極度緊張不安，我不想發生任何衝突。」（I know you wouldn't, but tell your president, don't push for independent. China is extremely nervous, and I don't want any conflicts to happen.）

伺機而動，直到二十一日，李遠哲終於有機會和胡錦濤握手，簡短交談。

對於這次經濟領袖會議，李遠哲很欣賞主辦國智利的簡樸與務實，不像前幾屆的鋪張浪費，而是「節省很多」。但或許是較多安全的顧慮，每位經濟領袖代表的座車都有護駕的車隊；座車上空都有一架直升機，機上還有一位攜帶輕便機關槍的軍人保護。

此回的代表團成員很盡責。李遠哲的隨身祕書仍由中研院歐美所研究員李有成擔任。老練的李有成，成爲其他領袖隨身祕書的老大哥，常是他們諮詢的對象。

二〇〇五年，當陳總統第四次邀請李遠哲代表出席ＡＰＥＣ，出乎陳總統預料，李遠哲婉拒了。「去了三次，爲國家貢獻也夠了。老實說，我也並不喜歡，也沒有學會喜歡這樣的角色。我還是喜歡腳踏實地，而不是漂浮在上。」李遠哲心想，而且「陳總統講的事情常常前後不一。」

陳總統沒有放棄，派了說客到李遠哲家裡，仍沒能改變他的決心。

李遠哲爬梳連續三年出使APEC的歷程與見聞，深深感覺到：「總的來說，APEC是一個很好的外交場地。如果我們更努力，對亞太地區的互動與貢獻可能有更深遠的影響。但是執政的人只關心目前面對的事，對長遠的計畫缺乏深思。雖然臺灣經濟研究院設有APEC研究中心，但似乎沒有很大的影響力。」

他也深刻體認：「我在那裡成爲我們的『領袖代表』，但我在國內的角色很不一樣，差距太大，也不是個人的努力可以扭轉過來。但我確是盡了力。我的參加，也許對臺灣的亞太交流有些幫助。」

李遠哲以諾貝爾獎得主身分爲我國在世界舞臺上爭取到受敬重的能見度，但是國內外的角色差別，仍使他決意專心走自己的路，扮演好自己在國內的角色，提升學術爲其最主要的職責。

然而他對人類應提升合作、減少競爭的看法，以及對環境與生態的意識，是否會驅使他挺身挑負起更大的責任？

1 李遠哲以「中華臺北」領袖代表身分，參與亞太經合會經濟領袖會議。（李有成提供）

2 2004 年智利第十二次亞太經合會經濟領袖會議，李遠哲與馬來西亞總理阿布都拉·巴達威和汶萊蘇丹哈山納波嘉（Hassanal Bolkiah）寒暄。（李有成提供）

3 李遠哲 2004 年代表我國出席亞太經合會經濟領袖會議，各國代表穿上主辦國智利致贈的民族禮服合影。

4

4 2002 年墨西哥第十次亞太經合會經濟領袖會議，李遠哲以領袖代表身分在企業領袖高峰會上發言。（李有成提供）

5 李遠哲與我國 APEC 代表團團員合影。（蕭新煌提供）

6 李遠哲與日本小泉首相選在池畔「不期而遇」會談。（蕭新煌提供）

7 2003 年李遠哲第二次出席亞太經合會經濟領袖會議，照片中為李遠哲與泰國總理塔克辛。

8 代陳總統轉信給美國總統布希、日本首相小泉純一郎。（蕭新煌提供）

5

7

6

His Excellency George W. Bush
President
The United States of America
c/o Dr. Yuan T. Lee

日本國首相
小泉純一郎 先生 勛啟
陳緘

8

第十五章
為人民工作

二〇〇三年，李遠哲收到一九九五年諾貝爾化學獎得主薛伍德．羅蘭的來信。

「遠哲，你回臺灣快要十年了。我盼望你依原本的構想回來爾灣加州大學，跟我們一道工作，實現我們的理想。

我最近看到兩間很理想的房子，一間在山區，一間坐落在海邊。什麼時候你能來一趟，讓我們深入討論。敬候你的回覆。」

李遠哲收到摯友此信，不知如何回覆。

猶記一九九三年，他親口對羅蘭教授說，自己決定返臺服務了。

「你留在美國，能對人類做出更大的貢獻。」羅蘭教授一直堅持。

木已成舟，李遠哲已經做了決定。

羅蘭教授只好問：「你準備爲臺灣奉獻多久？」

「以後的十年，將奉獻給臺灣。」

「那麼，十年後你回美國，就不要再回柏克萊加大。我希望你能到爾灣加大，跟我一起從事大氣化學的研究工作。」

「十年後，換個環境重新起動，確實也是件好事。」李遠哲認眞考慮。

轉瞬十年過去，羅蘭教授已覓屋以待。但是《中央研究院組織法》甫修法通過，正待大力改革院務，他自認第二任任期到二〇〇六年十月屆滿[151]，只剩不到三年能興革，他怎能放下責任？又怎能揮別臺灣這片土地？

除了對自己的妻兒，李遠哲很少失信於人。難道，他要讓摯友失望了嗎？他輾轉反側。

最後，他忍痛回覆羅蘭教授：「我眞的很抱歉……」

確實，二〇〇一年十月，《中央研究院組織法》修法通過後，這些年來囿於法令而難以在中研院推動的改革構想，終於能啓動了。包括：副院長須由院士擔任且可設置二至三人、培養高級學術研究

151 依據新法，中研院院長五年一任，連選得連任一次。李遠哲解讀，自己在一九九四年一月到二〇〇一年十月修法完成，應該算是第一任的任期；修法之後到二〇〇六年十月，應該是第二任。他認為，中研院應該要不斷由年輕人來帶領，才能與時並進。

人才、設立研究中心、得設置研究技術人才、設立儀器服務中心等。

「國際研究生院」，就是付諸實現的成功制度。

二〇〇二年，經過多年規畫，中研院與國內七所研究型大學合作，推出「國際研究生學程」，成立九項跨領域的博士班研究生學程[152]。訓練世界各國的研究生，共同頒授學位。共有三十多個國家、三〇七名優秀的人才就讀。其中，外籍生一一三名，約占四四%。

「陳長謙院士從一九九九年接任副院長，我們就請他規畫國際研究生院，他以長年在美國加州理工學院的視野與經驗，與教育部及各研究型大學溝通，花了很多心力，這是他的功勞。」李遠哲極爲肯定。

這項制度突破了中研院不能招收研究生的限制，也讓李遠哲充實中研院人才庫的努力再下一城。他接任之前，中研院沒有研究生或足夠的研究人力，研究員只能與幾位助理做小規模的主題，難臻世界水準。他接任之初向國家爭取，政府只願給予博士後研究人員的名額，一點一點增加人數。一步一腳印，進展到如今，終於實現以「國際研究生院」厚實人才庫、增加研究人力、培育高級學術研究人才、提升研究水準的理想。

進入二十一世紀，李遠哲連續兩年延攬陳垣崇、翁啓惠、游正博等基因體學國際級學者回國。延續了他先前以大師吸引大師，以制度培育年輕人才，源頭與活水雙頭並進的理念與作法。磁吸力也越來越強。

國際級人才的好消息也接二連三傳來。有「冠狀病毒之父」美譽的生醫學者賴明詔[153]終於首肯於二〇〇三年回中研院，依照慣例提報到院務會議，通過聘請賴明詔爲分生所特聘研究員。

「李院長改善環境，要把研究水準拉到世界級，第一個就是要有好人才。這些年來李院長花了很多心血。」李有成指出，李遠哲是三顧茅廬才請回賴明詔的。

初掌中研院之際，李遠哲親赴美國南加州大學探望賴明詔，賴明詔表示還要再等五年。五年將屆，李遠哲再去延聘時，賴明詔說，還要再三年。三年又到了，李遠哲再探詢意願，賴明詔終於同意回中研院服務，李遠哲也賦予其重任。

新聘副院長，讓數理組、生物組和人文組各有一位院士級的副院長，各依專業領域分工領導，就是李遠哲依法實施的重要舉措。根據新修通過的《中央研究院組織法》，副院長可以有二到三人，必須具有院士資格。二〇〇二年二月，李遠哲聘任認知心理學者曾志朗[154]爲副院長，二〇〇三年新聘賴明詔、劉翠溶[155]爲新任副院長。三位副院長分別負責數理組、生命科學組和人文與社會科學組。

李遠哲曾向同仁描繪願景，要建構中研院爲一座有如芝加哥大學的學術大殿堂，成爲名符其實領

---

152 包括化學生物學與分子生物物理、分子科學與技術、分子與生物農業、生物資訊學、分子與細胞生物學、奈米科學與技術、生物醫學、計算語言學與中文語言處理、地球系統科學等。

153 南加大分子微生物學系名譽教授，中研院分生所特聘研究員。曾任成功大學校長。中研院院士。

154 中研院語言學研究所兼任研究員。曾任文化部長、教育部長、陽明大學校長、美國河濱加州大學心理學系教授。中研院院士。

155 中研院臺灣史研究所兼任特聘研究員。曾任臺史所籌備處主任、社會科學研究中心代主任等。中研院院士。

導我國學術的研究機構，如今已越來越具氣勢了。

就在李遠哲任命賴明詔就任副院長之際，悄悄然，二十一世紀初的一場大瘟疫來襲。

二〇〇二年底，嚴重急性呼吸道症候群（ＳＡＲＳ）病毒潛伏在中國廣東，二〇〇三年二月，ＳＡＲＳ在廣東、香港、新加坡、加拿大爆發，上百人染病，二月底出現死亡病例。二〇〇三年三月，臺大醫院出現第一位境外移入病例。四月，臺北市內的市立和平醫院、私立仁濟醫院爆發院內感染並相繼封院，消息紊亂，人心惶惶。北市府與中央政府的防疫指揮不同調，民眾無所適從。

五月五日，陳總統認爲ＳＡＲＳ已有危及國家安全之虞，在總統府內召開了國家安全會議，除了依法應出席的國安會祕書長、行政院正副院長等閣員，陳總統也指定中央研究院院長參加。

李遠哲接到開會通知，事先請教國安會副祕書長張榮豐。熟悉戰略與談判的張榮豐以戰爭比喻：「我們除了前線的作戰指揮部之外，應該設置參謀總部，不能夠大家都在前線一團亂。」

國安會議當天，李遠哲邀請中研院生醫所所長陳垣崇陪同出席。

與會者紛紛表示意見並討論。

李遠哲也發言：「這雖然是國安問題，但基本上這也是公共衛生的問題，衛生署（今衛生福利部）還是要挑起最重要的任務，非由政治所能解決。」

「政務官如行政院副院長、衛生署長[156]很辛苦，花很多時間在回應新聞媒體和立法院，似乎很少時間能夠眞正討論規畫全盤大局。」他認爲對抗ＳＡＲＳ該具備前線、作戰指揮部和參謀總部的觀念。

「全世界對ＳＡＲＳ了解的不多，得做很多研究，我們（中研院與我國生醫研究人員）有能力集中力量做出貢獻。」李遠哲也指出。

討論尾聲，陳總統做出總結，同意與會者提出的幾個要點，也包括李遠哲的意見。最後，陳總統看著他說：「ＳＡＲＳ的事，從今天開始由李遠哲來負責。」就走出會議室了。

突如其來的指示，讓李遠哲很訝異，覺得並非適當的安排，隨即追到走道上向陳總統說：「此事不宜由中央研究院院長來負責。」

陳總統回過頭來說：「你對這事情的了解，應該知道是比副總統指揮來得更好。」語畢隨即離開。言下之意是副總統已經等著來指揮此事。

李遠哲欲轉身走回會議室時，見到方才一起與會討論的行政院長游錫堃，就對游院長說：「總統的指示似乎不太合適。」

游院長也同意，並表示自己應該負責才對。但既然總統如此裁示，請他也不要再拒絕。

李遠哲仍覺得自己不宜。兩人討論折衷的辦法，由李遠哲擔任ＳＡＲＳ的「研究工作」，「其他事情」則由游院長負責。

156 二〇〇三年總統府召開此次國安會時，行政院副院長為林信義，衛生署長為涂醒哲。

早在國安會議之前，四月二十八日，行政院ＳＡＲＳ疫情防治及紓困委員會已經成立。但在國安會議後，五月十二日行政院成立了ＳＡＲＳ防治作戰中心，還延請李明亮[157]回國擔任總指揮。五月十八日，改由中研院院士暨流行病學專家陳建仁接任衛生署長。

「在李明亮與陳建仁的努力下，很多事情進行的相當不錯。中國醫藥學院（今中國醫藥大學）董事長蔡長海協調中部的醫院，他條理井然地規畫隔離與診斷的工作，印象很深刻。」李遠哲說。

抗ＳＡＲＳ上緊發條，中研院內的研究員也不落人後。流行病學專家，中研院生醫所研究員何美鄉[158]就深入和平醫院等疫區。

「她曾經任職於美國疾病管制局，非常優秀能幹，大家每樣事情都請教她，」關心疫情的李遠哲常與何美鄉在電話上討論如何解決問題。

有一回，何美鄉提出如何清淨和平醫院的空氣，李遠哲隨即建議她第二天與一位臭氧專家碰面，並協助聯繫了東元集團董事長黃茂雄，東元集團答應致贈三十臺至一百臺空氣清淨機協助抗ＳＡＲＳ。

李遠哲不忍心看她忙得團團轉，見到她時總勸道：「要學做將軍，指揮部隊，不能凡事單槍匹馬，一直往前衝。」

至於ＳＡＲＳ研究，李遠哲邀請中研院副院長賴明詔和中研院院士暨臺大醫學院院長陳定信，共同主持一年期的ＳＡＲＳ國家型計畫[159]。由政府撥專款參與此研究計畫的中研院生醫所、各大學及主要醫院，進行研究工作。

由於臺大醫學院的SARS研究團隊在五月六日即發表研究成果，其一是確認SARS是冠狀病毒的變種[160]，而賴明詔正是冠狀病毒研究權威，於是不少人好奇問李遠哲：「你請了賴明詔回來中研院，難道你預知SARS會來嗎？」

這時，李遠哲的國際友人也給予一些防治SARS的建議。

一位約翰·霍普金斯醫學院的流行病學專家對他說：「根據我的流行病學觀察，由於SARS病

157 小兒科醫師暨生化學家。曾任慈濟大學創校校長、美國紐澤西州醫科大學榮譽教授、衛生署署長。

158 中研院生醫所兼任研究員，曾任中研院醫學倫理委員會主席等。國內首位參加美國疫情調查的研究者。曾處理SARS、伊波拉病毒、禽流感等重大疫情。

159 計畫成立一個半月內就通過一二八件計畫，從病毒學、免疫學、檢驗、藥物開發、疫苗與動物模式、臨床、流行病學到中草藥，網羅國內一流研究學者進行研究。做研究之際，也建立許多相關基礎設施，例如病毒培養、基因定序與快篩製作、疫苗研發、改善實驗室及動物試驗設施、疫苗製造設備、抗SARS藥物篩選及製造、SARS的臨床經過與長期追蹤等。中研院院士陳定信指出，SARS國家型計畫的研究成果與基礎建設，讓我國預先準備，有能力對抗二十一世紀以來的許多新興傳染病，如禽流感、類流感等，不再重蹈SARS來襲的覆轍。

160 陳定信成立的臺大醫學院SARS研究團隊在短短三十二天內得出重要研究成果，包括：在治療上證實，臺大醫院率先國際使用的免疫球蛋白與類固醇治療可治癒病患，且優於世界衛生組織（WHO）的建議；在檢測上，臺大醫院率先研發的免疫螢光抗體檢測法，確實能檢驗病患是否有SARS病毒抗體，大幅提高診斷率等。詳見《堅定信念——肝病世界權威陳定信的人生志業》，藍麗娟著，天下雜誌出版，頁三一六至三二〇。

毒有潛伏期，要等到開始發燒才會具有傳染力，可說是一種很笨的病毒，自己要傳染人了，還發出發燒的警訊來通知人。」

儘管在臺灣還沒有臨床證實這個觀察，但是李遠哲轉告中華民國社區營造學會後，結合一些民間社團，在板橋車站發放溫度計，向民眾宣導一天量兩次體溫，總共量十天的觀念。行政院長游錫堃也到現場視察，很快地在全國推行「全民量體溫」活動。

在民間與行政院的努力之下，ＳＡＲＳ防治有成，感染者漸漸減少。六月十七日，臺灣從ＳＡＲＳ旅遊警示區除名。七月五日，世界衛生組織也宣布臺灣從ＳＡＲＳ疫區除名。

不過，從四月到七月之間，疑似感染者自我隔離，民眾避免感染而減少出門，重創了各行各業，整體經濟損失甚鉅。房地產尤其損失慘重。

有一天，李遠哲從事建設業的好友吳劍森來找他，提及一位朋友在臺北市大直一帶興建住宅大樓，但是二〇〇一年受納莉颱風影響，工地淹水。禍不單行的是遭遇ＳＡＲＳ風暴，大樓正待完工，卻很少有買家來看屋。「院長，您要不要去看房子，幫忙一下。」吳劍森說。

李遠哲很同情這位建商，也覺得，既然二〇〇六年就要卸任，屆時中研院院長官舍應該留給新任者。遂與吳錦麗商量，與其等到他卸任後，不如現在去看房子，「幫忙支持一下臺灣經濟。」

於是，他與吳錦麗前往大直，看到其他幾個看屋的人，也都戴著口罩。

對他們的收入而言，購屋總金額雖然不低，但在ＳＡＲＳ衝擊之下，此時已經是十年來的房價最低點。他和吳錦麗看中其中一戶，兩人把在臺灣的所有積蓄都用來支付頭期款，其餘則向銀行貸款，此後成了貸款族。

後來，李遠哲得知建商以他爲號召，招來其他買家，儘管內心覺得不妥，卻也只能放下。轉念一想，購置了預售屋，至少卸任後，院長宿舍可望如期歸還給院內，讓一切回歸制度，也了卻他的一樁心事。

＊＊＊

《中央研究院組織法》修改通過，中研院各研究單位的「整合」工作也依法得以啓動。

早在李遠哲上任之前，有一些研究所受限於時空環境而成立，有必要整合。以三民主義研究所爲例，一九七五年中研院在當政者逼迫下設立三民主義研究所籌備處，一九八一年八月升格爲研究所，一九九〇年更名爲中山人文社會科學研究所；但是，吳故院長任內，立委們仍嚴詞批評該所研究主題不明確，研究人員來自哲學、歷史、政治、經濟、社會學等各領域，是一批「雜牌軍」。此外，部分研究所也遭立委責難定位不明，例如歐美所；歷史語言研究所、近代史研究所、臺灣史研究所籌備處也曾被質疑是「疊床架屋」。

李遠哲上任之初，即宣示要整合院內的部分研究單位。不過，他更強調跨領域研究，並撥款鼓勵進行跨所主題研究計畫。「該多增進跨領域研究，畢竟自然與社會的很多複雜問題，並非由十九世紀傳統留下來的『學門』爲基礎就能解決的。張光直與楊祥發也都同意，學術的整合該從一個人的腦袋裡開始，古代學者的學問確實是較爲廣泛的。」

早在一九九四年八月，李遠哲將整合的工作交給張光直故副院長負責。

「『整合』這個字，眾人多意會成『合併』，但是凡某物或某事需整合時，我們的意思常常是說它需要調整、融合（integrate）。如果合併能達到這個目的便合併，如果分裂能達到這個目的，便分裂。」張光直自承[161]整合是「最費時費力而收穫有限的工作之一」，儘管竭盡心力，但涉及人與本位主義，直至一九九六年卸任，尚未能一舉將院內的研究單位整合成功。

不過，張光直卸任前留下一個重要的觀念：「單一學門設研究所，跨領域研究設中心」，成爲院內的重要共識。只是，在一九九〇年時修訂的《中央研究院組織法》並沒有「研究中心」的編制[162]。所幸，二〇〇一年修訂通過的《中央研究院組織法》增訂了相關條文。至此，各研究單位的「整合」也於法有據。

「跨領域研究設中心」的共識如何落實？

以中山人文社會科學研究所爲例，融合了蔡元培中心與中山人文科學研究所，改組爲「人文社會科學研究中心」，專事跨領域研究，其下設置五個專題中心[163]。原有的研究人員可轉任研究中心或轉調其他基礎學門的研究所，例如經濟學者可轉任經濟所，社會學者可轉調社會所等。

「單一學門設研究所」的共識又如何實現？

以歷史語言研究所為例，由於古代史、考古學、語言學均為單一學門，於是再從中分出語言學門，一九九七年新設語言學研究所籌備處。政治學研究所籌備處和法律所籌備處都是因此而設立。

而「研究人員都該能跨所交流，跨領域合作」的理想，該怎麼做到？

「一位研究人員該要隸屬於兩個單位：一個是基礎學門設立的研究所；一個是較整合式、較為應用性的研究中心。」李遠哲認為。

以歷史語言研究所研究員范毅軍為例，其開創與長期深入研究的人文地理資訊學，就轉移到人文社會科學研究中心，創造了國際級的學術成就。范毅軍就是由史語所與人文社會科學研究中心合聘的研究員。

「在史語所，只有范毅軍一個人做人文地理資訊學的主題研究，但因資源不足，相當辛苦。人文社會科學研究中心提供了更多資源與人力，讓他的主題研究能擴展開來。」李遠哲觀察。

161 引述自《中央研究院週報》五五五期。

162 例如一九九四年院士會議提議，於一九九八年四月院務會議通過設立的「應用科學研究中心籌備處」，卻在同月稍後召開的評議會被改名為「應用科學及工程研究所籌備處」（仍簡稱應科中心）。後待二〇〇六年一月《中央研究院組織法》第十七條再度修法通過，才正式成立。

163 五個專題中心各設一名執行長來統籌研究工作。五個專題中心為：政治思想研究專題中心、制度與行為研究專題中心、亞太區域研究專題中心（係整併原有之海洋史研究專題中心、亞太區域研究專題中心、衛生史研究計畫、東亞經貿發展研究計畫）、調查研究專題中心、地理資訊科學研究專題中心。

以這三個構想進行整合，成果逐漸展現。

在人文組，成立了人文社會科學研究中心，中國文哲研究所籌備處升格爲研究所（二〇〇二年）、政治學研究所籌備處（二〇〇二年）、法律學研究所籌備處（二〇〇四年）；語言學研究所籌備處升格爲研究所（二〇〇四年）；臺灣史研究所籌備處升格爲研究所（二〇〇四年）。

在生物組，因應基因體研究和生物多樣性研究趨勢，新成立了基因體研究中心（二〇〇三年）和生物多樣性研究中心（二〇〇四年），並將一九九八年設立的生物農業科學研究所籌備處轉化爲農業生物科技研究中心（二〇〇六年）；動物所的族群生態學組研究人員改隸屬生物多樣性中心。二〇〇五年，動物所更名爲細胞與個體生物學研究所；同年，植物所也更名爲植物暨微生物學研究所。

在數理組，將一九九九年李遠哲倡議成立的環境變遷研究計畫改組新設爲環境變遷研究中心（二〇〇四年）、應用科學研究中心升格（二〇〇六年）、推動成立資訊科技創新研究中心（二〇〇七年）等。

經過整合，各個研究單位宛若蜘蛛結網般，網網相連，每一張網都連結到更多更緊密的網絡；單一學科的研究人員無需自我設限，跨領域交流開展了視野，萌生新創意、新想法、新知識。

外人難以想像的是，李遠哲這巨幅的整合藍圖、學術大殿堂的願景，竟然歷經十年努力，架構才終能完備。「至於每一位研究人員分別隸屬於一個研究所和一個研究中心的構想，仍待日後繼續努力。」他期許。

隨著新的研究單位一一設立，李遠哲避免同時興建許多大樓，影響環境與生態。

例如，基因體研究中心大樓的預定地在院區內的植物所宿舍區，這是低樓層的宿舍群。住戶有的仍在職，有的是退休研究人員家屬，早年政府曾保證，退休研究人員過世後，子女仍能住到成年。由於宿舍群就在中研院大門入口處約一百公尺處，早已招致不少院內同仁批評。李遠哲拜訪住戶，提出優渥的拆遷補償辦法，終於徵得住戶同意。

「住在這裡這麼多年，很多樹都是我們種的，都有感情了。」住戶之一、植物所研究員陳宗憲儘管依依不捨，卻認同李遠哲的做法。在拆遷之前，陳宗憲也與院區美化規畫委員會內的委員們一一爲區內的樹木做標記，詳錄該保留的樹種，甚至還舉辦了老樹巡禮活動。

令院內許多同仁訝異的是，二〇〇二年十月，基因體研究中心動工，施工區域卻往後退縮不只二十公尺，大多數的老樹都保留下來，成爲景觀的一部分。「原本建築師事務所的設計圖不是這樣畫的。爲了保留宿舍區的老樹群，我要求建築師更改設計，讓建築物向後退。」李遠哲說。

基因體研究中心的興建兼顧了生態多樣性；至於人文社會科學館，則是另一個維護院區環境，兼顧生態多樣性，促進研究交流的例子。

二〇〇二年時，中研院在接鄰後山之處興建人文社會科學館[164]，就預定一次容納六個研究單位：社會學研究所、語言學研究所、法律學研究所、政治學研究所、臺灣史研究所、環境變遷研究中心，

---

164 二〇〇六年落成。內部除了容納各研究單位與研究員研究室，還設有大、中、小型的會議室，此後，許多國際會議不再只能依賴原有的學術活動中心，而能在人文社會科學館附設的國際會議廳舉行。

以及聯合圖書館。共用環境與設施，無形中促進跨學門的交流，這是李遠哲的用意。他帶領中研院之後，一直盼望在世紀之交能建造一棟「世紀大樓」，解決人文社會科學領域的空間限制，不但促進研究人員跨界交流，也象徵中研院對人文社會科學研究的重視。這也是院區規模最大的大樓。

在臺大總校區內的天文數學館，也是李遠哲多年推動的心血。早在一九九一年，李遠哲還在柏克萊加大任教時，他回臺學術休假，幫助臺大向教育部爭取興建物理大樓。李遠哲回國接任院長後，「物理大樓完工，一半借給天文所，也促成臺大物理系內的天文研究。那時候答應中研院會在臺大興建天文數學大樓，促進臺大的天文、數學與中研院合作，所以我一九九四年回國之後就開始和臺大談。」

「蓋天文數學館，臺大拖了很久。若非院長有熱情，也很有耐心，應該做不下去。」祕書組主任李有成觀察。

二〇〇三年，建築師事務所終於確立，卻仍難以動工。

「大樓的經費是十二億左右，由於政府預算造價太低，營建工程幾次廢標都沒人投標。」李遠哲得知後，決定出面解決。他想起東元集團董事長黃茂雄，或許會願意幫忙。於是他撥了電話。

「請問是黃董事長嗎？我是李遠哲。」

「我是他的助理。請問院長是不是有急事？還是有要事？」

李遠哲確實有要事聯繫，遂答：「是的。」

過了一陣子，話筒才又傳來聲音。

「喂……」

「黃董事長，我是遠哲。您的聲音聽起來很虛弱啊。」

「院長啊，我剛開完心臟繞道手術，在加護病房。」

「啊，我不知道您開刀。真的很抱歉。」李遠哲不住道歉。

短暫談話過後，黃茂雄同意幫忙[165]。

天文數學館是與臺大合作，李遠哲也採取整合模式，不僅預定容納中研院數學研究所、天文及天文物理研究所籌備處；日後也將供臺大數學系等相關系所進駐。

「我們剛搬到南港時，周圍都是農田，從三棟房子開始……到現在的三十棟大樓、近三十個研究所與研究中心，都是這五十年來的變遷，房子與研究所也增加了十倍。[166]」拿過六任院長聘書的中研院民族所研究員李亦園[167]，見證中研院一九五四年設址南港至今五十年的規模成長。

而李遠哲領導的近十年，中研院的研究單位從二十一個擴增到三十個；而院內獎勵學術研究，與

---

165 工程招標後，李遠哲曾參加多次大樓規畫討論。後來興建中修改計畫時已是翁啟惠任內。二〇〇九年天文數學館落成。李遠哲後來得知黃茂雄在這項工程虧本了不只一億新臺幣，因而一直對黃茂雄過意不去。

166 引述自李亦園院士演講文，《中央研究院週報》九九二期。

167 人類學家，曾任中研院民族學研究所所長等。中研院院士。

培育年輕研究人才的各項辦法，也一一制訂、實施。

一九九七年核定的中央研究院人文社會科學博士候選人培育計畫要點，是為了培育人文社會科學之研究人才，協助博士候選人完成其博士論文，並作為各所人才儲備，以一年為期，必要時得延長一年，申請主題計畫經費每月給予三萬五千元補助。「這是特別為培育人文社會科學人才而設的制度，對人文學門很有幫助，」中研院祕書組主任李有成指出，李遠哲是少見的，富人文關懷、重視人文的院長。

而一九九六年設立的中央研究院年輕學者研究著作獎，一九九九年起也開放給全國申請，人文、數理、生物各組給獎名額從三名增為五名，每年都是全國年輕研究學者競逐的焦點，而年紀三十出頭即獲獎者所在多有。

二〇〇四年核定的深耕計畫，更著眼於「鼓舞院內研究人員潛心於研究工作，不需為籌措研究經費而多方申請研究計畫，因而分散研究主題的情形，也希望能激勵研究人員長期致力於知識領域重要課題的原創性研究，充分發揮研究潛能，期在日後有世界水準之重要貢獻而規畫，以拔擢院內傑出研究人員，給予充分且長期的研究經費支持。」獲得深耕計畫補助者，院方會充分資助經費於其研究工作，連續五年。二〇〇五年實施後，有二十二件申請，七件通過，通過率三三%；隔年有十八件申請，八件通過，通過率五〇%。

這一系列李遠哲在中研院推動實施的研究獎助辦法，實質鼓舞並育成不少年輕學者。

而他一九九四年倡議並集合民間力量募款成立的傑出人才發展基金會，更以民間角色，積極設立一系列辦法，不獨厚中研院，廣為接受國內公私立大學和公立研究機構或國家實驗室申請。創立之初即設置的「傑出人才講座」，每年都提供獲獎人充分數額的獎勵經費。

世紀之交，為鼓舞獲得國際科學院院士榮譽之國內傑出學者，設置了「傑出成就獎」。二〇〇四年為了爭取國外優秀年輕學術工作者來臺服務，提升國內學術競爭力，更設置「積極爭取國外優秀年輕學者獎助辦法」。攬才也要留才，為了協助留任國內優秀學術研究人員不致為國外產學機構挖角，也同時設置了「積極留任國內優秀學者獎助辦法」，這兩項辦法獎助了三十六人。為了育成年輕學者，一九九五年推出「優秀學生出國開會辦法」，補助公私立大學院校三年級以上學生出國參與國際學術會議發表論文。「博士後研究人員出國開會辦法」於二〇〇〇年推出，則補助專職博士後研究人員出國參與國際學術會議發表論文，此兩項共逾千位年輕學者受資助。

李遠哲與傑出人才發展基金會針對學術研究所需的各個關鍵環節所設置的各種辦法，不僅補足了中研院及國內各大學及研究機構受限於預算而較難推動的缺口，亦創造源源不絕的學術人才活水。

當研究單位整合與擴增，不斷創造獎勵研究的誘因之際，院內也制定嚴格的國際審查與評鑑制度，來提振研究品質與研究水準。

「李院長回來，帶動了很多人願意回中研院。他和國際科學界有很深的聯結，我們的學術審查與評鑑，都是國際級的。要做評鑑，發邀請函的人是誰？是李院長。邀來的都是國際上極富學術地位的學者。這些人願意飛那麼遠來，有時候都是看交情的。」中研院學術諮詢總會副執行祕書黃進興指出。

黃進興負責學術審查與評鑑工作，有時須赴美開會。他觀察：「這些人都很直接，有時候會講一些尖銳的評語，甚至會說，在我們美國沒有辦法允許你們某某研究所這麼做等等……」

外國審查與評鑑者就事論事的風格，使中研院的研究水準日益砥礪並提升。有一回，加州理工學院的校長來院內拜訪，並向李遠哲說：「我現在聘教授，如果是華人，我常常都會問他，有沒有中研院的院士資格？現在競爭激烈，要有中研院院士我才要考慮。」

英國皇家科學院院長也曾來訪中研院，「我這一生從未想過能在臺灣見到英國皇家科學院院長。」負責接待的黃進興很興奮，近身注意李遠哲與科學院院長的互動後發現，科學院院長對李遠哲不但敬重有加，而且，「看到他（李院長）處理事情，對我來說也是一個層次，增長見識的進步。覺得自己的眼光更開闊，至少更能觀照全局。」

由於過程一直以英語進行交談，黃進興會後忘記改口說中文，由衷對李遠哲說：「It's honor to work with President Lee.」（眞的很榮幸與李院長一起工作。）

李遠哲卻也率直提醒：「No, You are working for the people.」（不，你是在爲人民工作。）

「院長是一個很有Charisma（領袖魅力）的人，他回來花了所有精力在提升中研院和臺灣的能見度，他心中的理想性非常高，想的是國際性、世界性的思維，你會覺得他好像是太空人。但在社會上，大家只注意到他於政治上的選擇。」黃進興感觸很深，卻也只是放在心裡。

＊＊＊

二〇〇四年十一月，基因體研究中心大樓落成啓用，正前方有三棵高大杉木，而較爲低矮的樹木，都是施工前特別保留的宿舍區老樹群。當初遷移的舊住戶行經，看到當年手植的樹木仍在，油然悸動。

老樹木群旁的中研院生態池已建立四年了，許多水鳥與昆蟲在這片濕地中活動，是李遠哲支持中研院復育大自然生態的最佳註腳。

不過，院區美化規畫委員會中的幾位委員正在思考，決定提案在基因體研究中心大樓前方與後方建立一座小森林。他們注意到，由於氣候與環境因素，臺灣的原生樹種生長得特別好；於是，他們希望建立一座小森林復育區，以臺灣原生種爲主來植樹。

提案在委員會內通過，李遠哲撥經費支持，二〇〇五年，小森林復育區以不到一百萬經費施作，成爲中研院在生態池之外的另一座復育區。毗鄰生態池串聯成綠帶，多樣動植物自在繁衍，多樣性的自然生態得以孕育。

來到近美大樓，這棟因地基不穩在九二一大地震中受損而維修整建的館舍，內部有著一間遠近馳名的書畫重鎭：嶺南美術館。

二〇〇〇年時，李遠哲感於國外一流研究機構與學府兼顧學術研究和文物藝術收藏，例如哈佛大學沙克勒博物館、康乃爾大學的詹森美術館等，中研院雖也有史語所的歷史文物陳列館、民族所的民族學博物館，卻沒有美術館，藝術氛圍不足。有一天，李遠哲向嶺南派畫家歐豪年提起；意外的是，歐豪年不僅揮灑〈澹寧致遠圖〉，還將收藏的高劍父、高奇峰、陳樹人等嶺南派畫家名作，連同自己的畫作共一百多幅贈予中研院。這些收藏極珍貴，於是院內決議通過在近美大樓內闢建「中央研究院嶺南美術館」。聯電董事長曹興誠贊助經費，不僅整建近美大樓的震災受損區域，嶺南美術館也在其內籌備、修建、開館，成為中研院第一間美術館，並開放院內外人士參觀。

「深深期待嶺南美術館的成立，可以帶動本院其他專業藝術場所的開設，讓中研院不只成為學術重鎮，也是藝術文化的殿堂。」二〇〇二年開幕時，李遠哲說。

科學研究的目的，是為了增進人類福祉；科學研究人員不應只埋首於研究室，而應該盡量將研究的意義帶進人民生活，讓人民體會。

能讓中研院躍居國際學術版圖的，不只是依賴突飛猛進的論文篇數或點數，也應該是讓其價值能走入社區，薰陶、感染人民。李遠哲回臺領導中研院的這些年，每年開放一次院區，舉辦每月藝文活動與「知識的饗宴」通俗演講，綜合體育館、嶺南美術館、生態池與小森林復育區等活動與設施，都開放與民眾共享，吸引大眾關心、愛護、共享、融入這座學者的社區。

五十年來，曾被在地人喻為「租借地」的中研院，這道無形的高牆不僅在近十年間被李遠哲慢慢拆下，更逐漸成為南港人的精神認同與地標。

深入中研院院區，來到近後山，興建中的人文社會科學館後方。鮮少人注意到這裡有一座「中研福德祠」。

「很少有一個土地公廟用國家機構來命名的吧？這是由於當地人已經把中研院認成當地的一部分，才會出現『中研福德祠』。[168]」中研院院士李亦園從文化人類學的角度判斷。

李遠哲沒有宗教信仰，但可以確定的是，十多年來捲起袖子改革提升中研院、一心一意爲人民工作的他，已贏得了在地人的尊敬。

[168] 引述自李亦園院士演講文，《中央研究院週報》九九二期。此外，根據訪查，一九〇〇年之前這座土地公廟已在此處，一九八四年是最近一次整建。然而一九五四年中研院才遷來，推測是整建時才賦予此名。

第十六章 卸下十二年重擔

「李院長，今天晚上會去打球嗎？」

從早上七點出門起，李遠哲一整天忙完緊湊的院務，滿臉倦容地回到家與吳錦麗吃晚餐，正想著進書房繼續工作時，就接到中研院網球社球友的來電。

「今天很累啊……也好，打完球精神就會好了。」李遠哲對話筒說。

於是他回到中研院院區，來到二〇〇一年落成的綜合體育館。此時，幾位不認識的人迎面走來，一見到他，驚喜地說：「院長好！謝謝您蓋這棟體育館，還開放讓我們南港居民也能來運動！」

李遠哲與他們一一握手，便向二樓的網球場走去。幾位民眾向體育館入口處的值班人員探問：「院長常來嗎？」「運氣眞好，竟然能碰到他！」「沒想到他打網球耶！」對這種情景習以爲常的值班人員點點頭，微笑以對。

「中研院在南港五十幾年，應該認同這裡，融入這個大社區，體育館自然應該開放居民來運動。」他認爲。

短短十幾公尺的階梯，李遠哲往左右兩側看去，室內田徑賽道、韻律舞教室、瑜珈教室、羽球場、網球場上都有不少人。「做研究的壓力很大，一定要多運動，才能好好紓解壓力。」他深知，尤其中研院做的研究，往往是在與國際頂尖的人競爭。

網球場上，他與幾位球友過招幾回，打得難分難解。中場，他坐在椅子上擦汗休息，笑稱：「有人跟我說，看我打球，像是在拚老命。我就跟他說，輸贏不是重要的事，但是，老命還是要拚的！」

揮別網球場時，李遠哲已然精神抖擻，準備回家繼續工作。

踏進夜涼的中研院院區，沿著平整的道路行經的不少大樓仍燈火通明，他能想像在裡面探索科學未知的同仁們專注的神情。時間眞快！不過十幾年前，他剛回到這裡捲起袖子工作，入夜後總是一片漆黑，使他不禁想念起勞倫斯柏克萊國家實驗室挑燈夜戰的夜景。當時，甫接任院長的他，還曾許下宏願，一定要打造一個環境，讓中研院做出國際一流的研究。

如泉水般，心中湧出一種難以言喻的感動。二〇〇五年年初的此刻，他彷彿正在進行一場夜間巡禮，也像是一一檢視他這些年來的努力，並預先向這個生活與工作十一年，投入濃厚感情的院區說再見。

說再見，總是可以很瀟灑；但是，要轉頭就走，卻沒有想像中容易。

早在二〇〇〇年五月《科學》雜誌就刊出他的受訪話語：「我勢必是中研院最年輕的卸任院長，我不願成爲妨礙年輕一代前進的科學家。」

確實，當《中央研究院組織法》於二〇〇一年十月修法成功，確立任期五年，連選得連任一次的院長任期制時，他就認定，修法之前算是一任，修法後，自己的任期到二〇〇六年十月，就算第二任的屆滿了。

但是，隨著這一天越來越逼近，院內對任期的認定也不無疑慮，中研院不少同仁認爲，依照法律不溯既往的原則，到二〇〇六年十月應該算是第一任屆滿才對。不少院內人員希望他留任，也有人認爲應該尊重他之前的意願表述。

二〇〇五年一月，李遠哲接受媒體專訪時，記者特別問道：「有些院方人士仍希望院長留任，您會考慮嗎？」他斬釘截鐵說：「我不會考慮，很多事情需要世代交替，中研院人才不少，不需要折磨一個老人家。[169]」

「到那裡去找一位中研院院士，能比得上李院長的國際聲望、視野、格局和做事能力，帶領中研院到新的境界？」一位中研院院士指出不少人的憂心。二〇〇五年十月上旬，有六名中研院院士連署支持李遠哲續任院長。

爲此，李遠哲主動召開記者會，強調自己「絕對不會做違法的事」，並以「世界上沒有任何事非某某人不可[170]」，表明二〇〇六年任滿就不會續任。

儘管如此，爲了建立制度，釐清爭議，中研院仍有必要明確認定到底現任院長目前的任期究竟是第一任或第二任。該如何認定，並非院長或院務會議能說了算，而是中研院決策位階最高的評議會[171]來裁決。

二〇〇五年十月十五日，中研院舉行評議會，會中臨時動議討論此事。李遠哲退席迴避，由評議會執行長劉翠溶主持會議。經過長時間討論，決議認定，根據民主國家「法律不溯及既往原則」，《中央研究院組織法》有關院長任期規定，應該從組織法在二〇〇一年十月十七日公布後開始適用。也就是說，現任院長到二〇〇六年十月十六日算是第一任。

評議會的這項決議，某些新聞媒體解讀爲，是替李遠哲的連任「解套」[172]。對此，李遠哲仍清楚表述：「明年院長任期屆滿後，不會再留任。」

從各大新聞媒體的報導來看，李遠哲連任與否的議題，至此算是落幕。但是，另一件有關李遠哲的聳動標題，卻占據了特定幾個新聞媒體的版面：「李遠哲爲教改道歉」。

眞是如此嗎？

---

169 《大紀元時報》，二〇〇五年十月十日，「院士連署支持續任 李遠哲：絕不做違法的事」。

170 《大紀元時報》，二〇〇五年十月十日，「院士連署支持續任 李遠哲：絕不做違法的事」。

171 中研院首度實施「評議會」制度起自一九三五年。評議會超然獨立，位階高於院務會議與院長。評議會可比喻為中研院的董事會；評議會之決議，院務會議必須執行，否則，須由院務會議提案送往評議會，經過評議會決議，再交由院務會議執行。評議會每三年改選一次，慣例一年開兩次會（四月與十月）。由兩種成員組成：一，聘任評議員：由海內外的中研院院士選出；二，當然評議員：行政主管包括院長、副院長、總辦事處處長（今祕書長）、各所所長、研究中心主任等。依《中央研究院組織法》，中研院院長為評議會的議長。評議會選出執行長。第十九屆評議會（二〇〇五年五月至二〇〇八年四月）的聘任評議員有三十六位，當然評議員有三十位。依《中央研究院評議會會議規則》，議長為評議會的主席，因故不能出席時，須指定一位副院長代理之。但院長辭職或出缺時，由執行長召開「臨時評議會」推定臨時主席，主持新院長的選舉事宜。

172 《大紀元時報》，二〇〇五年十月十六日，「連任解套 李遠哲去意仍堅」。

十月十三日，李遠哲受邀到立法院[173]科技及資訊委員會備詢。其中，一位藍營立法委員以教育改革爲題質詢。

某立委：「院長，你知道臺灣有多少小學生夜裡跟你一起燈火通明嗎？你知道有多少中學生夜裡跟你一起開夜車嗎？我的小女兒晚上十一點睡覺，小學生；我的兒子晚上十二點睡覺，國中生。院長，你可以說那是連戰的責任，我們只是設計教改，沒有推動。但是責任可以這樣劃分嗎？」

李遠哲：「教育問題是整個社會的共同責任，如果教育改革，或者說教育問題是我一個人的責任，這是不對的。」

某立委：「院長，你太謙虛了！正因爲你有這種聲望，所以大家對你有所期許，也很佩服，包括我在內，所以我們放縱你李遠哲先生！你的意見到處流竄，你到處管事兼差……從救災到各種改革，院長都有參與，但當中以教育改革爲最。以你的聲望、意見，這十年下來，你是否覺得當中有哪一件事是需要認錯的？」

李遠哲：「這十年來，我雖然沒能影響教育部的教改工作，但我仍在努力。如最近高中分流，這將會變成分級制度，每個人……」

某立委：「對不起，我必須打斷你的話。我是問，你有沒有需要向我們認錯的事？這十年來，有沒有做錯嚴重的事，需要認錯？還是說十年來，我李遠哲所做的，沒有一件事錯的？」

李遠哲：「我做的事當然有錯。」

某立委：「請告訴我們是哪一件？」

李遠哲：「沒能紓解升學壓力，反而加深了。」

某立委：「要不要向我兒子及女兒道歉？要不要讓小朋友看看，我們的社會中有這樣一個偉大的人，知過必改，願意認錯？請問院長願不願意認錯？」

李遠哲：「我願意向各位道歉，因爲社會對教改會（教育改革審議委員會）有太大的期待，而不了解其實教改會所能做的，只是將諮議報告書提交給行政院，之後我無法著力。但社會對教改會有這麼大的期待，而我卻沒能做到，這點我需要道歉。」

某立委繼續質詢，但是，由於已經超過質詢時間，民進黨立委管碧玲在席位上出聲制止。

管碧玲：「他一直在欺負院長！」

某立委：「妳不要在下面搗亂，剛才時間也到了，爲什麼不下來？」

主席：「請李院長以書面答覆。」

173「立法院第六屆第二會期科技及資訊委員會第六次全體委員會會議紀錄」，詳見立法院公報，第九四卷第五四期委員會紀錄。

某立委：「管碧玲，妳不要搞程序問題！妳的護航沒有用！」

管碧玲：「你一直在欺負院長，你才違背知識分子的理想！」

這場質詢在砲火四射中落幕，而委員會的會議到十二點半才結束。

當李遠哲走出立法院時，仍保持一貫風度。想起當年，行政院教育改革審議委員會是由行政院長連戰設立，兩年三個月的臨時任務編組，《教育改革總諮議報告書》在一九九六年十二月二日交給行政院長連戰後，卻未被行政院核定，也未被執行。自己確實是爲這本三十一位委員努力寫成的《教育改革總諮議報告書》沒有被執行而難過。（詳見第九章）

而委員會解散後，行政院新成立了「教育改革推動小組」，歷經徐立德、章孝嚴、劉兆玄三位行政院副院長擔任召集人，最後在一九九八年完成，並由行政院核定並執行的「教育改革推動方案」，也早已與《教育改革總諮議報告書》大相逕庭。他不能明白，爲何藍營立委要迴避這些事實？

然而，下午看到晚報，晚上看到電視新聞頻道一再放送「李遠哲爲教改道歉」的報導，他不禁驚愕了。大多數新聞報導只截取了一段話，就說他承認錯誤，爲教改道歉。

「《教育改革總諮議報告書》早就被束之高閣了，就算沒有被束之高閣，政治責任也應該是行政院長或總統來承擔啊！」中研院社會所研究員、澄社社員瞿海源一針見血指出。

「這是很典型的政治責任，當行政院長的人要負責，怎麼可能要一個臨時性的顧問單位來負責？」曾任教育改革審議委員會諮詢委員，也擔任過行政院長的游錫堃搖著頭說。

曾任職報社的政大歷史系教授彭明輝，聽人轉述「李遠哲爲教改道歉了」之際，只是淡淡地說：「典型的斷章取義，除非給我看影音，我才會相信李院長道歉。」身爲《教育改革總諮議報告書》的潤飾者，彭明輝曾近身觀察李遠哲的風格，「李院長講話很慢，他不像一些人那樣強勢地處理事情，他比較柔性，也常以幽默的方式應對。」

曾任教育改革審議委員會執行祕書的曾憲政，憶起一九九八年時，「我收到那兩份總統府的文件，就勸李院長開記者會，把事情講清楚。但是，院長沒有同意，他說，讓現在的人做做看。」曾憲政深知李遠哲是「不在其位，不謀其政」的人，也就不再勸說。（詳見第九章）

曾看過這兩份總統府文件的人問李遠哲，既然一九九六年十二月十九日，李總統指示教育部長吳京另找其他人來研議適合國情的教育改革方案，如今，何不出面召開記者會公布此事？

李遠哲卻說：「李總統已卸任，也離開國民黨了，他現在什麼權力都沒有，我又何必這麼做？」

「李院長這個人就是太厚道了！」曾任中研院院長特別助理的臺大化學系教授彭旭明不以爲然。一則則有著聳動標題的新聞報導，以近乎病毒的方式渲染開來，斷章取義的方式，連當初對《教育改革總諮議報告書》提出不少意見的人本教育基金會和臺大數學系退休教授黃武雄[174]，都不願新聞報導是非不分，而澄清事實，爲文聲援李遠哲。但是，在新聞媒體一面倒的情勢中，他們的聲量顯得

---

174 數學家，社運工作者。一九七〇年代推動教育改革。倡議四一〇教育改造運動、社區大學、千里步道。曾任臺大數學系教授、中研院數學所代理所長等。美國萊斯大學數學博士。

微小。

「政黨輪替之後，政媒兩界有人決定進一步採取行動，以防他爾後繼續在關鍵時刻發揮政治社會影響力。於是，有一個十人小組成形，會商提出所謂『消滅李遠哲計畫』，認定由於臺灣社會一般人對教育或多或少有意見，可以用教改出擊，只要散布『教改是失敗的，李遠哲要負責』論調，就可以打到他，使其失去公信力。[175]」

政黨輪替後，確實有人傳話要李遠哲有所準備，藍營有一個小組要打擊他，降低他的影響力。這位傳話人也曾協助過教育改革審議委員會的工作，但不認同「教改是失敗的，李遠哲要負責」的說法。對方還提醒李遠哲，九二一震災重建和教改都是鎖定攻擊的議題。

李遠哲不是沒有放在心上，而是覺得：「我真心捲起袖子為這片土地奉獻，況且要做的事情很多，如果那麼在意這些，那麼什麼事情都做不了。」

但是，從政黨輪替之後，躲在暗處的「十人小組」啓動一波波的政媒攻勢，這些負面消息日積月累，對於某些民眾卻似乎漸漸發揮了作用。

二〇〇三年，打著「檢討教改」的一波波攻勢，占盡新聞版面，也有特定媒體跟進定調，批判李遠哲。而分析大多數批判教改的論述，少有提及真正負責執行的「教育改革推動小組」及三位行政院副院長級的召集人與「教育改革行動方案」，甚至連二〇〇〇年政黨輪替之前頻繁換人的吳京等四位教育部長也略去不提。頗有昨是而今非之感。

「如果人家問我教改是不是失敗的，我都會反問他們，你看過《教育改革總諮議報告書》嗎？這其實是被扭曲的，爲了攻擊李遠哲，反正教改可以隨便打。」彭明輝說，比如建構式數學等許多報告書裡並未建議的政策，竟然都冠在李遠哲頭上。

曾憲政在一九九七年曾經行文行政院，表示很多民間社團希望索閱《教育改革總諮議報告書》，並委託民間出版流通，但是，「行政院回覆的公文，注定了這份報告書被束之高閣的命運。」

或許無心，或許有意，某些新聞媒體不時出現的「標題殺人」效果，卻鑄造了一個「李遠哲爲教改道歉」的烙印，牽連出家長、教師對教育的不滿。這也成爲壓垮駱駝的最後一根稻草，使曾經熱心參與教育改革審議委員會的工作同仁灰心不已。

吳錦麗不忍心看到總是「犧牲小我，完成大我」的李遠哲默默承受。而對他而言，吳錦麗則是他要完成「大我」時，總是被迫犧牲的「小我」。這兩人是一體的，從小學就認識，是最愛，是家人，也是一輩子的好朋友，一起承擔被誤解的罵名。

李遠哲累了，沉沉睡去。

小遠哲跟劉遠中等堂兄弟們到家隔壁的學校操場踢足球，球飛遠了，掉到某屋舍門口，一

175《李遠哲與臺灣首次政黨輪替》，謝秩祿（盧世祥）著，玉山社出版。頁一八五。

個男孩忽然跳出來，拿著削尖的竹子要把球刺破。劉遠中趕忙飛奔去搶球，還揍了那男孩幾拳。

當他們打完球，列隊走回家時，他排在最後面。這時，方才那男孩握著長長的竹竿追上來，嚷嚷著要打人。排在最前頭的劉遠中大喊：「遠哲，快跑啊！」其他人也出聲警告。只是，他並不在意，仍以原來的步伐行進。這時，那男孩加速衝過來，狠狠往他頭上敲了一記，他隨即倒地不起，鼻梁與額頭流出鮮血。「快，快背他回去！」劉遠中將他一把背起，疾步衝回李家。父親李澤藩帶他到醫院縫了好幾針。

當他終於醒轉時，大夥兒問他：「當時叫你跑，你怎麼不跑呢？」他卻悠悠地說：「我們不是都說『男子漢大丈夫』嗎？懦夫才逃走啊。我沒做錯事，也沒欺負他，他要來打我，我是堂堂男子漢大丈夫，怎麼能逃呢？」

李遠哲醒來，不禁苦笑，這不是夢境，而是他上小學之前的眞實事件，當時的處境與性格，竟與如今相似。

二〇〇六年四月十五日，中研院即將召開評議會，並將加開臨時評議會以選舉新任院長。李遠哲是現任院長，理應迴避這一次會議，他預先排定前往廈門大學參加八十五週年校慶，再前往新加坡大學及南洋理工大學演講。四月二十二日到二十七日，他也將先飛美國參加美國國家科學院年會，再飛往中東的卡達（Qatar）參加國際會議。出差期間，他指派副院長劉翠溶擔任職務代理人。

他請假未出席這場評議會，但是，會中卻出現了一件他不樂見的事。

會中有十名評議員臨時提案[176]，主要是將《中央研究院研究所組織規程》第十三條第一項增列第七款為：「獲得諾貝爾獎或相當之全球性殊榮，得依聘審要點之規定，新聘為特聘研究員[177]，不受年齡之限制，其聘期由院長提請本院院務會議決定之。」

所謂「年齡限制」，是因為同法第一項第六款：「年滿六十五歲之本院院士，得依聘審要點之規定，新聘為特聘研究員至年滿七十歲為止。」而會中提加列第七款，可使符合該款要件者，可不受制於七十歲之年齡上限。

當天會議主席是劉翠溶，出席之評議員共五十三位。會中，有人認為條文太過籠統，應該增加「身體健康狀況良好」等字眼。不過，出席的評議員，臺大醫學院院長陳定信等人發言表示：「大家都在研究或學術機構工作，都知道，如果我們行政主管已經決定要聘用一個人了，他會是身體不健康、沒辦法做研究的人嗎？就算不是超過七十歲，這個人也得要是身體健康，才可能聘啊。我認為這

176 詳見二〇〇六年四月十五日中研院第十九屆評議會第二次會議紀錄。

177 特聘研究員制度乃是一九九〇年由前院長吳大猷任內修改《中央研究院組織法》訂定，為延攬國外傑出院士回臺並彌補國外待遇差距而設，是獎助金性質，最早適用者是吳成文院士。李遠哲擔任院長後，力邀國外傑出院士回臺服務，也常援引特聘研究員制度。特聘研究員的職等有十級，但是辦理退休時，退休金是以一般「研究員」的本薪計算。換句話說，特聘研究員的退休金約當於研究員退休金。

是常理，不需在條文中特別說明。」許多評議員紛表認同。

經過一段時間討論後，會中過半數表決通過此一臨時提案。

然而，評議會後，李遠哲才得知[178]這項決議。由於，評議會的決議高於院務會議，儘管他不願接受，依法只能先召開院務會議加以討論，等評議會下一次開會（十月）再提案修改。

但是，評議會既已通過決議，中研院依法必須執行，無從推翻。經一段行政流程，當這份提請總統府公布新修正的《中央研究院研究所組織規程》的公文送到院長室，李遠哲仍在卡達開會，於是，職務代理人劉翠溶簽了「可」字，公文就送到總統府，由總統決行並公布。

儘管這次評議會和公文決行，李遠哲都因公務出差不在院內，然而，卻被特定新聞媒體不實報導為「自肥」。

這下子，李遠哲陷入兩難局面。

這段時日以來，美國、中東、日本的一些學術與研究機構陸續來邀聘他，韓國某國立大學甚至聘他一年只需工作兩個月就能享有全年的薪酬。他也知道，外國高薪延攬，是想連帶網羅一位諾貝爾獎得主的學術成就與人脈。雖然他並不看重國外的高薪挖角，但是，卻也忙於院務尚未能抉擇。此刻，評議會的決議看似「好意挽留」，卻也因不實的負面報導而造成他與中研院的困擾。

這時，一位長年為臺灣民主自由奮鬥的企業界友人來電提醒他，應該從中研院的角度來思考，既然他不在意薪酬，「如果中研院能夠用比其他機構低不只一半的條件，就能請到一位諾貝爾獎得主做研究，對中研院與國家社會，豈不是一件好事？」

李遠哲認爲，此言確實有道理。這位好友爲他擬定一篇聲明稿，經他過目後公開發表[179]。

然而，發表之後，卻又引起軒然大波。

七月十四日《自由時報》報導，「中研院副院長劉翠溶昨晚嚴正澄清，這是中研院爲爭取知名學者所做的努力，且當時李遠哲出國，會議由她主持，條款並非李所批准。[180]」

「劉副院長來問我，爲什麼我發這個聲明說我簽了公文？我說，如果我扛下來，能讓這件風波到此結束，不讓中研院同仁受到影響，我沒有關係。」李遠哲說。

儘管李遠哲選擇扛起責任，劉翠溶仍挺身向媒體說明眞相。只是李遠哲與當事人都未對外說明這篇聲明稿的內情，而社會大眾普遍不清楚中研院特有的評議會制度，都使此事餘波盪漾。

---

178 開會之前，評議員通常會收到會議通知，預先了解議程和提案。不過，開會當天，十位評議員提出的這項臨時提案，李遠哲事前全然不知情。

179 聲明全文：「一，中研院評議委員會決議修正組織規程，增列優遇條款，本人應可留待新任院長批准。惟經深思，本人若因自己也在優遇名單上，便遲不處理，以私害公，對名單上另外五位院士，事實上形成不公平，自非處理院務之所當為；二，本人一向以能為自己的國家服務為無上光榮，因此雖然美、日一些學術機構知道本人即將任滿，紛紛前來議聘，且報酬都在國內標準二倍以上，本人迄不考慮。至於本人是否自肥之人，社會應有公論；因此，對於某些惡意批評，本人並不在意。」（四月中研院評議會修正通過的《中央研究院研究所組織規程》第十三條第一項第七款，適用於諾貝爾獎得主和同等級的全球性殊榮。而聲明中所謂的「名單上另外五位院士」並未見諸法條，可知當時李遠哲和擬稿者並不了解詳細條文；擬稿者誤以為有華裔諾貝爾獎得主暨中研院院士楊振寧、李政道、丁肇中、朱棣文、崔琦等另外五人。）

180 《自由時報》，「中研院優遇條款自肥爭議 李遠哲：對諾貝爾得主院士不公平」，二〇〇六年七月十四日。

持平而論，對於中研院的未來發展，確實需要延攬全球性殊榮人才回院指導研究。於是，院務會議決定提出一項提案，送到十月即將召開的評議會中，由劉翠溶召開相關會議進行[181]。

十月十四日召開的評議會，共有五十位評議員出席。過半數通過決議這項由院務會議提出來的臨時提案。也就是說，《中央研究院研究所組織規程》第十三條第一項第七款的文字修正爲：「**獲全球性殊榮者，得依聘審要點之規定，新聘為特聘研究員，不受年齡之限制，其聘期由院長提請院務會議決定之。全球性學術殊榮之參考項目由院務會議另定之。**」會中還通過「全球性殊榮」爲諾貝爾獎、美國國家科學院院士、克魯格人文與社會科學終身成就獎（Kluge Prize）等十四種，這項新修正通過的條款，共有三十三位院士適用。

李遠哲想要一肩扛起，化誤解爲轉機，讓這項條款能幫助中研院延攬全球性殊榮的人才。他的努力，也在這一次的評議會中獲得通過。

在紛擾的社會氛圍中，李遠哲完成了多項院務。他秉持「人才：源頭與活水」雙頭並進的一貫策略，二〇〇六年，他更支持中研院資訊所所長李德財提出的資安跨國合作計畫，與美國柏克萊加大、卡內基美隆大學（Carnegie Mellon University）合作，選送臺灣學生受訓並接受指導，含括研究空間、學生住宿、美國教授指導等費用約需一百萬美元，三年共計一百二十人次學生可獲得栽培。「我向李院長爭取，他願意承擔。如果不是他出面支持，以這樣的經費能使這麼多人才得到一流規格的栽培，這是沒有人做得到的！[182]」李德財極爲感佩。

二〇〇六年十月十九日，中研院新舊任院長交接典禮。即將卸任的李遠哲向與會來賓發表演講。回顧自己一九八〇年被選爲中研院院士，協助成立中研院原分所，推動國家同步輻射研究中心，以至十二年來帶領中研院，二十六年的歲月，眼見國內與院內的成長，感觸很深。他說道：

「我有一個使命，一定要在臺灣與臺灣科學家共同努力，讓大家知道不論在臺灣、亞洲或東南亞，我們都可以做世界一流的工作，一轉眼十二年九個月很快就過去了。

今年，美國國家科學院在華盛頓召開院士會議，化學組院士在談美國在化學的競爭力時，就有人談到，如今美國在化學動態學方面的研究恐怕已趕不上臺灣，他談的便是中央研究院原子與分子科學研究所，他們認爲我們已走在美國的前頭。……不僅原分所，最近這幾年，不論是人文社會科學、生命科學、數理科學，有許多領域眞的是追趕得很快，都在做世界最先進的工作。

當然今天如果有人問我對中央研究院目前的學術成就滿意嗎？我會說還不滿意；但是如果

181 根據二〇〇六年九月二十二日劉翠溶副院長召開「研議與諾貝爾獎項相當之全球性殊榮獎項」之會議紀錄，列出各種全球性殊榮之獎項與中央研究院院士的獲獎情形，並提報院務會議參考，預備做成臨時提案，於十月即將召開的評議會中提出。

182 資安跨國合作計畫以僅一百萬美元經費培育指導一二〇人次學生，於二〇〇六年開始，二〇〇九年結束，許多人才已返回臺灣的學術機構服務，培育許多年輕學者。李德財指出，後來國科會欲仿效此計畫，也無法以如此划算的經費培訓這麼多人才。

看過去的二十五年，我們一步一步地走到現在，所取得的進步，再看以後的二十五年，我倒是非常有信心，在中央研究院做的研究工作，將會對人類做出很大的貢獻。」

談起中研院的進步，李遠哲歸功於許多人在國內長期耕耘，改善了研究的環境，也促使很多國外學者們回國。

「他們回到這裡有信心能夠與世界競爭，這點是最重要的，也是中央研究院給各位所建立的信心。當然中央研究院在研究環境的改善、制度的建立、生活環境的美化、研究中心的設立、院長任期制，或者是學術風氣的提升，都是很重要的變革。最使我高興的是，常常在打完球回家時，雖然已經很晚，仍可看到實驗室燈火通亮，年輕人都在不斷努力研究工作，就讓我感覺很滿足，覺得應該是非常有希望的。另外，最近我比較感到高興的是與附近居民的互動，南港是一個偏遠地區，以前住在這地區的多半是靠勞力吃飯的人，尤其是礦工比較多。但我們在這裡改善了環境、開放了院區並分享我們的設備，辦了不少文藝活動。在SARS過境的時候，中央研究院也幫忙附近的里長、鄰長，共同討論防止SARS的一些對策……現在每到傍晚或週末，也可以看到很多鄰近居民到院內活動，欣賞我們優美的環境。」

李遠哲指出中研院尚難解決的問題：其一是解決國際研究生院的學位證書無法加註中研院；其二是年輕研究人員薪資過低，甚至不到韓國三分之一；其三是宿舍缺乏的問題。

他回顧這十二年來的社會參與，「有三件事情是非常欣慰我曾經做了努力。」其一是教育改革審議委員會；其二是九二一震災重建；其三是組成跨黨派小組並提出「三個認知，四個建議」。「這三項是我所做的課外活動中覺得比較窩心的事，大家都非常認眞努力地去做，也得到一些結論能繼續往前走。」

「很多人問我將來要去哪裡，我願意與家鄉父老同甘苦。但是這個家鄉最近好像是越來越大，尤其在過去的半年，我到馬來西亞、泰國、日本，他們都跟我說，我是亞洲的科學家，不只屬於臺灣，應該多到其他地方，與他們一起努力，我也答應了，所以最近我確實花了不少心血，想幫他們忙。最近我也到阿拉伯國家，有時候會參加以色列與巴勒斯坦紛爭有關的科學家的交流。前些時候，美國國務院的首席科技顧問跟我說，不能局限在臺灣與亞洲，世界有很多問題是要大家共同來努力的。

我想臺灣是我的家鄉，亞洲是我的家鄉，地球也是我的家鄉，所以我要縱情大宇宙，也許有一天我會離開地球到太陽系的別的地方發展。但是不論如何，我的心還是希望能夠爲人群社會做出貢獻，希望人類的進步，世界的和平，希望經過大家的努力一起來克服困難，走向光明的未來。」

他也期許新任院長能把中央研究院帶到更高的境界，「更重要的事，是要爲人類做出貢獻，我們面對著許多的困境，有些科學的事要用科學來解決，但科學的事是要大家共同努力才能解決。」

李遠哲的卸任演講，一如他的風格，誠懇實在。但是，他爲中研院奠定的基礎，卻是有目共睹。

「就個別研究人員而言，在李院長任內，正式制定中研院研究人員升等續聘辦法，嚴格管控研究人員的研究成績與升遷。自一九九四年李遠哲接任院長以來，中研院研究單位從二十一個增加到三十二個，足足增加了三分之一，研究人員也從七二四人增加到九二二人，也增加近三成。絕大部分研究人員都有旺盛的創造知識的動機，兢兢業業專心從事研究。」中研院社會所研究員瞿海源[183]指出。

他提升中研院研究水準，任內十二年把原本學術成就不高的中研院帶到榮登頂尖的《科學》雜誌報導的境界。除了中研院向來知名的漢學研究之外，他任內的分子生物學研究所、天文及天文物理研究所籌備處和原子與分子科學研究所的表現、醣蛋白研究、人文科學的ＧＩＳ等學術領域都是國際領先。此外，他更推動我國整體科學與教育發展，號召並請許多國際傑出人才回國奉獻，提升臺灣整體學術水準。

而爲了解決中央政府預算無法協助的困難，如年輕研究人員薪資過低和缺乏宿舍的問題，他也發動傑出人才發展基金會來協助，推出獎助辦法並興建宿舍，務求解決問題。

李遠哲從中研院院長退職[184]後，結清年資並提領一次退休金，依法沒有任何月退俸或任何獎金。到底李遠哲何去何從？他會接受外界的高薪挖角，還是留在臺灣？

不久，新任院長翁啓惠依法新聘李遠哲爲原分所特聘研究員[185]，任期五年。亦即，經過十二年整頓院務，奠定基礎，李遠哲終於能回歸熱愛的研究工作，也如許多院內同仁所願，「把諾貝爾獎得主留在中研院」。

李遠哲謹守自己對「建立制度」的承諾，卸任後就遷出院長宿舍。

---

[183] 引自瞿海源，「為中研院闢謠辨誣」，《自由時報》澄社評論，二〇一六年五月九日。文中還指出：「李遠哲院長自二〇〇〇年起在選舉中確實一直支持民進黨總統候選人，但他所有的政治行動都在院外，中研院的行政作業和學術研究並未因李遠哲的政治傾向而受到政治的影響。其實，自李院長起，中央研究院完全沒有和政治結合。中央研究院受政治干預是國民黨政治威權統治時期的事，例如，研究人員受到人二的嚴密掌控，有不少新人回不了國進不了研究院，當中都是人二在操作（在吳大猷院長任內人二也還在運作）。中央研究院雖直屬總統府，但受立法院通過的《中央研究院組織法》規範，中央研究院的預算受行政院主計總處規範與節制，更年年由立法院審議修改通過，並由監察院審計部監管。」

[184] 總計從一九九四年一月十五日，受李前總統聘任為特任官中研院院長，約十二年在任期間，各級的研究人員都有加薪，李遠哲從未替自己申請調節過任何薪資。二〇〇六年十月，他辦理政務人員身分退職，結清年資並提領一次退休金，包含：一次退職酬勞金二五九萬三一六〇元，及公保養老給付一四一萬四九四四元。依法沒有任何月退俸或任何獎金。被告知其中一百萬元可以存入臺銀的一八％優惠定存，但他予以拒絕。

[185] 依照《中央研究院研究所組織規程》第十三條第一項第六款，新聘李遠哲回任中研院原分所特聘研究員（聘期從十月十九日至十一月三十日）。其後，翁院長召開院務會議，以《中央研究院研究所組織規程》第十三條第一項第七款，新聘為特聘研究員（起聘日為二〇〇六年十二月一日，任期五年，五年後再召開院務會議是否續聘）。後來，美國國家科學院院士徐遐生、李文雄也依第七款由翁啟惠聘任回院服務。

曾經，中研院有七位院長，除了第一任院長蔡元培先生之外，其他的六位院長，只有兩位院長眞正住在南港中研院院區一帶，第一位是胡適，第二位就是李遠哲。如今他建立制度，第三位住在南港的將是第八任院長翁啓惠。

李遠哲卸任後，受他避嫌之累的家人，終於可以不用被迫犧牲。

他卸任後一年半，二〇〇八年七月召開中研院院士會議，交大理學院院長暨應用化學系教授李遠鵬當選中研院院士。提名李遠鵬參選院士的林聖賢院士非常高興，本來擔心李遠鵬會再度失利。而先前幾年曾提名過李遠鵬的林明璋院士指出，由於李遠哲擔任院長多年，爲了避嫌，所以，即使李遠鵬的學術成就輝煌，早就夠資格當選院士，卻一再落選。可以說，李遠哲的作風，確實使家人被迫犧牲。

「我知道我做的研究夠好，我對自己的實力有信心。[186]」李遠鵬一笑置之。

反過來看，這種犧牲，卻也是一種保護，免於因李遠哲的理想主義而遭受批評或牽連。畢竟，回臺以來，李遠哲致力奉獻科學與教育發展，也親身參與社會改革，雖看到美好的一面，卻也一再歷經失火、人身安全威脅、負面不實報導。但是，李遠哲仍樂觀以待，因爲，初衷仍在，而他深信行動的力量。

「我年輕時讀林覺民的信，我想的就是對國家民族的意義。我知道有些人不願意看到我在這裡努力，所以抹黑我，但是，我沒有愧對任何人。我只希望看到社會實質的改變。不會因此氣餒或不開心，我還是滿堅強的。」李遠哲說。

說再見，總是可以很瀟灑；但是，既然不容易轉頭離開，就好好努力，繼續打拚吧！

186 二〇〇〇年總統大選辯論時，李遠鵬看到某候選人抹黑李遠哲而投書報紙澄清，卻反遭該候選人控告。為此李遠鵬常常到臺北出庭，但該候選人卻從未出庭。最後，法院判決李遠鵬勝訴。李遠鵬先前在清大任教時，也曾被誣指「實驗室是李遠哲給的」，但李遠鵬受訪指出，事實上自己只使用一個真空幫浦，乃是一九七二年李遠哲受邀回清大擔任客座教授時所使用並遺留給清大的。後來李遠鵬受交大延攬任教。而李遠哲的么妹李季眉升任中興大學副校長時，也曾被同事當面質疑是靠李遠哲的關係。事實上，李遠哲不喜攀親帶故，習於大義滅親，犧牲小我，完成大我，因此，在學術界服務的李季眉和李遠鵬也都被迫犧牲多年。（詳見第二部第十七章）

第十七章 原分所的科學突破

「不能自組團隊專心做研究，對李院長而言犧牲非常多。但是，每個星期四來到原分所（與合作研究的學者或助理討論、指導學生），是李院長覺得最快樂、最輕鬆的時候。」中研院原分所研究員劉國平觀察。

二十一世紀的頭六年，李遠哲一如回臺的頭六年，奉獻許多時間精力在提升中研院與臺灣的各種事務上，雖然不像以往在美國那樣全心投入於科學研究，仍採取協同研究的策略，與幾位年輕學者合作探討著好幾個不同的主題。

由李遠哲提出初步構想，年輕學者倪其焜及臺大博士生蔡尚庭設計打造的多質量光分解產物速度分析儀（Multi-mass Product Velocity Analyzer）創建後，使他們能夠繼續研究更複雜的有機化合物的光分解。其中最大的發現是，芳香族化合物的異構化在光分解所扮演的角色。

例如，甲苯（Toluene）被紫外光激發後，能量很快地變成分子的振動能，然後一部分的甲苯便開始分解，但另一部分的甲苯便異構化而形成七碳環狀化合物。這七碳化合物還原成甲苯前，氫原子在不同的碳原子能夠急速交換；而還原成甲苯時，每一個碳原子都有一樣的機會成爲甲基。

由於這項重要的發現，促成了他們進一步與林聖賢院士團隊的理論研究。

此外，在某些有機化合物的光分解研究工作，也曾與同步輻射研究中心的李世煌博士合作，用同步輻射光源能調節光子能量的特性，對有機自由基（free radical）產物的電離驗證，更確實可靠。「這一系列的有機化合物的光分解動態之理論和實驗的研究，在該領域拓展了新的一頁。」李遠哲強調。

至於交叉分子束的研究上，李遠哲持續與兩位年輕學者林志民及楊學明協同合作，做了一系列對O（^{1}D）的反應的探討。

O（^{1}D）是電子激發亞穩定態，爲了產生O（^{1}D）的原子數，先用一道分子束與157奈米的雷射光交叉，從四面八方散射出去的氧原子中，選取出一道氧原子束，再讓它與另一道分子束在交叉分子束儀器中反應。

其中，除了O（^{1}D）在C-H鍵與C-C鍵的插入後的許多有趣的化學反應之外，特別是不同電子激發狀態，O（^{1}D）或（光分解產生的另一個O原子）與含氧化合物碰撞時，可能進行的氧原子與分子內的氧原子的交換過程，吸引了不少國際學者共同合作與探討。諸如柏克萊加州大學大氣化學系克莉絲蒂．波林[187]教授，她從加州送來一位博士後研究生馬克．培里[188]和博士生安納萊斯．萬佳頓[189]，來

187 Kristie A. Boering，美國柏克萊加大化學系教授，專研地球與環境科學。曾與李遠哲及原分所協同研究。

188 Mark J. Perri，美國加州索諾瑪州立大學（Sonoma State University）化學系教授。曾與李遠哲及原分所協同研究。

189 Annalise L. Van Wyngarden，美國聖荷西州立大學化學系助理教授。柏克萊加大化學博士。曾到原分所合作研究。

到原分所合作這項高難度實驗。匈牙利與美國的理論化學家也受到這重要又有趣的主題吸引，共同探討。

這段期間，李遠哲同時也進行另一領域的合作研究：多原子自由基與未飽和化合物的反應。由於這些多原子自由基不容易產生，反應機率又低，是極高難度的實驗。李遠哲與指導的德籍博士後研究員羅夫．凱瑟[190]合作，有很大的進展，尤以CN與C_2H的反應爲最。CN反應的研究也邀請了柏克萊加大的黑德高登團隊[191]共同從事理論的探討。「在太空中，複雜有機化合物的形成，是這系列研究探索的一個目的。」李遠哲指出。

李遠哲自從一九九四年回臺起，就與張煥正共同合作離子紅外光譜的研究，運用李遠哲從美國的實驗室帶回來，特別設計的離子陷阱紅外光譜儀，從結構的探討，進入到不同分子對質子的競爭，也闡明了分子與別的分子的氫鍵的結合；也就是說，分子與外層分子的結合，怎樣改變對質子的競爭能力。從這系列合作研究中，他們也進一步了解，溫度的變化對環繞質子的多分子錯合體結構的改變。這方面的研究相當成功，他們使用的方法，後來也成爲這領域實驗的典範。

「科學的研究在於新知識的累積與新技術的發展，以及人才的培養，這些將來會帶給人類進步。並不是每樣研究都是驚天動地的豐功偉業。」李遠哲說。

二十一世紀開頭的五年，李遠哲與幾位學者協同研究的幾個主題，有的深入探究，有的對既有問題開出全新領域，有的則是實驗典範。歷經精采有趣的探索，幾位合作夥伴也各奔前程，有顯著的成就。

例如張煥正轉入奈米鑽石研究（Nano-diamond），於太空中鑽石的存在到奈米鑽石在生物醫學研究的應用，做出非常重要的貢獻；楊學明轉任中國科學院大連化學物理研究所；羅夫．凱瑟申請到美國夏威夷大學任教，從事太空化學的研究；林志民也獨當一面，與倪其焜一樣，在原分所持續探索著未知；點點滴滴累積著重要進展，在國際舞臺上躍居要角。

二〇〇五年時，原分所升格已十年；如果從李遠哲創設原分所籌備處算起，也有二十二年了。原分所從無到有，研究成果相當可觀，實現了他當初期許在臺灣也能做出國際一流成果的初衷。

所內人員也認爲，該是再舉辦一場國際研討會，邀請國內外一流研究者來臺灣的時候了。然而辦研討會，該如何吸引世界各國的學者願意來發表論文、主講，與國內學者交流？

「我們早年的同仁都會同意，讓原分所一夜之間能放到世界的學術地圖上，是因爲一九九六年我們以李院長六十歲慶生爲號召，邀請諾貝爾獎得主和各國一流學者來臺參加化學動態學國際研討會。」原分所研究員劉國平指出：「九六年以他的生日爲號召，我是費了很大的口舌，他才同意

190 Ralf I. Kaiser，德國科學家。現任教於美國夏威夷莫哈那大學化學系，為李遠哲在臺灣指導的博士後研究員。

191 The Head-Gordon Group，隸屬於美國柏克萊加大化學系和勞倫斯柏克萊國家實驗室，專研電子結構的研究團隊（Electronic Structure Research Group）。

的。」

但是相隔十年的舉辦，「以慶生爲名義，院長一定不願意的。」其他研究人員都很了解李遠哲的作風。連買蛋糕爲他慶生，他都不樂見人家爲他花心思或爲他破費。

劉國平在所內建議，仍應該以祝福李遠哲生日爲名義，對世界上的重量級科學家才有號召力。

劉國平的構想是，若李遠哲同意以其生日爲名義舉辦研討會，可望吸引六位諾貝爾獎得主和十幾位美國國家科學院院士等多達八、九十名國際一流學者專家來臺。藉此可同時舉辦科學研習營，邀請六位諾貝爾獎大師和高中生、大學生對話。

李遠哲向來願意花時間啓發年輕學子，更認同科學營的模式，他認爲科學的學習與啓發不見得是常規的學校所能提供的，而需要藉由特殊的場合。他的理念，從他常常受邀並出席國際最著名的德國林島諾貝爾獎得主大會[192]，以及他催生並長期協助的吳健雄科學營、吳大猷科學營等學生研習營隊可知。

當劉國平提出「諾貝爾獎科學營」，說服李遠哲同意以生日作爲邀請國際學者的「藉口」時，李遠哲眞的被打動了。

「研習營的主要目的，是使參加的學生們學習科學、研究科學的能力有所助益，不管是理、工、醫領域，對他們將來的發展都會有幫助。」李遠哲說。

原分所編列預算，縝密規畫主題，邀請國內外主講者，邀約論文發表，以及國內學者研討會等。

諾貝爾獎科學營則由林志民主辦，招收五十位高二至大四學生，報名者必須有理化老師與英文老師的推薦函。並具備三項條件：一，對物理化學、化學物理、分子物理等具強烈興趣，且有意以科學研究爲志業者；二，會中聆聽學者報告研究成果，並參與討論，全程須以英語進行；三，熱愛吸收新知，勇於發問。

接著，林志民開始向對科學有興趣的高中、大學生宣傳這場難得的營隊。並強調，爲了避免浪費國家資源，獲選者必須繳交兩千元新臺幣，清寒學生經認可後可免除。其餘開銷由中研院、教育部、國科會補助。

然而籌辦工作啓動不久，隨即面臨「錢」的窘境。

以行情而言，在臺灣舉辦一場有重量級大師演講的國際會議約需五百萬元新臺幣。例如，二〇〇四年清華大學化學系舉辦的第二十三屆國際自由基研討會，經費即逾五百萬元。

在國際上，邀請諾貝爾獎得主伉儷訪問須有一定的禮遇，邀請一流學者的機票和住宿補助，也要花去不少經費。經計算，邀請國外來的六位諾貝爾獎得主、四十位重量級學者來臺主講，總計國內外與會者共三百名，加上合適的會議場地與食宿費用，五百萬絕對不足以支應。

那麼，能從活動場地來調節預算嗎？

原分所同仁猶記，一九九六年冬天舉辦國際研討會時，歐美學者無法適應南港濕冷天候，紛紛自

192 Lindau Noble Laureate Meeting，每年六月底到七月初之間在德國林島舉辦的科學營。每年有數十位諾貝爾獎得主受邀，向三、四百位年輕學生發表演講，宗旨是「教育、啟發與聯結」。

行遷住五星級飯店。因而這一次，主辦人員尋找場地格外費心，不僅洽詢數個住宿與會議場所，還必須平衡品質和價格。

二○○五年四月，宜蘭礁溪老爺酒店剛開幕。總經理沈方正得知，積極邀請他們去勘查場地。「我們去看了它們的會議空間，可以容納兩百到三百人，房間數也符合需求。週日入住，週六離開，共七天會議，含住宿、會議場所與三餐（自助餐），他們打了很大的折扣，一人一天費用三千五百元、七天兩萬一千元，眞的很優待！」承辦的原分所祕書蕭陳秀娟說。

究其實，飯店藉此研討會提升知名度，也想透過遠道而來的貴客創造好口碑，而這優惠的折扣，連李遠哲後來獲悉都印象很深：「五星級的飯店，卻願意收三星級的價格。」

尋訪當地的旅館與民宿，能容納上百人的五星級飯店，一晚的食宿費就要近兩萬元；有規模的民宿或平價旅館一晚也要兩千元到三千元之間，卻難能解決賓客人數與交通問題。相較之下，礁溪老爺酒店給這場研討會的折扣價，確實是極爲優惠。

原本，原分所所長與幾位籌辦的研究員計畫讓學生們住宿平價旅館，每天接駁到會場參加營隊。但李遠哲覺得：「我確實希望學生們能與國際頂尖學者們住在同一個旅館，使他們有機會能多接觸。」

當礁溪老爺酒店釋出優惠價，籌辦人士才決定讓科學營的學生也能入住同一間飯店的四人房。儘管場地有優惠折扣，預算仍有可能超支，因此也向私人募款。

「大部分的經費是向私人募款來的。來自政府的經費有五百多萬，其中兩百多萬是國科會和原分所支付國外來賓的機票款，包括六個諾貝爾獎得主和十餘位美國國家科學院院士等重量級學者。」劉國平指出，國內學校或機構邀請諾貝爾獎得主伉儷來臺演講的機票住宿等費用，國科會都有詳盡的規章與獎助辦法，可據此申請經費。

籌備多時的研討會終於確定了場地與時程，向國際化學動態學界廣爲周知，預定於二〇〇六年十二月十日到十五日，在宜蘭礁溪舉辦「化學動態學新趨勢：從小分子到生物體系[193]」國際研討會。

參加營隊的學生疑問，李遠哲的生日是十一月十九日，爲何以生日名義召開的國際研討會與科學營，卻在生日過後的十二月十日舉辦？

主辦單位「借用」李遠哲的國際聲譽與學術人脈，試圖創造國內學者與國際交流機會的用意，明眼人都知道。

二〇〇六年十一月，李遠哲度過七十歲生日。十二月上旬，這場原分所期盼多年，分工合作籌辦的國際研討會，就要登場。

會議展開前，臺灣諾貝爾科學營拔得頭籌，先行揭幕。

193 英文名稱爲：Trends in Chemical Dynamics: from Small Molecules to Biomolecules——in Celebration of Professor Yuan. T. Lee's 70th Birthday.

要參加科學營並不容易，數百位申請者中只有二十五名高中生與二十五名大學生錄取。學員們先住宿在南港中研院的學術活動中心，並先由國內傑出學者以中文爲他們上課，更熟悉研討會主題與相關知識後，才一起前往礁溪。

臺大化學系二年級的蘇曼儂入選學員後，上了一天半的密集課程，收穫甚豐。「在化學系都會覺得『物理化學』是很難的領域。而且，物理化學的課要到大二下學期才開始上，化學動態學則是大三下學期才會教。」

來到研討會會場，不只學生們大開眼界，參加的國內學者都覺得「眾星雲集」。

宴會主講者是兩位諾貝爾化學獎得主：加州理工大學教授暨一九九二年諾貝爾化學獎得主魯道夫・馬可斯和多倫多大學教授暨一九八六年諾貝爾化學獎得主約翰・波拉尼。前者爲李遠哲的好友，後者是與李遠哲一起榮獲諾貝爾獎的得主。晚宴主講者是一九八六年諾貝爾化學獎得主暨哈佛大學教授達德利・赫許巴赫，也是李遠哲做博士後研究的恩師。

研討會舉辦兩場圓桌論壇，論壇主席或評論人大多由諾貝爾獎得主擔任，例如二〇〇二年諾貝爾化學獎得主約翰・芬恩（John B. Fenn）（一九一七～二〇一〇）、一九九七年諾貝爾物理學獎得主暨柏克萊加大教授朱棣文[194]、爾灣加州大學化學系教授暨一九九五年諾貝爾化學獎得主薛伍德・羅蘭。

會中的國外主講者多達四十位，全是重量級學者。報告主題涵蓋光化學、表面與奈米科學、分子團簇、化學反應動態學之理論與實驗、生化系統動態學、超快光譜學與動態等，也討論這半世紀最重要的能源與溫室氣體效應等環境問題，國內外參與者皆感躬逢其盛。

七天的研討會，共有三百多名國內外人士與會。其中國外學者就有八十五位，以美國居多，共六十人，也有來自加拿大、瑞典、日本、德國、荷蘭、義大利、以色列、英國與中國的學者。外國學者發表四十四篇論文，國內學者也有六十篇論文發表，其中有二十篇做口頭報告。美國物理學會的頂尖學術雜誌《化學物理學》期刊還特別出版專刊[195]，精選最重要的研究論文刊出，獻給李遠哲。

研討會從早到晚都有主題研討時段。午後時段則邀請主講人到科學營與學員面對面座談。

至於科學營的議程，學員在研討會舉行時入場聆聽，每天下午與國外主講者座談，每天都有一場。重頭戲則是學員們與包括李遠哲在內的七名諾貝爾獎大師對話。

當學子興奮地向諾貝爾獎大師們提問，李遠哲一直把麥克風遞給其他得主。

一位學員問：「如果你們再年輕一次，你們會想要選什麼領域或主題來研究？」

高齡九十的諾貝爾化學獎得主約翰・芬恩拿起麥克風，幽默地說：「再年輕一次？我們不是都還很年輕嗎？」引來全場大笑。芬恩強調：「要成爲科學家，一定要有好奇心。踢到石頭時，要看石頭底下有什麼東西。」

---

194 史丹佛大學物理系教授。因發展出以雷射冷卻和捕捉原子的技術，榮獲一九九七年諾貝爾物理學獎。曾任美國能源部部長、勞倫斯柏克萊國家實驗室主任、美國柏克萊加大教授等。

195 A special issue of J. Chem. Phys., Vol. 125, No. 13, Oct 7, 2006。

有學員問及社會與政治關懷，波拉尼鼓勵學生，科學研究者不能只懂科學，還要關懷社會，例如政治與經濟。

赫許巴赫教授告訴學員們：「科學研究者必須在錯誤中越挫越勇；在科學研究中，犯錯者不會受到懲罰。」

在場唯一的諾貝爾物理學獎得主朱棣文強調，成功的研究者不會畫地自限，多接觸、涉獵不同領域，因自身就是做跨領域的研究，特別有此感觸。

臺中一中二年級的魏昱書接受媒體採訪時表示，與諾貝爾獎大師的對談，擴大了自己的科學視野，大師追求真理的態度令人佩服；想邁向科學研究之路的延平高中二年級學生許晏翔，在媒體採訪時坦承：「第一次在這麼多科學巨人面前發問，壓力有點大。」

學員每天下午與國外學者面對面座談，也很有收穫。

「一次有四、五位重量級學者坐在前面，讓我們問問題，很過癮。」蘇曼儂說：「這是我第一次參加國際研討會，而且是真正全英文的研討會，由於是以諾貝爾獎得主李遠哲教授的名義號召，所以來的國際學者水準非常高！」

許多學員同感印象深刻的是，當柏克萊加大化學系教授理查・賽克利（Richard J. Saykally）報告研究成果時，還直接走到最後幾排來，向坐在後排的科學營學員們說：「我今天其實應該是要對你們發表演講，你們是我們未來的希望！」此舉也使得前排的國內外學者紛紛轉身聆聽賽克利演講。

不只賽克利，許多學者都對這群年輕學子感到好奇，欣賞他們對科學的熱情。主辦科學營的林志民觀察：「學者們都對參與的學員很感興趣，也很欣賞他們這麼年輕，竟能以非母語的英文問這些專業的問題。」

有一種比喻，科學就像歌劇，即使聽不懂歌詞，仍可以欣賞旋律。學員們經過連續七天的學術洗禮，紛紛體會這個道理，聽久了，慢慢略知一二。

在研討會與科學營期間，三餐都以歐式自助餐爲主，原本是爲了壓低預算，卻也因而創造了國內外學者和學員交流的機會。

「吃歐式自助餐，學者選了菜就會自己找位子坐，我就走到想請教的學者旁邊問：『我可以坐在您旁邊嗎？』就是初生之犢吧，每天都問很多科學的問題。」蘇曼儂明白，應該要抓緊請教機會，因爲，一般研討會的學者不見得會理睬年輕學生。「但是在這裡不同。可能因爲李遠哲教授對年輕人的態度感染這些國外學者；也或許是因爲他在化學動態學的聲望，讓國際學者願意對學生友善。」

會議期間，國內學者紛紛趁機與國外學者交流，畢竟臺灣舉辦的研討會甚少有國外重量級學者來發表優質研究成果。而外國參與人士則多爲了李遠哲而來，有的曾與他合作研究，或曾受教於他，更多是想向他請教研究的構想。

有些主講者在投影片第一頁寫上：「遠哲，生日快樂！」第二頁就進入研究報告正題；有人還不忘促狹地說：「雖然遠哲的生日已經過了……」也有幾位引言人或主講者以過往趣事開場。

柏克萊加大物理系教授沈元壤提起當年與李遠哲以教授的體力和身分，組隊和年輕體健的大學生打全校桌球賽，還進入冠亞軍決賽的趣事。也不忘挖苦李遠哲網球球技雖精湛，可惜仍打不過臺裔名將張德培。

李遠哲的高徒，美國國家科學院院士、麻省理工學院化學系教授希薇亞·賽亞回憶自己來到麻省理工學院任教時，自己打造了交叉分子束儀器，可是有次做實驗到半夜，遇上難題無法排除。「啊，打電話給遠哲，他一定會接。」果然李遠哲接了電話，還迅速協助她解決問題。場內的李遠哲學生們都點頭如搗蒜，迴響很大。

會中，李遠哲先前的學生們感念他過去的教育與指導，發起共同捐助「李遠哲院士暨夫人獎學金」，鼓勵化學系大學生進入研究所深造。

赫許巴赫和波拉尼這兩位與李遠哲同時獲獎的「夥伴」，則各自表達珍貴的情誼。赫許巴赫致贈兩份禮物：一是李遠哲昔日在哈佛大學做博士後研究的照片；另一則是富蘭克林的傳記。波拉尼則發表了一場文情並茂的演講：「卓越化學家的特質，薪火相傳的化學之路—向李遠哲致意」。

波拉尼在演講中強調，早在一九六五年，波拉尼去柏克萊加大找馬漢教授時，就注意到正在設計打造離子分子束碰撞儀器的李遠哲。「當時遠哲打造的儀器，便是數年後他與赫許巴赫教授在哈佛大學建造通用型交叉分子束儀器的雛形。可惜當時我不夠敏銳，沒能察覺到這一點。」

波拉尼藉此調侃了赫許巴赫，並說：「我後來訪問哈佛期間，可以感受到赫許巴赫非常欣慰，竟能和擁有如此高超實驗技巧的夥伴共事。李遠哲的天賦在於，他知道何時進行方法學的設計、何時進行思維上的跳躍。這種綜合能力，使一名科學家不只能在實驗室工作中處於領先的地位；其實，這更是化學家所必須培養的特質。化學家每天面對難題的經驗，使他們具備理想的基礎，必須來自更高層次的管理。」

「李遠哲偉大的事業自開始後便從未終止。**他不只將注意力集中在個體分子的作用上，他事業的高潮更在於他堅信包括海峽兩岸，乃至全世界人們所共有的博愛、仁慈的人性。倘若我可以做出評價，我認為李遠哲一生絕妙的樂章，並不是他在一九八六年獲頒諾貝爾化學獎，而是他心中那個回歸故里的決定。**」波拉尼眞心推崇李遠哲竭盡心力推動社會與世界往理想方向前進。

科學的終極目標正是爲了人類的福祉。諾貝爾獎得主中最受推崇的居里夫人、萊納斯·保林，都不止於鑽研科學，還致力於社會公義、扶助弱勢與世界和平。

出乎三百多位與會者預期的是，期間打開電視、報紙或常用的入口網站，卻對這場國際研討會呈現負面報導和批評。

一位國民黨立法委員批評，中研院花五百萬在五星級飯店爲李遠哲辦慶生研討會，並指責教育部爲何補助二十萬。也有新聞媒體將某位貧困自盡的民眾與之對比，抨擊這場研討會「奢華」，同時批評「學生聽不懂，科學營浪費錢」。國內最大的社群批踢踢的網友嚴肅討論此事，有人引用新聞報導批判李遠哲，更多人指出媒體扭曲事實，並列舉數字說明，「光是七個諾貝爾獎得主出席才花五百萬，實在太划算」「國內任何一個單位花三千萬都舉辦不了這種重量級的研討會」等。

原分所接受媒體訪問，說明費用與預算的樽節，並強調李遠哲十一月時已滿七十歲，慶生之名只是號召。然而，大多數新聞媒體卻甚少報導。

原分所舉辦國際會議，邀請國際頂尖科學家來臺，對原分所知名度與國內學術上的提升確有幫助。找「藉口」舉辦，但當藉口的主角被無情攻擊時，他們卻也沒有能力保護他。

許多科學營學員看到負面新聞時很震撼，驚覺媒體報導與實際的落差。

一位學員憤怒表示，他看到一位電視記者拿麥克風跑進來，隨便問其中一位男學員：「這些演講你都能聽得懂嗎？」

「不是完全都能聽懂。」那位謙虛的男學員簡短回答。

當晚的新聞畫面卻是：「這是浪費錢，因爲學生聽也聽不懂！」

身在其中的學員蘇曼儂雖也感到訝異，卻更有一番複雜的心理轉折。

「我報名諾貝爾科學營之前，也受到先前一些新聞報導的影響，以爲李遠哲教授可能很高傲。但我想，他的科學成就無庸置疑，所以參加研習營是沒有問題的。但是到了營隊觀察到，這個人很誠懇，且在場的人都很尊敬他，而並不只是因爲他是諾貝爾獎得主才尊敬他。」

「**我也慢慢領悟到，透過媒體去了解一個人是多麼危險的事，有時候可能被扭曲，而且是很嚴重的扭曲**。這一次，我親自解開了之前對李遠哲的誤解，認識李院長這個人。」

有多位學員爲醫學生，當中也有幾位確定不從事基礎科學，卻都表示：「雖然不走科學，卻想藉此擴展視野，累積科學素養，因爲未來是跨界的。」

一家國外媒體看到負面報導後，前來採訪這些學員。住在四人房的他們，異口同聲反駁某位政治人物與特定媒體所稱的「奢華」，並表示：「能直接受教於諾貝爾獎得主，實在太棒了。」

研討會後，李遠哲收到許多爲他抱屈的電子郵件和卡片，其中不少來自高中、大學生，更有參加諾貝爾科學營的學生來函：

「李院長您好，我是中山大學生物科學所的研究生，看到多日來的媒體亂象，想跟您說聲：您辛苦了。……多數具有高等教育經驗的學生均對於這次研討會的促成，感到欣羨與不可思議，我們由衷感謝原分所和院長能夠舉辦如此重量級的研討會……很感佩您爲臺灣高等教育與科學研究所做的奉獻，學生立志做一位科普編輯，將知識與科學精神盡力與普羅大眾分享，也期望十年後的臺灣，具有獨立思考能力的人比現在更多。最後，謝謝您爲臺灣所做的一切！」

紛擾的負面報導並未影響李遠哲，他繼續朝理想前進。

二〇〇七年，吳健雄學術基金會舉辦第十屆吳健雄科學營時，李遠哲不但協助規畫與邀請講者，也受邀參加。

營隊中，他注意到一位年輕的輔導員似曾相識，才知道她前一年參加了諾貝爾科學營，已經升上臺大化學系三年級了。她，就是蘇曼儂。

抓一把種子撒向泥土，有的發芽，不僅長出根苗，還不斷抽高了。

蘇曼儂深深感觸，二〇〇六年的諾貝爾科學營對態度的啓發遠勝於知識的啓迪。「參加這個營隊，你眞的會很受鼓舞！尤其，當你看到一群學者爲了看不見的現象討論得眉飛色舞，你會了解到，什麼是對科學的熱情。而且，跟李教授指導過的學生談話得知，他的工作時間很長。就覺得，他已經這麼聰明了，竟還花上這麼多時間研究與解決問題。」於是她立志持續朝基礎科學探索下去。

二〇〇七年，李遠哲與日本的諾貝爾物理學獎得主小柴昌俊[196]，決定共同創辦「亞洲科學營」。「我與小柴在林島諾貝爾獎得主大會見面時，希望亞洲學生能有像林島這樣的會議。」李遠哲深知，科學的啓發非從一般學校教育得來，而是需要特殊的環境。

經典小說《動物農莊》與《一九八四》作者喬治．歐威爾（George Orwell）於一九四五年時，在英國報刊發表了一篇評論〈什麼是科學家？〉。

文中，歐威爾批判社會主流觀念與科學教育將「科學家」窄化爲物理、化學或天文研究者，卻忽略人文學科，例如政治、經濟也使用邏輯思考與實證數據。同時指出，主流科學教育常忽略人文素養，而那些申請政府經費從事物理、化學研究，刻板印象中的「科學家」，往往無法忠實針砭或抵抗獨裁政權，「看看德國納粹當政之時，從德國出走的大多是猶太人，很少是『科學家』，只有文學、哲學等人文領域的學者會大肆批判納粹。」

---

196 Masatoshi Koshiba，二〇〇二年諾貝爾物理學獎得主。東京大學名譽教授。任職東京大學基本粒子物理國際研究中心。

李遠哲的想法類似歐威爾。對他而言，無論是與年輕學者探討研究，或啓發世界各地年輕學子追求眞相、邏輯思考、分析判斷、根據事實批判的科學素養，宗旨並不是爲了塑造一個個刻板印象中的「科學家」，而是培養一個個「富有科學精神的人」。

抓起一把種子，繼續播灑吧！波拉尼盛讚的這位理想主義者，一如辛勤播種、育苗、耕耘的農人。李遠哲很有耐性，這世界總會等到值得的收穫。只要努力。

李遠哲（後排左一）與摯友薛伍德‧羅蘭教授（後排左二）等關心氣候變遷議題的諾貝爾獎得主齊聚國際研討會，為人類提出解決方案。（攝於 2009 年 5 月，於 St. James Palace Symposium of Nobel Laureate on Climate Change）

第十八章 競選國際科學理事會會長，讓世界看見臺灣

南半球，接近十月的尾聲，春天降臨。

地球的那一端，非洲，莫三比克共和國（Republic of Mozambique）首都馬布托（Maputo）。在科學與學術合作上，有「科學界的聯合國」之稱，國際科學理事會[197]二〇〇八年的會員大會，正在這個緊鄰南非東北邊的國家召開。約兩百位來自世界各國的會員代表[198]群聚於此，檢討理事會過去的工作並規畫未來，同時也舉行備位會長（President Elect），亦即下一任會長（President）的選舉。幾位候選人依序發表演說，輪到李遠哲上臺時，中國籍會員代表紛紛走出場外，不過絕大多數會員代表仍靜靜地坐在原位。

李遠哲於臺前站定，以嫻熟的英語、沉穩的臺風，不疾不徐地向與會者發表競選演講。

梅塔[199]會長、各位同事、各位女士及先生們：

首先讓我簡單介紹自己。我出生在臺灣的一個小城市，在完成早期教育後，我離家很長一

段時間。我在柏克萊加州大學取得博士學位，接著到哈佛大學擔任博士後研究員，一九六八年任教芝加哥大學。一九七四年我返回柏克萊加州大學擔任化學系教授，並在一九九一年受任爲加州大學系統的大學講座教授[200]。

在美國待了三十二年後，我於一九九四年回到家鄉臺灣擔任中央研究院院長，中央研究院位在臺北，是臺灣最頂尖的研究機構。在我擔任中研院院長期間，除了將我們的學術地位提升到世界水準，我也帶領我們的教育改革，並建立數個新的基金會，以協助促進高等教育和科學研究。

在座一些人可能知道，在化學反應動態學的研究成果，使我與達德利．赫許巴赫教授和約翰．波拉尼教授共同獲得一九八六年諾貝爾化學獎。我的工作是研發通用型交叉分子束技術，使它能夠讓分子在單一碰撞情況下，觀察化學反應。身爲一名科學家，我曾獲許多榮

197 International Council for Science, ICSU：一九三一年成立，世界最大的非政府組織及國際學術組織之一，現有一二二個國家會員及三一個科學聯盟會員，會員多為各國最高科學研究機構。宗旨是「加強國際科學合作，以造福人類社會」，在國際科學政策建言上極富影響力。總部與祕書處均設在法國巴黎。

198 李遠哲競選時，ＩＣＳＵ的國家會員為一一四個、科學聯盟會員為二九個。

199 Goverdhan Mehta，化學家。曾任印度理工學院校長、海德拉巴大學（University of Hyderabad）副校長。

200 大學講座教授（University Professor），加州大學系統特有之榮譽，僅極傑出之教員才能獲選。人數極少。

譽學位。

多年來，我一直積極參與各種國際科學活動，爲促進科學發展、科學合作、科學教育和人類社會的永續發展而貢獻心力。

我站在各位面前，尋求您們的支持，讓我能成爲下一屆國際科學理事會會長。

國際科學理事會在近八十年前正式成立，其目的是透過促進國際合作和科學的普世性，來強化國際科學。我深信，這項使命在今天比過去更爲重要，並且關係到全球社會和我們的地球。這項使命亦深刻呼應我身爲科學家和作爲一個人的核心信念與價值觀。

當我們全力應付當今面臨的許多挑戰，並尋求解決的方法時，眼前的清楚事實是，沒有任何一個國家，甚或幾個少數國家，能處理諸多問題中的任何一項，我們需要全球參與和國際合作。

在此我們很幸運，以國際科學理事會的形式，已經建立了一個架構，促進科學家之間的全球合作。我認爲我們身爲科學家和國際社會成員，有責任善用這個架構。

我先前擔任中央研究院的院長時，主持國際科學理事會中華民國委員會達十二年。我也參與領導世界科學院及國際科學院組織的臺灣分部。但是，在國際科學理事會最有意義和令人興奮的經驗，是擔任科學行爲的自由常設委員會的成員，該委員會後來改名爲科學行爲的自由與責任常設委員會，並參與起草了重要文件《科學的普世性》。

國際科學理事會的要務之一，是確保科學知識和技術不僅僅由富人和先進國家掌握，而要公平地分配在世界各國。這是一項必須要達成的崇高使命。國際熱帶農業研究所和中央研究院的合作計畫成果，使非洲農業技術研究基金會獲得中研院免費的專利許可協議，以確保這專利基因，能夠對產生耐枯萎的香蕉有幫助。另有短期方案計畫，我們正在協助烏干達和肯亞，以細胞培養來生產數百萬株香蕉幼苗。這些計畫都和國際科學理事會的基本創會精神一致。

現在，我想與大家分享一些我對國際科學理事會專案和活動的觀察。首先，國際科學理事會已經費盡心力整合自然科學。然而，仍有大量社會科學和工程技術的整合工作尚未完成。國際科學理事會也應該更廣泛地與其夥伴合作，以解決二十一世紀的獨特挑戰。除了與聯合國教科文組織和其他機構合作，還必須和世界衛生組織及聯合國糧農組織這類機構合作。此外，國際科學理事會應該和各區域辦事處尋求更密切合作，以培育科技研究人員更好的全球視野。

近幾年來國際科學理事會研究專案的規畫和協調，足以證明國際科學理事會一直在處理許多重要問題。都市健康與福祉的專案、預防環境危害和災難的專案，以及國際極地年與全球變遷計畫，這些都非常重要，我們很高興國際科學理事會回應這些挑戰。

接下來幾年，國際科學理事會可能努力聚焦在以下項目。以跨國技術合作，研究發展綠色和乾淨能源並提升能源效率，這是非常重要的。另一個領域是利用農業和基因科技確保糧食生產、保存和全球分配。我們也需要鼓勵更密切的國際合作，共同預防流行病和傳染病，同樣地加強國際合作，監測全球暖化過程和生態系統變化。最後，國際科學理事會還應善用資訊技術，促進在科學、技術和高等教育方面更寬廣的國際合作。還必須更廣泛地運用網路技術，以縮小發展中國家及國際間的數位落差。我相信過去我們已經認眞討論過以上很多議題，而現在正是迅速採取行動的時刻。

世界人口在二十世紀從十五億增加到六十億。人們現在面臨的最大挑戰之一是，我們活在資源「有限」的世界，而人類社會卻過度消耗資源、入不敷出了。我們已經在上個世紀經歷過這種轉變。換句話説，我們必須體認到，以過度消耗自然資源、破壞生態系統和生活環境的觀點來看，世界作爲一個整體，早就已經「過度開發」，還沒有過度開發的國家沒有理由依循過度發展國家的腳步。我們必須盡力找到解決辦法，以確保經濟發展與全世界的永續環境能夠和諧共存。

我們要共同努力，重新建立人類與生物圈之間的緊密關係，這是非常重要的。畢竟，是陽光把我們帶到這地球上，人類確實是自然的一部分。我們也必須認知到，在當今日益相互依存的世界裡，若大多數人仍然貧苦不堪、生病受難、不識字、失學、失業，並面臨其他基本生存的難題，那麼，這個世界就不會是一個安全的世界。國際科學理事會也許要更盡力解決全球競爭和全球合作的兩難矛盾。

當我還是個孩子時，最早是居里夫人的榜樣吸引我進入科學這一行。她深信，科學家發現的知識應該由全人類共享。

居里夫人對生命的理想，吸引了當時年輕的我進入科學領域，至今這種理想仍然強烈地在我心中燃燒。我想虛心尋求您的支持，讓我有機會為各位和科學界服務，擔任下一任國際科學理事會會長。

非常感謝您們[201]。

李遠哲完成演說之際，場中響起如雷的掌聲，久久未散。

他走下臺時，一位非洲國家的會員代表前來致意：「李教授，你的演講我們很認同，你是眞正了解非洲的人！」

他聽了，心中深感安慰：「我是眞正有心關注弱勢族群與被壓迫者的處境，他們大概感受得到。」

當晚，一位非洲的代表也來告訴他：「我們已經串聯好了，明天早上投票，非洲國家都會投給你！」

次晨，選舉結果揭曉，李遠哲果眞以高票當選國際科學理事會會長。

會員代表們很興奮，這是有史以來第二次由諾貝爾獎得主出任會長。臺灣科學界更是振奮，這是國人首度成功被世界各國選為會長。更具意義的是，李遠哲突破我國艱困的外交，領導此一象徵「科學界的聯合國」的國際組織。

---

201 中譯，林倬立。李遠哲審訂。

二〇〇〇年我國總統首度政黨輪替以來，李遠哲遭中共打壓早已司空見慣。但是這一次能順利當選，與他長期投入國際科學合作、關注人權、扶助弱勢國家有關。

早從一九九四年接任中研院院長，他就積極參與科學院與學術社群的國際人權網絡（International Human Rights Network of Academy and Scholarly Societies, H.R. Network）相關活動，關注科學家在世界各地遭受違反人權的待遇問題。二〇〇三年，他也獲選擔任國際科學理事會科學家行爲自由常設委員會（Standing Committee in Freedom in Conduct of Scientists, SCFCS）的委員。二〇〇六年更名爲科學行爲自由與責任委員會（Committee on Freedom and Responsibility in the Conduct of Science, CFRS），並以此身分赴法國與會。

二〇〇六年，非洲農業技術研究基金會（The African Agricultural Technology Foundation, AATF）來中研院拜訪李遠哲。這是由洛克斐勒基金會贊助的非營利組織，長期與科學機構或私人企業合作，取得技術，幫助非洲的農業。

基金會的代表向李遠哲說：「我們眞的需要幫忙！香蕉是非洲第三大主食，光是東非的香蕉就占全球產量的五分之一。但是從二〇〇一年起，烏干達的香蕉感染了一種細菌性萎凋病（Banana Xanthomonas wilt, BXW），很快的，剛果、盧安達、肯亞、坦尚尼亞及蒲龍地等國家的香蕉都染病了，沒有香蕉，人們三餐無以爲繼。烏干達曾用傳統育種法想找出抗病品種，但是失敗了。我們想不出辦法，希望中研院幫忙。」其中，香蕉是烏干達的第二大商業作物，光是烏干達，每年就蒙受三〇%的作物損失，七五%的小農生活受到威脅。

李遠哲知道，中研院有科學家能解決這個問題，他當場表示：「好，我會請中研院植物暨微生物研究所的科學家馮騰永[202]來幫忙。」

馮騰永在二〇〇一年時，就從田椒分離出新穎基因，可保護植物免於細菌性病害；還將這基因成功轉殖水稻、番茄、彩色海芋及馬鈴薯等多種植物，並證實，即使在不同植物上，具有這種基因的轉形植物都能保護植物免於細菌病害的威脅。研究成果也發表在頂尖的《植物分子生物學》（*Plant Molecular Biology*）及其他國際期刊。

李遠哲主動約見馮騰永，好奇地問道：「你有此技術的專利，但是，你沒有想從非洲的農業來賺錢吧？」

馮騰永搖搖頭。於是李遠哲轉達了上述問題。

這兩位科學家都確信，科學的價值是在幫助人類的福祉，馮騰永也表示，會免費將專利授權給這些非洲農民。

李遠哲又說：「我從院長可以動用的研究經費裡挪出五百萬新臺幣給你，讓你去做研究，看怎麼樣能順利幫助非洲農民。」

於是，中研院啟動了這項解決東非香蕉病害的研究計畫。

---

202 中研院植微所退休研究員，曾任植微所副所長、聯合國特聘顧問。

一方面，非洲農業技術研究基金會與中研院簽訂授權契約，由馮騰永免費授權專利HRAP及PFLP基因，在新的抗菌品種尚未培養出來之前，暫以細胞培養法，每年培養舊品種的香蕉新幼苗，以取代枯死的香蕉。另一方面，與國際熱帶農業研究所（IITA），和烏干達國家農業研究系統（NARS）合作試驗種植新培養的基因轉殖香蕉植株。一如預料，證實能有效解決香蕉病害，他們更進一步合作，直接前進非洲幫助農民[203]。

非洲困擾多年的香蕉病害終於有解了，也能挽救非洲人民的生存與生計，不僅合作的相關機構都很雀躍，李遠哲與馮騰永領導的研究團隊也深感能從人民的需要，看見科學家的責任和科學的價值。

＊＊＊

二〇〇八年，國際科學理事會進行下一任會長的提名作業，並向旗下各國會員與科學聯盟會員徵求提名，人選的條件之一是，須參與過國際科學理事會的組織。

中研院是國際科學理事會的會員，而李遠哲自二〇〇三年起確曾參與其組織。陳建仁、劉兆漢等幾位院士聯名建議院方，向國際科學理事會提名他競選會長。

事後，劉兆漢對李遠哲說：「我們提名了您，您可能有機會喔。」

不久，李遠哲聽到消息，中共要防堵他當選會長。

隨即，國際科學理事會執行長（Executive Director）來信詢問陳建仁：「李遠哲已經被提名了，但是中國說李遠哲是政客，而非科學家……」

陳建仁回信清楚說明：「李遠哲是一位關懷社會，相當了不起的科學家。」陳建仁希望提名委員會能選擇李遠哲爲下一任會長的候選人。

當屆的印度籍會長是一位熟悉李遠哲行事作風的化學家。在提名委員會的會議中，這位會長宣布，李遠哲和另外三位候選人被提名，並向中國籍的委員會成員白春禮[204]說：「你要反對的話，是最後的機會喔！」白春禮低頭無語，不表反對。

二〇〇八年中，李遠哲與臺灣代表團前往馬布多，參加國際科學理事會大會暨下一任會長的選舉。抵達會場時，其他會員代表紛紛告知，中共散播了一些負面言論，還勸會員代表們不要把票投給他。

李遠哲盡力做好自己能掌握的事，把握僅有的機會，全力以赴。十分鐘的競選演講稿，他提筆修了又修、改了又改。中研院環境變遷研究中心主任劉紹臣[205]每凡經過，就注意到他還在改稿，多達數十次，且登臺前最後一刻還在修改。

---

203 二〇一〇年於田間試驗。二〇一一年，《CNN》《Nature News》等國際媒體大幅報導，為我國科技外交再創一例。中研院又回應要求，授權此一幼苗栽培技術，並前往非洲指導在地培養。

204 物理化學家。世界科學院院長。中國科學院院長。曾為美國加州理工學院訪問學者。

205 大氣科學家，中研院環境變遷研究中心主任特聘研究員。中研院院士。

「在我人生中，只有兩件任務是我自己主動爭取，並想獲勝的。一是兒時在新竹國小桌球隊時，代表新竹縣參加全省少年桌球比賽，我們經過努力，最後奪得冠軍；另一件就是競選國際科學理事會會長。」李遠哲說。

而當他上臺發表競選演講，渾然不知中國代表團成員早已一一離席。他只是專注地將他促進人類福祉的理念與願景分享給會員代表。

「我從來沒有做過任何競選演說，準備了一個星期。沒想到演講後引起很大的共鳴，尤其是低度發展國家的人，他們認同我的理想，所以我得到大部分的票，當選國際科學理事會會長。我確實也很高興有機會繼續努力年輕時即懷抱的『與志同道合的人打造美好的世界』的理想。」李遠哲坦承。

他高票當選後，梅塔會長前來恭喜他，卻不禁憂心地說：「遠哲，糟糕了！你被選上之後，我很擔心中共會一直杯葛你，而影響國際科學理事會工作進展……」

李遠哲回答：「我既然出來選，就會有能力克服困難的。」

國際科學理事會在馬布托的會議還有幾天才結束，要探討過去的成就與規畫未來。李遠哲趁這段時間找了中國代表團成員，誠懇地表示：「我們要爲全人類謀福利，需要好好努力、好好合作。」

當選之後，他也了解到，會長雖然是領導者，但很多事並不是會長一人能決定的。

依照國際科學理事會的位階，最高決策機構是全體會員大會（General Assembly），每三年召開一次。而這三年期間，由執行委員會（Executive Board）來展開會務。負責長期規畫的是科學規畫與檢討委員會（Committee of Scientific Planning and Reviews, CSPR），規畫的結果送經執委會討論通過，再由會員大會同意才能執行。

然而，會長主持執委會的會議，所以會長確實有很大的主導權，畢竟，科學規畫與檢討委員會和其他幾個委員會的諸多建議也需要執委會同意。

換句話說，「會員大會的性質比較被動；因此，如果想做事，那麼會長、執委會、執行長、科學規畫與檢討委員會都要積極。如果每一個角色都被動，會務就難以推動了。」李遠哲指出。

雖然當選後要到二〇一一年才接任會長，不過，二〇〇九年初，李遠哲就捲起袖子，提前飛到國際科學理事會的巴黎總部工作。

「備位會長是在就任會長的前一年半，成爲執委會成員並參與理事會內的各項工作，也能有機會先學習會長須挑負的責任。但是，執委會邀請我立即成爲它們的成員。」李遠哲應允，也一併同意成爲科學規畫與檢討委員會的成員。

是以，二〇〇九年二月四日，李遠哲即參加了科學規畫與檢討委員會的新舊任委員交接會議。會中，他發表對人類未來發展的一些觀點，也展現他對國際科學事務的熱忱。委員們印象很深刻，也敬佩他雖然長期身處在高度開發的西方世界，也在發展不俗的臺灣工作與生活，卻深入了解全球化過程中漸漸凸顯的財富分配不均和人類社會中諸多不公不義的現象，並願爲較低度發展國家人民深思遠慮的態度。

期間，他認識甫到任的國際科學理事會執行長陳德亮。他特別邀請陳德亮共進晚餐，交換各自對目前會務的看法與未來期許，討論得很深，也天南地北地聊了很多。

陳德亮是中國赴德留學的傑出學人，曾與一九九五年諾貝爾化學獎得主保羅．克魯岑[206]在大氣化學領域一起工作。

李遠哲與陳德亮聊得忘了時間，直到非得離開前，陳德亮想到即將與他密切合作，興奮地說：「你根本不是中國政府說的那種人！我非常高興能有機會跟你一起爲國際科學理事會努力。」

顯然，中共不樂見李遠哲選上會長，曾對國際科學理事會成員散布了不少負面評價。

二〇〇九年二月最後一個星期，李遠哲又回到巴黎，以備位會長的身分首度參加執委會。他想進一步了解，這個以「加強國際科學合作，帶給人類社會更多的福祉」爲宗旨的國際組織，到底要面對什麼樣的挑戰，尤其在他即將擔任會長的任期內要推動或完成的任務。

值此之時，國際純粹與應用化學聯合會（International Union of Pure and Applied Chemistry, IUPAC）邀請李遠哲進行一場意義不凡的演講。

由於二〇一一年爲「國際化學年」，也是居里夫人榮獲諾貝爾獎的一百週年，國際化學界爲此規畫了一整年的系列慶祝活動，其中「國際化學年啓動大會」的啓動儀式大會演講，就由李遠哲擔綱主講人。

居里夫人是李遠哲從小到大的學習典範，他在盛情之下應允。國際化學界也期待這場演講。這兩位諾貝爾獎得主，一位是典範的啓迪者，一位是受啓發的科學家，並將前人風範繼續傳揚；時隔百年，在絕無僅有的盛事裡，兩股典範即將交會。

二〇一一年一月二十七日，國際化學年啓動儀式即將在巴黎的聯合國教科文組織（UNESCO）舉行。

但是，啓動儀式的前一個星期，李遠哲卻接獲聯合國教科文組織副祕書長（Deputy Secretary General）的來電，不客氣地表示：「你住在臺灣，不是聯合國的會員。這場大會在聯合國教科文組織的大樓舉行，你拿臺灣護照是不准進入這棟大樓的，也就是說，你不能夠參加這個會議。」

與此同時，國際純粹與應用化學聯合會也接到了通知，不但極爲氣憤，還周知了國際化學年的其他協辦單位。他們採取行動，一方面向聯合國教科文組織抗議，表示此舉違反科學的學術自由，如果中國堅持反對，而使李遠哲無法參加，將嚴重損害中國的尊嚴。另一方面，國際純粹與應用化學聯合會也說服李遠哲，無論如何都要飛到巴黎，準時進入聯合國教科文組織大樓演講。

該不該去巴黎？

李遠哲毫無猶豫，他挺直腰桿，搭上前往巴黎的班機，於一月二十六日抵達。當晚九點鐘，聯合

206 Paul J. Crutzen，荷蘭籍大氣化學家。以研究臭氧層的破壞機制聞名，一九九五年與墨西哥裔的José Mario Molina-Pasquel Henriquez和李遠哲的好友薛伍德．羅蘭教授同獲諾貝爾化學獎。

國教科文組織終於同意，李遠哲能參加一月二十七日的國際化學年啓動儀式的大會演講。

活動當天，有人陪同李遠哲且不需查驗護照，他直接走進聯合國教科文組織大樓。踏入演講會場時，來自六十多個國家逾千位與會者迎接著他。登上此一意義鮮明的可貴舞臺時，他百感交集。他依照預定計畫向大會演說。講題是「我們地球面對的挑戰」：

今天我想跟大家談談人類社會發生的巨變，我們人類正面臨何種挑戰？

太陽系的形成，大約是在四十六億年前，地球是太陽系中的一個行星。由於特殊的條件，生命的現象在地球上發生，也跟隨著太陽的燃燒，不斷地演化至今。

而在兩百萬年前，人類出現在地球上，但人數還不多。一萬年前，人類開始發明農業的技術，人類活動也對環境開始出現衝擊，但是並不大。

請看這張約三百年前的畫作，這是當時人類生活的寫照，不只衣服、飲食、交通工具，都是陽光賜予的生質材料。當時，人是大自然的一部分，生活的所有事物都依賴陽光而發展。

最大的轉變仍來自工業革命。工業革命之前，人類有九七％的能源是燃燒木頭；但在工業革命之後，人類發明很多機械，開始使用許多埋在地底下的化石燃料，替代人類與動物的體力勞動。社會因此進步，卻也讓人類社會慢慢脫離大自然、脫離太陽。工業革命後，許多材料，像水泥、鋼鐵都是由從地底挖出來的化石燃料所加工製造的。

人類以為人定勝天。工業化使能源消耗大幅增加。直到一九五五年之後，人類使用將近九四%能源已都是由化石燃料提供，包括：煤、石油、天然氣。這些能源最大的問題是，它們都經由化學變化，大量產生了二氧化碳。

我們來看二氧化碳的濃度變化。工業革命發生前，大氣裡的二氧化碳濃度大約只有百萬分之兩百（就是兩百PPM）。之前，地球每十萬年左右就有一個冰河期的循環，即便在冰河期之間的暖和時期，二氧化碳的濃度也還是在兩百PPM左右。

但是，隨著工業化，人類活動排放的二氧化碳不斷增加，已遠遠超過地球所能吸收而達成平衡的狀態。目前大氣中的二氧化碳的濃度已經超過四百PPM，而每年以兩個PPM的速率持續增加。科學家已經指出，如果讓二氧化碳的濃度繼續增加，二十五年之後，二氧化碳濃度將會達到四五〇PPM，地球的溫度會比工業革命前升高兩度。

我們不能這樣下去。現在全球人均二氧化碳排碳量是五公噸，如果我們要留給下一代一個可以居住的地球，二氧化碳的排放量，須在二〇五〇年降到人均三公噸以下。

十年前在京都，大家討論《京都議定書》時，中國大陸的代表沒有簽約，它們指著西方國家說，你們化石燃料燒了這麼久，經濟發展到這個階段，現在輪到我們燒了。燒到現在中國已經超過了人均七公噸，遠超過全世界平均值。現在，中國擔心的還不只是溫室效應，最頭痛的是燃燒化石燃料導致的空氣汙染，以及經濟發展過程中未有效管控的水汙染，開始嚴重威脅人民健康。

如果全球各國不協議出對二氧化碳排放的控制，我們大概沒有希望。我講得很悲觀，因爲，各國政府大多擔心眼前發生的事，更何況是二十年之後的事。

我們是化學家，來看看這些年來化學的驚人進步。例如合成材料的發明加速了人類生活的各項便利與改善，這張廣告文宣可以看出，人類生活依賴多少合成材料。當印度產業巨擘塔塔汽車公司的廣告，描繪汽車有助於家庭的美好生活；然而我們卻也忽略了，人類正在快速製造各式各樣的垃圾。

這過程中，人口快速增加。上世紀，人口從十五億增加到六十億，當時很多科學家說，環境已經破壞，人類不容易在地球存活。現在，人口已經超過六十八億。

人口增加的影響是什麼？

因爲人均消耗包括坐飛機、開車、用電腦、電冰箱、洗衣機等快速增加，使得人類每年即消耗了一．四個地球生物圈所能提供的資源。如果我們都以美國人的消費模式來看，那麼一年將會消耗五．四個地球資源；像英國人，那就是三．一個地球資源；像南非人，是一．四個地球資源；像阿根廷，是一．二個地球資源；像哥斯大黎加，是一．一個地球資源；而如果像印度人，則是〇．四個地球資源。

我們的地球不是無窮大，太陽照射地球，地球面積有限，地球的循環和恢復能力有限，地球在很多方面都在過度消耗。我們面臨的危機已經越來越顯著。例如極端氣候所造成的風險，以美洲、歐洲、非洲、亞洲來看，從一九五〇年開始，洪水一直在增加。

最近，我澳洲的一位朋友說：「李教授，我早就告訴你該移居到澳洲來住，因爲如果核子大戰發生，炸彈不會丟到澳洲來。」但是，他說這些話的幾個月之後，澳洲就出現大洪水，把相當於法國和德國的總面積淹掉了。

人類消費的食物，有高達三分之一是由野生的昆蟲，特別是蜜蜂與蝴蝶的花粉授精而產生的，這些總值就高達兩千億美元；海洋裡四分之一的魚種是依賴珊瑚礁成長，超過三千萬人以此爲生；此外，有二二%的哺乳動物、三三%的兩棲爬蟲類、二七%的造礁珊瑚、二八%的針葉林都遭受滅絕的威脅。如果生物多樣性從地球上消失，人類也將無法存活下來。

因此，我們面臨兩條路的選擇。走向過度消費的生活，抑或是走向與大自然求取平衡的另一條路？兩條去向全然不同。

我們不能再追隨如歐美過度開發的經濟型態，現在就該走向永續發展的路。

是的，你也許會問，怎麼做？

關鍵是，如何做？答案就是重新擁抱陽光。

人類最好的能源在哪裡？就是太陽。一小時內照耀地球表面的能量，是人類社會一年使用的能量。人類漫長的歷史之中，兩百年前，我們脱離大自然、脱離太陽，這是不對的。

但是，這是全球性的問題。即使美國或英國使用的能源都來自陽光，亞洲若仍繼續排放二氧化碳，問題還是無解的。如果我們要走出永續的路，首先要明白，這是全球的問題，所以要有全球的因應方式。

我小時候在臺灣，二次世界大戰時躲避美軍的轟炸，在山上生活了兩年，在大自然裡面學了很多，接近大自然的生活，至今念念不忘。走入低碳社會，就是要回歸太陽的懷抱。太陽普照地表，提供了很多的能源，但是，我們沒有好好地用，只感受到陽光的炎熱而大開冷氣，燃燒化石燃料供應電力。

從目前科學發展的觀點看，把陽光轉換爲電能，效率越來越高，價格也越來越便宜。在十年、十五年之內，可望與燃燒化石燃料產生的能源在價格上競爭。問題是，我們還沒有學會有效地儲存電能或轉化爲其他的能源。期待有一天，我們若能學會將陽光或電能有效地分解成水，進而產生氫和氧，讓氫和目前的化石燃料一樣，在國際市場上流通，那麼，急速減碳便會有希望。

我最近在美國碰到聖地牙哥加州大學一位非常成功的教授，她以前是我的學生。她現在在屋頂裝了太陽能板，房子很大，已經不買電，還可以有些收入。她的電動汽車用的能量也都是太陽給予的。她問我，你在臺灣能做到嗎？我說，在美國一平方公里住三十五人，臺灣一個平方公里住六百三十人，我得到的陽光是妳的二十分之一，妳做得到，我做不到。但這不是說我們不要努力。我們還是要努力。有一天如果澳洲、加拿大等每平方公里只住三、四人的地方，能把陽光變成電，儲存並輸出到其他國家，我們回歸太陽的理想才能做到。所以，電的儲存跟轉換，能在國際市場上流動，是年輕的科學家要繼續努力的。

世界上還有很多能源是太陽系形成時就留下來的，例如地熱，紐西蘭就大量使用地熱。如果把水打到地底下有地熱的地方，變成水蒸氣，就能發動發電機了。

其次，科技應該爲社區需求而設計，例如通勤用的公共交通系統。

我們可從文化與傳統中尋找智慧與解答。例如客家圓樓的設計：大門開口向南，冬暖夏涼，廳堂的設計有利於學堂、會議和閒談。創造社區對話，共享生活場域。

回到科學家的角色。作爲一個科學社群，我們應該扮演的角色是什麼呢？對於我們現今所面對的挑戰，我們可以發展一些知識，去傳達和形塑有效的對策；並以有助於全球公平正義及加速進步的方式，來達到永續發展之目標。

我二〇〇八年被選爲國際科學理事會的新任會長，這幾年來，我在世界各地奔波，重要的任務就是認眞面對環境變遷帶來的危機。所以，我們要醒過來，若繼續照目前的生活方式這樣走，人類是不可能在地球上存活很久的。

國際科學理事會目前正在努力，爲下一個新的十年，進行「地球系統永續計畫」（「未來的地球計畫」，詳見後章）朝全球永續性邁進。

二十年前，中國的每個人民都騎自行車，而巴黎的人們都開車。反觀今天，中國的每個人都想擁有一部車，但是巴黎卻有許多人喜歡騎自行車。

過度開發國家已經慢慢覺醒，但是開發中國家卻還在走過度開發國家的老路。面對這個現象，國際組織該扮演什麼樣的角色？

我們必須學習攜手合作，成爲一個命運共同體。人類社會走到現在，過去的發展模式已經走不通了，我們不該讓四十年後的一代責怪我們。我們該醒過來，好好轉變過來。我願意跟大家一起努力，也許能走出一條不同的路，也能帶全人類走向理想的世界。如果我們加緊努力，我們還有希望；如果照老路走，就沒有希望。我們已經沒有多少時間等待。該已是覺醒的時候了！謝謝你們的聆聽！[207]

語畢，掌聲響起，這位國際化學界的領袖與典範人物，透過一場跨時空交會的演講，證明科學無國界，科學家不屈不撓追求眞理，不受政治干預的眞諦。

演說之後，一位中國的代表趨前向李遠哲說：「這是一場非常出色、令人感佩的演講。」會後，主辦人也對李遠哲說：「如果您沒能出席，將會是國際化學年啓動大會的重大損失。中國對臺灣的排斥是十分不智的。」

李遠哲也才明瞭，由於國際純粹與應用化學聯合會、美國化學學會、國際科學理事會等學術組織鍥而不捨向聯合國教科文組織嚴正抗議，中國才讓步。

爲了力爭科學無國界、科學知識自由分享的理念，國際上的科學家們群情激憤，力抗中國的不當干預，終於爭回了科學的尊嚴。

科學的崇高眞諦，怎能容許政治操作而遭到抹殺？

不僅這場啓動儀式的演講，無論波蘭華沙爲紀念居里夫人舉行的慶祝大會、法國化學學會於巴黎舉辦的國際化學年慶會，以及二〇一一年年底的國際化學年閉幕大會，李遠哲都是受邀的座上賓。居里夫人的故鄉波蘭和啓迪她科研成就的科學母國——法國，這些國家的科學家都知曉，李遠哲早在年少歲月就深受居里夫人影響。而李遠哲也一直堅信，科學家從研究獲得的知識，應該由世人所共享。

這一年七月起，李遠哲在臺灣倡議成立的「居里夫人高中化學營」也開辦了。每年招收物理、化學成績優異的高中生共一二〇名。男女各半，保障女性的學習機會。營隊不僅由李遠哲主講，並另邀諾貝爾化學獎得主鈴木章[208]演講，與學員對談。學界與業界領袖人物也受邀舉辦講座，啓發學生對化學的興趣與想像。營隊由張昭鼎紀念基金會主辦，獲得全國高中理化科師生熱烈響應，此後每年都以這樣的規格來邀請講者，成爲年度盛會。

這一年的九月，李遠哲即將接任國際科學理事會會長，他又將如何擺脫政治干預，貫徹跨洲科學合作，扶助弱勢國家，呼籲全球積極行動，對抗威脅人類生存的共同敵人——增加的溫室氣體所導致的全球暖化問題？

---

207 演講文整理、摘要，藍艷秋、藍麗娟。李遠哲審訂。

208 日本化學家。因為在「有機合成中的鈀催化交叉偶聯反應」有所貢獻，和理察・赫克（Richard F. Heck）、根岸英一共同獲得二〇一〇年諾貝爾化學獎。

集思台
GIS TAIWAN

1 2015 年在臺灣大學舉辦的全球集思論壇（Global Initiatives Symposium in Taiwan, GIS Taiwan），李遠哲談到溫室氣體減排的巴黎協議，時為民進黨主席的蔡英文承諾會考慮列入政見。（《自由時報》提供．記者廖振輝攝）

2 2013 年於日本京都舉行的 Science and Technology in Society Forum，李遠哲主持「人口 & 消費」討論（Panel on Population & Consumption）前發表演講。（楊為植提供）

3

United Nations Conference
on Sustainable Development
Rio de Janeiro, Brazil - 20 - 22 June 2012
RIO+20

4

3 2013年ICSU在法國巴黎舉行科學聯盟會議(ICSU Unions Meeting),李遠哲以會長身分演講。(楊為植提供)

4 2012年聯合國永續發展高峰會議 Rio+20 在巴西里約熱內盧舉行,李遠哲受邀與多位諾貝爾獎得主同臺發表聲明「我們願望的未來」(The Future We Want)。(楊為植提供)

5 2015年李遠哲在臺灣大學與校長楊泮池及義美食品總經理高志明,針對臺灣食品安全、環境保護及其他有關永續發展議題進行座談。(楊為植提供)

第十九章 全球科學界的領導者，為轉型永續奔走

二〇一一年九月三十日，義大利羅馬。

第三十屆國際科學理事會會員大會，李遠哲就任會長，並發表就職演說[209]。

首先，我想對義大利國家研究委員會及聯合國糧農組織致上最深的謝意，您們全力以赴擔任主辦，協助第三十屆國際科學理事會會員大會圓滿成功。

從八十年前成立以來，國際科學理事會一直是國際科學合作的翹楚。特別是一九五七年到一九五八年的國際地球物理年，開啓了地球系統科學的黃金時代，其對後世的影響直到今日，那是一個劃時代的經驗。

整合全球科學界，對全世界共同面臨的關鍵問題進行研究的團隊，將成爲國際科學理事會的優勢和使命。這催生了八〇年代的多項全球環境變遷計畫，這些計畫持續拓展我們的知識範疇。一路走來，國際科學理事會也成爲科學界在國際政策上的主要代表機構之一。

過去三年延續這樣優秀的傳統。國際極地年（International Polar Year）也是以巨大的成

就作結。地球系統願景（Earth System Visioning）成爲一項重要的全球性計畫。另有許多其他努力也都有了具體成形，例如災害風險的整合性研究（Integrated Research on Disaster Risk, IRDR）和世界數據系統（World Data System, WDS）。

這些成就得以實現，是來自國際科學理事會內外許多個人及機構的遠見、支持、協調與合作。因此，我們應該對布蘭琴娜[210]會長、拉菲佛[211]副會長、黑田玲子[212]副會長、執行長陳德亮和其他主管同仁、執行委員會、科學計畫與評估委員會、財務委員會、科學行爲自由與責任委員會、祕書處，以及國際科學理事會的區域辦公室，表達誠摯的感謝。我們必須感謝我們的國家會員、聯盟成員、非正式會員和跨學科機構。此外，不能忘記，一定要感謝我們優秀的合作夥伴，其中很多夥伴今天均出席本大會。

但遺憾的是，此刻不是歡慶的時候。因爲即使我們已經盡了最大的努力，卻還未成功地爲永續且公平的全球文明奠定基礎，使整個地球村安全繁榮。相反地，人類對地球緩衝能力的

---

209 中譯，林倬立。李遠哲審訂。

210 Catherine Brechignac，法國物理學家。她卸任會長後，由李遠哲接任。目前領導法國國家科學研究中心（CNRS）。

211 Kari Raivio，曾任芬蘭赫爾辛基大學校長、名譽教授。

212 日本化學家。日本東京大學生命科學系教授。

施壓繼續增加。

全球人口一直攀升。而且，即使貧窮和飢餓依舊存在，全球消費量、二氧化碳排放和其他方面的衝擊仍然持續急遽上升。事實上，正如我們聽到洛克斯壯[213]教授對此有很好的解釋，我們正在危險地超越多項重要的地球限度。其後果已經開始出現：生物多樣性和生態系統功能的下降，以及更劇烈且頻繁的極端天氣及氣候事件。極令人擔憂的是，可能會發生巨大的「斷絕」，那將眞正危及人類在地球上的生存。

如果我們要避免災難，確保人類在這個星球上的存續，在未來幾十年的關鍵詞將是轉型。也就是說，我們必須開始將全球社會轉型成一個眞正永續的文明。

這個轉型應該從告別過去開始。人類必須認清事實，那就是我們過著超支的生活，而且全世界作爲一個整體，已經過度開發。毫無疑問，已開發國家必須大幅降低其碳足跡，例如透過大規模的節約能源；而新興國家和發展中國家必須體認到，不能輕率跟隨工業化國家曾採用的發展道路，他們將必須尋找新的發展模式。

我們的轉型某種程度上必須是科技的。從歷史上看，科技及先進新材料和產品的傳播，都促進了經濟增長和工業生產。而且它們在各層面改善了我們的生活，從健康和食品，以至能源和移動力——雖然已開發國家受益較多。然而，這些進步亦導致一系列健康和環境問題。因此，我們需要重新調整科技應用的方向，朝向永續性的轉型。

例如，我們必須大量投入科技發展，讓人類重回陽光的懷抱。在過去一百五十萬年的大部分時光，人類的進步繁榮幾乎完全仰賴太陽的供給。然而，過去兩百五十年來，我們變成依賴石化燃料。我們必須重回陽光的懷抱，回歸自然，這是非常重要的事。

此外，技術發展不應該再關注個人消費者。科技不應是促進個人消費來賺取利潤；它應是要爲所有人建立一個更美好的世界。

然而，這種轉型必須超越科學與技術，因爲沒有高科技萬靈丹可以解決這場危機。一個核心問題是，我們的生活方式，以及我們欲求經濟永遠成長、消費永無節制。隨著人口爆炸，無限的欲望和有限的地球資源，是不可能並存的。所以必須改變我們的態度、習慣和生活方式。這將涉及重新定義進步及我們想要的生活方式。它必須超越高級轎車與大電視的滿足，它要爲我們帶來更多的快樂和意義，以及一個健康而具恢復力的地球。轉型過程中，我們的文化和傳統將至爲重要。畢竟，數千年以來，我們祖先的生活與大自然有較好的平衡。他們的生活方式裡必定有我們能學習的深奧智慧。當然，我們不是在談要回到原始生活，而是更恰當地善用科學技術。這就是人類所面臨的挑戰：在未來幾十年內徹底轉型，並且重新創造我們的文明。

我們能怎麼做？

既然科學必須在這場大轉型中扮演重要角色，全球的科學機構，像國際科學理事會和其合

213 Johan Rockström，瑞典斯德哥爾摩大學教授。專研自然資源管理、自然資源的恢復能力。

作夥伴，要如何幫助人類繼續生存？對於國際科學理事會，自然是從我們的使命著手：強化國際科學發展以造福社會。而接下來的六年，這項使命必須透過第二個策略計畫來達成——這計畫是由整個國際科學理事會會員密切商議、審愼研擬出的。我們已經決心要全力以赴，務必成功實現此計畫的主要項目。在此同時，國際科學理事會絕對不能忘記嚴格自我檢視。一個快速變化的世界仰賴不斷的改進和革新。因此，在下次二〇一四年大會前，國際科學理事會將委託外部機構進行獨立評鑑。

我堅信，要達成我們的使命並履行我們的策略，近期首要問題，必然是立即採取行動和解決問題。生產知識向來是國際科學理事會的核心優勢，必須保持下去。但坦白說，對於這些問題和可能的解決方案，我們已經具備足夠知識了。我們不夠的是時間。在我三年前的競選演講中，我表達了對發展中國家人民的關切。今天，他們仍然天天面對嚴峻的挑戰，包含糧食安全、水、傳染病等種種問題。我們此刻的優先要務是改善他們的處境，防止人口爆炸，減少貧窮和飢餓。我們必須立即採取行動，徹底解決這些問題。

立即採取行動將需要更多的資源。在過去，許多非常棒的構想都因缺乏資金而被放棄。這實在是令人痛心。如果是一個值得做的想法，我們必須盡全力尋找資源。僅在去年一年，祕書處和執行委員會合力募得超過一百五十萬美元，用於國際科學理事會在里約加二十（Rio＋20）高峰會和「地球系統永續計畫」的活動，這證明募款是可行的。國際科學理事會應該建立負責募款的委員會，負責爲將來的大型計畫籌募資金。

但是，爲了展開全球規模的行動，全球科學界也必須擁有更充裕的資源供其支配。目前，爲了確保國民安全，每年世界各國用在國防上的總費用超過一兆美元。但今天，全人類面臨的最大威脅——氣候變遷和人類的不永續性，是全新截然不同的課題。這些不是國與國之間的相互威脅，而是人類對自身造成的威脅。本質上它們是全球性的威脅，影響到所有人類。若我們能將一兆美元的一％，用於全球永續性研究將會如何？那將是每年一百億美元，是一筆非常大的資金，而這是我們必須渴求的規模。

立即採取行動還需要我們更加善用優秀的人力資源。過去幾年，我遇到很多傑出的科學家，他們深深關心我們的世界。其中許多人對我說：「遠哲，我想幫忙！但要怎麼做？我能做什麼？」他們有熱情和能量，但缺乏適當的管道。因此，我們必須建立平臺，將這些能量轉化爲正向的改變。

最後，我們不僅要迅速行動，而且必須一起行動。在國際科學理事會是如此，在國際科學理事會所在的更大科學界亦是如此。世界已經變得太複雜，任何一個或少數機構都不可能獨自行動。我們現在皆相互需要。這不是關於誰領導、誰跟從或誰獲得較多聲譽。我們必須拋開微小差異，而要關注如何以團隊方式出力，一起拯救我們的地球。

親愛的同事與朋友，我們許多最頂尖的科學家都相信，如果沒有在二〇二〇年甚至二〇一五年「扭轉曲線」，將會來不及防止大災難發生。爲了度過這場危機，我們必須徹底轉型並重塑人類文明。絕對沒有時間可以浪費了，必須快速行動並找到解決方案。已經有很多頂尖的機構開始行動，但國際科學理事會能匯集全球科學界的力量產生影響。而且我們已經完全準備好要做出貢獻。讓我們一起努力吧！

他的話語才結束，就贏得了全場三百多位與會者鼓掌支持。

「我接任會長之後，無時無刻在想的就是全世界人類發展的事。」李遠哲迫不及待，要將理念具體執行。

該搬到巴黎赴任嗎？

他與吳錦麗飛到巴黎總部，先了解並適應祕書處和執委會的實際工作模式。結論是，較重要的會議再前往巴黎，至於需跨國協調的會議，在臺灣以視訊會議進行即可。「他雖然是會長，但他還是配合其他國家的人，就選在臺灣的半夜開視訊。」吳錦麗說。

就這樣，李遠哲幾乎每一、兩個月就飛到巴黎，與總部同仁一起工作，完成需要面對面溝通協調的事才回臺灣。他也從美國聘請通曉中文、英文與法文的助理楊爲植，駐在總部協助一段時間。

此外，由於同時推動好幾項計畫，亞太、非洲、南美洲等三個區域辦公室也需要他親自往訪；七十五歲的他，再度成爲頻繁出差各國的空中飛人。

早在先前當選會長時，國際科學理事會就得立刻決定是否接受聯合國之邀，與世界工程組織聯盟（World Federation Engineering Organization, WFEO）共同成爲通稱Rio+20的聯合國永續發展高峰會

（United Nations Conference On Sustainable Development, UNCSD Rio+20）的「科學與技術」領域代表。這是高峰會的十個領域之一。

而且，如果國際科學理事會決定受邀，受限於會內的經費不足，尚須募足六十萬美元的額外款項。

李遠哲積極支持國際科學理事會接受此一任務。於是，由副會長並掌管對外關係（Vice President for External relationship）的黑田玲子教授與下一任會長（李遠哲）負責募款。黑田玲子預計在日本募四十萬美元，李遠哲在臺灣募二十萬美元。

不過，日本的募款情形並不順遂，只募到十五萬美元。李遠哲得知，就在臺灣募足五十萬美元[214]。

「臺灣企業及各界對國際科學理事會活動的捐助與支持，非常踴躍。」

完成募款工作，李遠哲在二〇〇九年到二〇一一年的備位理事長期間已有建樹。這還不包括他積極參與的執委會和委員會工作。

「不過，他很低調。他總是說，這筆經費是祕書處向執委會募來的，完全不願居功。」楊為植觀察。

李遠哲隨後積極籌辦「永續發展的科學與技術」大型會前會，希望在Rio+20高峰會前舉行，並將在這場會前會啟動「未來的地球計畫」（Future Earth Program），以把握機會傳達，以科學合作促

214 較大筆之捐款包括：旺宏電子董事長吳敏求（二十萬美元）、永豐餘集團總裁何壽川（十萬美元）、中研院生醫所所長陳垣崇（十萬美元）、國科會（十四萬美元）。

進人類社會向永續轉型的理念。

「未來的地球計畫」是什麼？

李遠哲在會長任內的迫切任務，是將會內既有的四個全球環境變遷的相關計畫，整合成爲一個全球規模、大型的研究計畫，起初名爲「地球系統永續計畫」，後來改名爲「未來的地球計畫」。

它們分別是：一九八〇年成立，研究大氣與氣候的「世界環境研究計畫」（World Climate Research Program, WCRP）；一九八六年創始，關注層面廣泛的「國際地圈生物圈計畫」（International Geosphere-Biosphere Program, IGBP）；一九九一年建立的「國際生物多樣性科學計畫」（International Program of Biodiversity Science, DIVERSITAS）；以及從社會、經濟與政治切入的「全球環境變遷下的國際人性層面計畫」（International Human Dimensions Program on Global Environmental Change, IHDP）。

整合並不容易，但李遠哲堅信四個重要觀點來推動：

一，我們必須以「現在已是最急迫的時刻」爲出發點。

二，下一個十年將以轉型的行動爲主。

三，我們的目標該以「永續、正義與公平的人類文化」爲最低的要求。

四，我們需要尋求「新的發展模式」，謀求與大自然的和諧，嚴肅面對貧窮與飢餓。

行動的步伐刻不容緩，就任會長的九個月後，Rio+20高峰會已經來到眼前。

二〇一二年六月，巴西里約熱內盧。

在這場全球矚目的聯合國永續發展高峰會召開之前，李遠哲召開的「永續發展的科學與技術」大型會前會已順利閉幕。

接著，六月二十日，高峰會的開幕會議即將揭幕。會中分爲十大重要領域（Ten Major Groups），各領域派代表發表短講。當螢幕顯示「全球科學與技術界」，代表登臺演說者，不僅是全球科學界的領袖——國際科學理事會會長，是許多與會者知悉的諾貝爾獎得主，更是突破國際外交、唯一發言的臺灣人：李遠哲。

我很榮幸代表全球的科學與技術界向各位演說。

我們在富有許多前所未見的挑戰的時刻見面，科學界已敲響了警鐘，人類正在對地球施加巨大的壓力。

我們已經進入了「人類世」，也就是說，人類的活動已經主宰地球。危險的氣候變遷、生物多樣性喪失、遍布的汙染正嚴重威脅我們的生存。

我們科學、工程及技術界，敦促領袖們立刻採取行動。若不立刻行動，將對生物圈增加突然和不可逆轉的改變的風險，進而損毀地球上生命的永續。

研究顯示，要回應這些挑戰，個人和體制都必須要徹底轉型，以保護我們的地球、消滅貧窮和飢餓、處理不平等和衝突，並維護人權和正義。

> 數百年來，科學、工程及技術曾經幫助人類社會的發展。我們要轉型爲永續，必定有賴於科學和工程所能提供的最佳知識、創新及可行性分析。整合的研究，將提供社會所需要的知識，政策的決定，也必須有堅實的科學與政策的界面聯繫。
>
> 因此，我們呼籲Rio＋20，能讓科學與社會之間開創出新的契約。國際科學與工程界已經加緊準備好，以實現「我們願望的未來」。
>
> 時光不能虛擲。我們需要起而行，並肩行動[215]。

當李遠哲緩緩步下舞台，不少來自臺灣科技界、科學界和非營利組織的與會者因而備感驕傲。

然而，會後，李遠哲卻沒有喜悅之情。

主辦單位原先說好是八分鐘演說，後來要求縮短爲五分鐘，最後又縮減爲三分鐘。李遠哲還觀察到：「雖然科學與技術是開幕式中的十大重要領域，但是聯合國的很多事務都是由各國外交部主導，對科學的重視不夠。」

而這場會期三天、近四萬五千人參加，共三十幾個國家的領袖所出席的高峰會，各國卻沒有具體的政治承諾，僅有一份不具約束力的報告書《我們願望的未來》（The Future We Want），其中對科學與技術的著墨也不是很多。

儘管如此，李遠哲還是發揮了影響力。會後，他受到聯合國教科文組織的主任祕書（Secretary General）艾琳娜．波可娃（Irina Bokova）邀請，幫忙她組織一個直屬聯合國祕書長潘基文的高階科學顧問團隊。

理想主義者的字典裡，沒有灰心這個詞。

「聯合國以主權國家的形式來處理全球人類共同面對問題的方式，已經證明不管用了。唯有透過其他形式的合作，才有可能解決問題。」經過無數次的歷練與觀察，李遠哲深刻體認。

回到巴黎的國際科學理事會總部，他鍥而不捨，運用國際科學理事會的組織架構，透過其既有的一百二十一個國家會員與三十個科學聯盟會員，繼續將他的理念化爲實際作爲。

國際科學理事會將既有的四個永續相關計畫整合爲一的過程中，一開始就得到下列機構的支持，共組一個十年的新的全球性聯盟。這些機構包括：全球變遷研究機構貝爾蒙論壇（Belmont Forum）、聯合國教科文組織、聯合國大學（UNU）、國際募款機構組織贊助的全球變遷研究（International Group of Funding Agencies for Global Change Research, IGFA）、聯合國環境規畫署（UNEP）、國際社會科學理事會（ISSC），以及擔任觀察員的世界氣象組織（WMO）。

這個新的全球性聯盟，乃是由國際科學理事會主導，並先邀請國際著名學者與一群年輕學者召開前瞻規畫會議（Visioning Meeting）。接著組織一個轉型團隊（Transition Team），委由二十多位學者做轉型規畫，一年內就交出了詳盡的規畫書，對整合後的行政、研究架構提出完整建議。其後成立了

215 中譯林倬立。李遠哲審訂。

科學委員會（Scientific Committee）。

但是，「這些非常重要的工作，如果沒有經費是無法走下去的。」李遠哲體認。於是，他邀請執行長陳德亮、負責科學計畫與檢討委員會的副會長拉菲佛來臺。經中研院副院長陳建仁協助從事募款。很快地募集到一百萬美元，支援轉型團隊的運作。後來爲了成立科學委員會，促成全球計畫辦公室與區域辦公室，李遠哲兩度募款，各募得一百萬美元[216]。

許多人孜孜矻矻努力著，直到二〇一四年，整合工作終告完成，成立大型的「未來的地球計畫」，在世界各地成立五個計畫辦公室。

「如果沒有臺灣企業界捐助這三階段的三百萬美元，是不可能成功的。現在，在各國的計畫辦公室成立之後，各國也開始資助這項計畫了。」李遠哲很欣慰。

期間，爲了幫助「未來的地球」到各國成立獨立組織，李遠哲親訪馬來西亞、印度、菲律賓、中國、日本、韓國、斯里蘭卡、南非、巴西、阿根廷等國家，說服各國會員、科學院與政要。「我看到共同的問題是，無論是中國、日本、印度，都缺少能夠影響政府高層的領羊人。」他感慨。

會長任內並不僅止於這項任務。期間，會內還成立世界數據系統，說服日本政府挑負責任，也成立都市健康與福祉（Urban Health and Well-Being）的國際計畫辦公室。爲此李遠哲還專程前往中國，拜訪中國科學院院長白春禮，成功說服該院支持此一計畫。

人類面對的「共同敵人」兵臨城下，但是人們仍未覺醒，李遠哲與推動「未來的地球計畫」整合工作的人都深覺行動刻不容緩，並且「建議把企業界、政治界、民間團體帶進來，因爲人類永續不只是科學家的事，而是大家的事。」會長特別助理楊爲植觀察。

「他希望將科學研究的成果變成行動，眞正實踐改變。但是，國際科學理事會執行董事們開會時，這群科學家並不習慣與企業界或決策者接觸，會中常分兩邊，有些人支持他，有一些人就會說，我們的責任是做好研究，寫完報告，至於改變社會的實踐，恐怕我們是無能爲力。他滿懷熱情與理想，有時卻是孤單的。」楊爲植觀察。

爲了推動全世界相關機構齊心合作，「未來的地球計畫」爭取聯合國教科文組織等其他機構支持，共組新的全球性聯盟。但是起初倡議時，「祕書處擔心這些機構不做事，不能提供經費，還會搶功勞。但是他卻覺得，如果有做事就好了，被搶功勞又如何？」楊爲植對李遠哲只想把事做好，不計功勞的心胸很佩服。

雖說如此，李遠哲仍用心體恤祕書處基層人員的工作情形。

曾派駐在巴黎總部一段時間的楊爲植觀察，祕書處和一些國際上的科學家聯絡，但對方不見得會回應，例如美國總統歐巴馬的科學顧問或巴西科學院院長等。李遠哲得知就主動寫信去，對方也很快就回信了。此外，「祕書處的人不一定都能常常見到國際科學理事會的高層，但他會親自去祕書處，並常聆聽他們的想法。」

216 首次募款募得一百萬美元（台積電董事長張忠謀捐款五十萬美元；明碁電通董事長李焜耀、和台達電創辦人鄭崇華各捐款二十五萬美元）；第二次與第三次都各募得一百萬美元，捐助人皆為唐獎基金會董事長尹衍樑。

有一次，會議的光筆點不亮，祕書處人員被執委會的人責備，淚灑當場。下一次開會時，光筆又點不亮，主持會議的李遠哲不以爲意，他取出光筆裡的電池，在上衣手臂處來回摩擦，再將電池裝回光筆裡，光筆的燈就亮了，還喃喃說：「電池的電壓低，電極的表面髒了，電阻就會增加，就不通電了。很常見的事。」

「你如果問祕書處的人對李教授的看法，他們會翹起大拇指說：『我們很愛李教授。』」楊爲植說。

法國人很重視工作時間，時間到了就下班，但是總部工作人員看到臺灣來的人堅持做完事才下班的態度，也感染了這樣的氣氛。

李遠哲向來同情弱勢。在卸任前半年，他注意到許多低度開發國家的會費與已開發國家相同，認爲有必要改革，因此推動入會費的制度改革，最後卻失敗了。「會內有些單位認爲，既然那些國家沒有主動反對，爲何需要改呢？但是院長認爲，不對的事情就該改革。」楊爲植說。

儘管有些計畫成功，有的理想不能完全實現，李遠哲總是全力以赴。

超強的體力，高承載的工作量，奔波世界各地，「他這樣拚命，就像他在網球場上打網球那種拚勁。」傑出人才發展基金會執行長李有成觀察，他更像個「傳教士」，孜孜不倦地向世人敲響警鐘。

「他看起來不像實際的年紀，但有時候看到他走路的樣子，就知道他非常疲倦。問他，他說早上剛下飛機。他飛到法國也是白天馬上就去開會，經年累月這樣下來，我當然就會擔心他的身體。但他說，他只要上了球場就好了。」原分所研究員劉國平院士很心疼。

「我是努力睡覺也睡不著覺的人，我在備位會長跟會長的六年間到處飛行，時間都搞亂掉了。」李遠哲微笑說道，似乎不以爲意。

二〇一四年八月底，國際科學理事會的會員大會在紐西蘭召開。李遠哲致完卸任演說辭時，全場起立鼓掌向他致敬，連中研院的代表團成員們都感動得哽咽。中研院院士周昌弘長期參加歷屆的會員大會，也驕傲地說：「國際科學理事會有史以來，從沒有過全場起立致敬。」這一次，中國代表團留在場內，李遠哲的貢獻，他們都看得見。

李遠哲將職責交付給下一任會長高登．麥可賓（Gordon McBean），退居爲卸任會長（Past President）身分，仍繼續參與執委會直至二〇一六年一月。

會中，中研院與加拿大蒙特婁都爭取下一屆（二〇一七年）會員大會的主辦權。經全體會員投票，決定於臺北舉行，以回報並肯定李遠哲、中研院、國科會及臺灣社會六年來的協助與貢獻。這一回，中國代表團也投票支持臺北。

「李遠哲作爲全球科學界的領袖，他所做的努力、貢獻與成就，是無庸置疑的。」中研院社會所所長蕭新煌觀察。

「我聽到世界各國的科學家稱讚，國際科學理事會雖然是世界最大的非政府組織與國際學術組織之一，但是，仍有不少人並未注意到它的重要性。讓我最驕傲的是，李院長領導它時，不只讓臺灣被世界看見，也讓它在國際上的聲望大為提高，也提升了它的水準。」中研院副院長陳建仁提出。

回顧過去六年，李遠哲任內，「未來的地球計畫」建立完整的制度，打好基礎，讓接任者承接使命，促推人類社會往永續的方向轉型。

期間，李遠哲也以會長、諾貝爾獎得主及關切人類社會未來的學者身分，受邀參與數個全球性的高峰會議。較重要的是布達佩斯的「世界科學論壇」（World Science Forum）、京都的「科學與技術社會論壇」（Science, Technology in Social Forum, STS）、「德里永續能源高峰會」（Delhi Sustainable Energy Summit）等。

在承擔這些極為重要的全球性職務時，他也結識全世界不少充滿理想的領導者，心中深埋的理想也被深深觸動了。「我年少時許下，那『與志同道合的人打造美好的世界』的願望，算是踏入了重要的一步。」李遠哲自承。

他細數在國際科學理事會結識、致力於全球環境變遷與永續發展議題的有心人，個個都能幹傑出。例如英國的克里斯多夫．李佛（Christopher Leaver）、南非的卡索．墨寇（Khotso Mokhele）、美國的雷夫．希瑟隆（Ralph Cicerone）。他因擔任會長而參與了許多其他組織，也結交了不少志同道合的科學家，例如原本就認識的美國好友薛伍德．羅蘭、荷蘭的保羅．克魯岑、美國的彼得．雷文（Peter Raven）、米爾拜諄．拉瑪納坦（Veerabhadran Ramanathan）、德國的漢斯．姚阿幸．薛胡巴（Hans Joachim Schellnhuber）、約翰．洛克斯壯、日本的尾身幸次，墨西哥的馬利奧．莫利納（Mario Molina）、印度的哈許．古普塔（Harsh Gupta）等人，其中許多也都是諾貝爾獎得主。

仔細追蹤李遠哲過去幾年在全球的足跡，令人訝異的是，他不僅參加國際科學組織相關活動，許多與諾貝爾獎得主有關的活動，例如林島諾貝爾獎得主大會、全球永續諾貝爾獎得主研討會，以及各國政府或科學院邀約的科學、技術與教育的演講，化學的學術會議，尤以化學動態學，都能見到他的身影。他展現的意志、學養與熱忱，確非一般人所能及。

這段時光，李遠哲成為國際科學界名符其實的領袖，影響力遠播，榮獲世界各地的大學榮譽學位累計共四十二個，科學院的院士或名譽院士更來到十五個。儘管臺灣被排除在聯合國之外，他卻能克服政治與外交的壓力，常有機會與各國元首或決策者討論科學技術與教育相關事務。

在擔任會長時，李遠哲感受尤深的是，雖然這是跨國界的組織，全世界人類面對全球的問題，每一個主權國家各自的努力是必要的。但是，「如果全球人類沒有深度的合作，那麼威脅人類生存的氣候變遷的問題將會是無解的；而國與國之間為了經濟發展，從事激烈的競爭，在逐漸走入全球化的世界裡是有矛盾的。」

於是，他一有機會，就強調超越國家的合作的重要性。

二〇一五年二月，在印度召開的德里永續發展高峰會閉幕式，他以諾貝爾獎得主的身分，受邀做特別演講。演講時，他提到了全球合作的重要性，以及「地球公民」（Citizen of Mother Nature）的重要觀念。

會議結束之際，擔任大會總結的法國環境和能源部長席格林．羅雅爾（Segolene Royal）語重心長說道：「三天前，從臺灣來的諾貝爾獎得主李遠哲教授，講到地球公民的概念，我深有同感。但我們現在都是以主權國家的成員在活動，也許我們該認識到我們兼具兩個角色：一個是國家的公民；另一個是地球公民，我們也許該努力，逐漸強化世界公民的角色，而慢慢地淡化國家公民的角色。」

李遠哲深感認同，「畢竟地圖上的國家只不過是人爲的幾條線，雖因歷史文化背景的不同，無法如此容易消除掉。歐洲國家成立歐盟，該是好的方向。」

二〇一五年四月，身爲梵蒂岡宗座科學院[217]院士的李遠哲，也投入另一項跨越國家疆域的合作。同月二十八日，他前往宗座科學院，參加「捍衛環境、人類尊嚴、氣候變遷的道德層面與永續的人類」（Protect the Earth, Dignity Humanity, The Moral Dimensions of Climate Change and Sustainable Humanity）研討會。他在會中表達看法，也和其他十二位宗座科學院及宗座社會科學院較具代表性的院士，共同草擬一份「氣候變遷與公共福祉——轉型解決方案之問題與需求的聲明」（Climate Change and The Common Good, A Statement Of The Problem And The Demand For Transformative Solutions）。

翻開這份達十一頁的聲明文件，第一頁：宣言（DECLARATION）[218]開宗明義指出：

> 不永續的消費行爲，伴隨破紀錄的人口和不適切科技的使用，導致世界的永續性和恢復彈性的能力受到破壞。日益擴大的財富與收入懸殊、全球性物理氣候系統的干擾，以及維繫

生命的百萬種物種喪失，這些都是不永續的最顯著表現。依循「一切照舊的模式」持續開採煤、石油與天然氣，將會對最窮困的三十億人以及未來世代造成嚴重的生存危機。

氣候變遷很大成因，是全球最富裕的一五％人口不永續的消費行爲，這已經變成社會中首要的道德與倫理議題。只要我們重新調整對待自然的態度，也伴隨著改變對我們自己的態度，我們仍有時間去減緩難以掌控的氣候變遷，並且修復受損的生態系統。

氣候變遷是全球問題，解決之道，有賴於我們跨越國家從屬關係的界線，一起爲公共福祉共同努力。這種態度的轉變，將有助於促進必要的機構性改革與科技創新，以提供幾乎不影響氣候變遷、大氣汙染和生態系統的能源，進而保護尚未出生的後代。宗教機構能夠而且也應該領導大眾改變對受造界的態度。

天主教會與其他宗教領導者一起合作，現在可以扮演關鍵性的角色，透過動員大眾輿論和資金，來滿足最窮困的三十億人的能源需求，進而使其準備好，面對不可避免的氣候及生態系變化的挑戰。這樣由世界各宗教齊力的勇敢人道主義作爲，必定能激起公眾辯論，討論我們如何能整合各種社會選擇。例如在聯合國永續發展目標之下決定優先順序，在預測人口達

---

217 Potifical Academy of Science，梵蒂岡的科學院，一九三六年設立。研究六大領域：基礎科學、全球問題的科學與技術、發展中國家問題的科學、科學政策、生物道德、知識論。李遠哲為唯一的我國籍院士。

218 中譯，林倬立。李遠哲審訂。

到或突破百億的二十一世紀，朝向永續經濟發展的路途。

緊接著五月二日到六日，宗座科學院與宗座社會科學院召開了聯繫會議，主題是「永續的人類，永續的自然：我們的責任」（Sustainable Humanity, Sustainable Nature: Our Responsibility），李遠哲與其他五十七位與會者都簽署了重要結論。

這份由十三位院士共擬的聲明文件和此兩場主題研討會的結論，也影響了教宗方濟各。天主教這位一直站在大多數人民的立場，堅持人類社會的公平與正義的教宗也加以採納，成爲年度的教宗通諭（Encyclical）。教宗從神學的角度發表教宗通諭，提醒人類：「天主創了天地萬物，請人來管理，可是人們不但沒有好好管理，反而破壞它。」身爲天主教徒的陳建仁指出，全世界十幾億天主教徒因此關注環境變遷與人的責任。

李遠哲對宗座科學院這個不受政治、宗教干預的全球性科學組織深感興趣，「這個位於梵蒂岡的小型菁英組織，常對許多重要問題深入討論，確實是能跨越國界，爲全人類探討問題，非常難得。」

就在會中，李遠哲初識美國哥倫比亞大學教授傑佛瑞．薩克斯（Jeffrey Sachs）。專研永續發展的薩克斯受聯合國祕書長潘基文之邀，組織了永續發展解決方案網絡（Sustainable Development Solution Network, UNSDSN）。薩克斯教授很誠懇地邀請他參加UNSDSN的領導委員會（Leadership Council）。

但李遠哲表示：「臺灣不是聯合國的會員國，聯合國的組織總是帶給我們不少麻煩。」

「這不是聯合國的組織，而是潘基文看到人類永續發展需要有解決問題的方法與行動，才委託我組成的一個國際民間組織。」

李遠哲向來認爲，採取行動、促進人類社會轉變是最重要的工作。聽了薩克斯的說明，他也就欣然受邀加入。

UNSDSN在薩克斯與執行長圭多・施密特—特勞布（Guido Schimidt-Traub）努力下，短時間內就組織了相當堅實的全球性網絡。

UNSDSN專注於聯合國將推展的「永續發展目標」（Sustainable Development Goal），亦積極推展聯合國預定於二〇一五年底，於巴黎召開的「聯合國氣候變遷高峰會」（Conference of Parties, COP21）及社會發展的財務計畫。這些聯合國的工作，李遠哲雖然沒能有機會投入，但是在出席UNSDSN的領導委員會時，他仍不斷提醒：「我們需要努力，早日超越以主權國家爲單位。如果足夠而乾淨的能源無法在全球市場上，像目前的化石燃料一樣跨國流通，那麼就很難解決全球永續能源的問題。人口密度每平方公里只有三十人的美國，他們的解決方案，絕不是人口密度高達每平方公里六百三十人的臺灣能採用的。」

涓滴努力，聚沙成塔。

二〇一五年九月二十二日到二十七日，教宗方濟各首度訪問美國，所到之處萬人空巷，轟動不已。

值此之時，李遠哲也飛往紐約，參加UNSDSN於二十四日召開的領導委員會會議。「專程赴會，也是因爲教宗抵達紐約，引起我很大的熱忱。」他坦言。

九月二十五日，教宗方濟各在紐約的聯合國總部發表專題演講。

「教宗的演說內容精闢，他對於社會公平與正義的堅持，引起年輕一代與被壓迫的階層很大的迴響。」李遠哲雖未能親臨，仍透過其他管道聆聽演講，深受感動。他與許多宗座科學院院士們曾做過的努力，正寄託於這位充滿人性關懷與自然關懷，深具影響力的宗教領袖身上。

而教宗在演說中爲地球環境和窮人發聲，彷彿也呼應了李遠哲等有志之士的努力，激起全世界爲此奮鬥的人們極大的共鳴。

聯合國也在這次的大會中一致通過了「永續發展目標」，洋洋灑灑的「改變我們的世界：二〇三〇年永續發展議程」報告書，列舉了十七項目標和一百九十幾項追蹤永續發展目標的方案。

但是，李遠哲仔細閱讀後，仍不免掩卷嘆息。

他指出，這十七個目標雖然有崇高的理想，但是，「在人口暴增、消費過多的世界裡，已開發國家早已『過度開發』的事實，仍未被認眞檢討。貧富差距的縮小，也該認眞檢討。亞洲、非洲尚未過度開發的國家，該走出不一樣的發展模式，確實也沒有深入探究過。」此外，也缺乏具體的落實方法。「在二〇三〇年，每個人都能接受免費而優質的高中教育，每個人都能有乾淨的能源等理想，如何落實，到底每人有多少的能源需求，是需要進一步探究的問題。」

經過包括李遠哲等有志之士的奮鬥，歷史性的一刻終於到來。

二〇一五年十二月底，「聯合國氣候變遷高峰會」在巴黎舉行，主題就是抑制全球暖化，並簽署《巴黎協議》。

「一百九十五個國家領袖聚集在巴黎，宣誓要盡最大的努力，讓地球的升溫保持在工業革命前的地球平均溫度兩度之內。最好能夠在一．五度之內。」李遠哲深感振奮。

COP21和九月紐約的聯合國大會，科學家甚少受邀參與，但李遠哲並不計較。

「正如Rio+20的會議，科學家的工作在政治協商之前就告一段落了。協商後結論的推動，科學家們又得努力。急速減碳的工作，我努力參與了呼籲與推動，貢獻雖然很微小，但我也知道積少成多。」李遠哲了然於心。

趁著出差柏克萊加大，李遠哲在綠意盎然的校園裡舉步思索著人類共同面臨的問題，每一步都很沉重。回想經年的奔波與努力，大環境似乎也沒能大幅扭轉。

「我太太問我，這麼多年來，我花了這麼多時間，這麼努力，到底我們的地球會不會變好？」

「我跟她說，沒有變好；但是，至少也許延緩了變壞的速度吧。」

「COP21可以說是一個轉捩點。」李遠哲指出，「雖然每個國家承諾了，但是缺乏約束力的減碳工作，仍遠遠不及於各國所需的努力。而且，即使各國實現承諾，依照科學家的推算，地球的升溫還是會超過工業革命前的三．五度。至少，COP21有一個優點是，五年後要重新檢討這個數字。」

「從Rio+20、宗座科學院的報告、教宗通諭、聯合國永續發展目標到《巴黎協議》，在在可以看見李院長的身影。」陳建仁感佩地說。

這些年來，李遠哲在國際上心繫人類與地球的命運，回到臺灣，他也將中學、大學與民間社團的演講邀約排入緊湊的行程表，只為了呼籲國人正視急速減碳，並積極將國際上關注的視野與格局帶給國人，他甚至向總統候選人呼籲能源轉型的重要性。

例如在陽明大學一場學生會主辦的演講中，主持人問他統獨議題，他苦笑舉例：「我們的敵人並不是來自國界以外，而是全球都在面對同一個敵人。就像電影《星際大戰》那樣，全人類要攜手合作，挺身抵抗。而這個敵人，就是我們自己。我們必須徹底改變我們的生活方式。」他在演講中提醒聽眾，是否思考過，整座大學校園都採用乾淨的能源？從中找出臺灣能源與產業轉型的契機，也是人類邁向永續發展的契機。

「人類社會在地球所面臨的危機，這幾十年來未見顯著的改善，環境繼續惡化，貧富差距也不斷拉大。雖然大家似乎在COP21覺醒了，但還沒認真體會到，我們真正的敵人是目前繼續惡化的環境變遷，而非敵人跨越國界的入侵。全世界花在所謂國防預算的數兆美元，如果人類學會合作，將力量用在讓人類真正永續發展的方向上，人類社會該有更光明的未來。」他強調。

就在COP21會後不久，二〇一六年元月底，他以卸任會長身分，在國際科學理事會執委會的相關工作，畫下句點。不過，他仍活躍於UNSDSN的領導委員會；也繼續參與京都「科學與技術社會論壇」，這是每年匯集全球的政治、經濟、學術、產業各界重要意見領袖的論壇，過去十三年來他長期參加。從中，認識許多志同道合的人。

在京都的STS論壇，企業界代表與政要關注著經濟成長率，日本汽車業巨擘TOYOTA的演講者也興奮表示：「我們公司找到了一個永續的技術，可以賣更多的車！」但李遠哲直言：「這是現有的經濟發展方式，人類不能再走這條路了，我們一定要改變這種思維，轉向眞正永續的生活方式。」

「老一輩的商界人士跟政要卻似乎沒有從（全球極端氣候風險和東日本大震災）中學到教訓。相反的，與會的年輕學者聽了李院長的演講，覺得耳目一新，很受激勵。」隨行的特別助理楊爲植觀察。

每每在國內演講，李遠哲都疾呼急速減碳與全球共同挽救人類的命運，總有許多聽眾深受啓發，了解到自己身爲地球公民，卻長期漠視應負的責任；卻也有人批評「李遠哲談的這些事，離臺灣太遠」。然而，李遠哲二十二年來住在臺灣，卻站上世界的前端，儘管身處這座蕞爾小島上，也能擔任位在巴黎的國際科學理事會會長，領導全球科學界推動改變，多年的涓滴努力，在世界創造變革。

歲月的消逝，絲毫沒有消磨掉李遠哲那股「與志同道合的人打造美好的世界」的理想，現在，他仍積極作爲。然而，面對年輕一代與他們的後代，他總是自責：「我們爲什麼沒能爲他們留下美好的地球？」

該自責的並不是李遠哲，該行動的是全世界面臨共同問題，早該告別既有生活方式，往永續轉型的每一個人。

第二十章

回歸學術，讓年輕人發揮

二〇〇七年二月，美國《化學教育期刊》刊出一篇「化學家的博士訓練與學術聘用的回顧與研究[219]」論文，分析美國前十大化學系教授曾指導的博士生，後來獲美國前五十大化學系聘為專任教職的人數。研究顯示，李遠哲高居第一，前五十大化學系就有十三位是他的學生。

這篇論文指出，「光是李遠哲，他在柏克萊加大指導的博士生，獲聘美國前五十大化學系專任教職的人數，就遠遠超過其他教授。這並不是因爲他是諾貝爾獎得主，因爲本研究調查的五十四位教授中，有另外三位也是諾貝爾獎得主。」意謂他是全美前十大化學系中，指導最多學生成爲前五十大化學系的專任教授。

研究還分析男女比例。李遠哲培育了不少女性博士，其中有兩位獲聘前五十大化學系專任教職，與另外十位教授相同，「兩位女性，這數字爲本研究中最多的。」文中還提及他已於一九九四年轉任我國的中研院院長，這顯示，對比培育學生的時間，他的比較基礎其實比其他五十三位研究對象還來得短，卻仍有最佳的表現。

曾任教美國，交大應用化學系講座教授林明璋院士讀到這篇論文，著實讚嘆李遠哲的成就。

「老師！《化學教育期刊》中的一篇論文說，您培養的美國前五十大化學系專任教授人數，比您同期其他化學系教授還要多！」中研院化學所研究員彭旭明院士看到這篇論文後，也興奮地去找李遠哲。

李遠哲很感動。他一直以人師自居，從一九六八年任教起，因材施教，耐心教導每一位年輕學子，「要點亮每一個學生。」如今學生在全世界各地研究機構或大學任教，也有不少轉進產業界從事研究工作，對世界與社會都有貢獻。他也了解女性在學術領域的限制與挑戰多於男性，因此，女性博士生大多知道他願意傾聽並協助她們解決人爲或環境的歧視與不公，後來均有很好的表現。

他想起有一回，他碰到在聖地牙哥加州大學任教的學生金．普哈瑟。普哈瑟提醒他，當年她還只是博士後研究員時，曾經找他懇談，快言快語請教他：「女生該怎麼擇偶？」

普哈瑟還記得當時李遠哲「雙眼圓睜，整個人往後坐，彷彿被驚嚇到，應該是沒料到我會這麼問。」

而李遠哲則向普哈瑟中肯分析：「學術研究很辛苦，如果妳以後在大學任教，做實驗方面的研究常要晝夜不分，且須兼顧論文發表與升等，所以對象最好能與妳互補或配合。」

聽君一言，受用一生，普哈瑟後來和一位機械工程師交往並結婚，對方會協助她打造研究儀器。

---

[219] Valerie J. Kuck and Cecilia H. Marzabadi, Janine P. Buckner and Susan A. Nolan. “A Review and Study on Graduate Training and Academic Hiring of Chemists”, Journal of Chemical Education., 2007, 84（2）, p 277.。

而她做完博士後研究，申請到教職，進行大氣化學的研究，特別是空氣中細懸浮微粒的主題，成爲國際揚名的學者。這一路上，都深受李遠哲的鼓勵。

「後來，很多女學生或年輕女科學家問我這個問題，我都拿普哈瑟的故事來舉例。」李遠哲也說。

許許多多教導過的學生，在李遠哲的身教與言教下而有所學習成長、不斷創造科學成就。因此對他而言，《化學教育期刊》這份研究論文的評比，不亞於諾貝爾獎的榮耀。

卸任中研院院長後，李遠哲終於能回歸自己的學術研究。他婉謝各國的高薪聘約，接受新任院長翁啓惠的聘請，擔任原分所與基因體研究中心合聘之特聘研究員，在這兩個研究單位都各有研究夥伴。

擔任院長的十二年，他選擇專注院務，不組個人的研究團隊，而以合作的形式與年輕學者共同做研究。如今，他終於自組研究團隊；而且，他也仍保持與年輕學者的合作模式。每週二、四在原分所，與倪其焜及林志民的研究團隊聆聽學生、研究助理的報告；在基因體中心，合作的對象則是助研究員王亦生[220]。

有一回，中研院環境變遷研究中心助研究員梁茂昌[221]對李遠哲提及：「關於南極臭氧層破洞的成因，國際上的科學家最近又起了爭論。」

專研大氣化學的梁茂昌提醒了他，《科學》雜誌在二〇〇七年刊登了一篇研究，由美國加州理工學院噴射推進實驗室科學家波普（Dr. F. D. Pope）等人發表，宣稱以最新技術測量了氧化氯二聚體[222]吸收紫外線的截面積，比學術界先前接受的評估認定值小了近十倍。

小了近十倍，這是個驚人的數字。

李遠哲指出，以往學術界認爲氟氯碳化物[223]是造成地球臭氧層破壞，而光分解產生的氯原子所引發的連鎖性反應就是元凶。他的好友薛伍德・羅蘭共三位科學家即以證實臭氧層破壞與人類大量使用

---

220 中研院基因體研究中心副研究員。曾任美國佛羅里達大學國家高磁場實驗室博士後研究、中研院原分所博士後研究。臺大化學研究所博士，為李遠哲的學生，並與李遠哲合作研究。

221 中研院環境變遷研究中心副研究員。專研溫室氣體之生地化循環、行星大氣化學及動力過程。美國加州理工學院行星科學、天文學雙博士。

222 ClOOCl，又稱過氧化氯，為南極臭氧洞元凶（原理詳見註解223）。臭氧是大氣上層的氧分子，被極短波長（-2000Å）的紫外光分解而產生的氧原子與另一個氧分子結合而形成的。臭氧能夠吸收紫外光（-3000Å），因此陽光穿越大氣到達地表時，只剩下不傷害人體的較長波長的可視光和紅外光。臭氧層破壞會引發人類皮膚癌，即由於此。

223 Chlorofluorocarbons，簡稱CFCs，俗稱氟利昂（Freon），工業常用於冷媒、發泡劑、清洗劑、噴霧劑等。氟氯碳化物在地球上很安定，不自燃也不易燃，在接近地表時不受可視光分解，但飄到地球的平流層，臭氧較多的地方（俗稱臭氧層），接觸到短波長的紫外光，就被光分解，打斷了氯—碳鍵，而產生氯原子。氯原子與臭氧的反應速率很高，產生氧化氯（ClO）與氧分子（O_2）。氧化氯相當安定，碰到平流層中豐富的氧原子，才會反應而釋出氯原子，這樣一來，氯原子又再度與臭氧反應，重複上述的快速破壞臭氧的反應。但是，在溫度很低的南極平流層裡，氧化氯分子容易結合成二聚體（ClOOCl）；原本氧化氯是不容易被光分解的，但是結合成氧化氯二聚體時就很受到紫外線光分解，而形成氧分子與兩個氯原子，開啟更有效地破壞臭氧的惡性循環。造成南極上空面積極大的臭氧洞。

氟氯碳化物有關，而榮獲一九九五年諾貝爾化學獎。根據這系列理論，聯合國邀請部分會員國簽署的「蒙特婁議定書」（Montreal Protocol on Substances that Deplete the Ozone Layer）早在一九八九年就實施，管制氟氯碳化物。

後來科學家們也發現，不僅臭氧層遭受破壞，寒冷南極上空的臭氧更已消失，並嚴重到形成了一個大洞。這個臭氧洞（ozone hole）的形成，科學家們也很快了解其化學反應。也就是說，在寒冷的南極，氯原子與臭氧反應所產生的氧化氯，很容易變成二聚體（ClOOCl）。氧化氯二聚體吸收了紫外光，產生氧分子與兩個氯原子，又加速了氯原子破壞臭氧的速度（詳見注223）。

李遠哲思索：「如果波普用最新技術做的研究數據爲眞，那麼氧化氯二聚體的形成與光分解造成臭氧洞的理論，就得要重新檢討了。」

也就是說，雖然有人質疑臭氧洞形成的原因，不過，氟氯碳化物破壞臭氧層的理論是毫無疑問的。

基礎科學研究之所以重要，化學動態學之所以關鍵，在於能解決最源頭的疑問，鑑定原理。李遠哲發展多年的交叉分子束技術及精益求精的儀器，是了解人眼難以看見的化學動態的最佳工具，靈敏度更爲國際公認，他即因此而榮獲諾貝爾化學獎。他也很好奇，到底，氧化氯二聚體是不是臭氧洞的元凶？

李遠哲向林志民提及此一主題，他認爲，林志民早已將交叉分子束儀器的靈敏度研發到登峰造極，應該可以揭開謎團。

「老師講了一次，我們沒有做，兩次、三次，我們也沒有做，」林志民苦笑，自己的團隊成員正全力衝刺既定的研究主題，眞的擠不出時間處理氧化氯二聚體與臭氧洞的研究。

幾個月後，林志民才著手思索，設計實驗。

林志民的交叉分子束儀器極爲複雜精細，實驗開始後，很快就得出許多可靠的數據，證實氧化氯二聚體吸收紫外線的截面積，仍是學術界先前接受的評估認定值，甚至還更高，全然不是波普宣稱的小十倍。「將這個數據代入現有的大氣化學模型，足以解釋臭氧洞的形成，以及大氣中各相關物質如氧化氯與氧化氯二聚體實測的濃度。再次證實，氧化氯二聚體破壞臭氧的效率較以往認知得更快。」

二〇〇九年，《科學》雜誌刊登了林志民的研究論文[224]，再度證實氧化氯二聚體確實是造成臭氧洞的主因，也推翻了二〇〇七年波普的研究。

只是，數據誰對誰錯，爲何學術界選擇相信林志民，而不相信波普的數據呢？

關鍵在於信號與噪音的比例，也就是數據的精確度。

林志民指出，以往科學家利用測量紫外光經過樣品槽的衰減來計算吸收截面積，但是，不純的樣品會造成誤差。

---

[224] UV Absorption Cross Sections of ClOOCl Are Consistent with Ozone Degradation Models, H.-Y. Chen, C.-Y. Lien, W.-Y. Lin,. Y. T. Lee, and J. J. Lin, Science, 324(5928), 781-784 (2009)。

李遠哲進一步解釋這誤差：「氧化氯二聚體在實驗室製備時，會有很多也能吸收紫外光的分子，而氧化氯二聚體的濃度不高也不容易控制，所以信號是兩個很大的測量值的差別，誤差很大。」

林志民是怎麼避免出現這誤差的？

李遠哲指出，不同於以往科學家，「林志民是測量被光分解的分子數目，而不是測量氧化氯二聚體所吸收的光子數目，就能克服樣品不純的問題。」

「利用質譜儀來量測分子束中氧化氯二聚體的數量。因爲氧化氯二聚體吸收一個光子後本身也會分解，測量分子被分解的效率，也能得到吸收截面積的數值。而且，質譜儀可以篩選質量，這樣一來，氧化氯二聚體的訊號就不會受到雜質干擾，得到精確的數據。」

再從實驗的設計來看，「林志民在製備氧化氯二聚體的裝置上留了一個小孔，讓氣室中的分子從小孔射入眞空室，使之形成一道分子束。分子束的另一端有質譜儀只鎖定氧化氯二聚體的質量，便看不見別的雜質了。待質譜儀鎖定氧化氯二聚體後，再以不同波長的雷射，測量信號在雷射照射後衰減的比例，便可以得到非常精準的數據。」

這意謂著，波普團隊的氧化氯二聚體雜質造成數據失眞，而林志民則以精確度與靈敏度最高的方法得出數據。

就這樣，林志民用交叉分子束實驗一舉解決了全球學術界爭論兩年的爭議。於是，學術界與產業界的雜音也平息了。

「分子束儀器最有效的應用，就是觀測光和單一分子的作用、吸收與分解。」李遠哲指出學界公認的看法。

而林志民的成果，再度證明分子束的技術與靈敏的分子檢測方法，是研究化學動態的絕佳工具，跨領域都能應用。這從李遠哲曾指導的學生都能嫻熟設計運用交叉分子束儀器，跨到其他研究領域都有極佳發展可知。

＊　＊　＊

李遠哲卸任院長後，有一天去聽一場演講，講者談及日本籍諾貝爾獎得主田中耕一[225]於一九八七年開發的基質輔助雷射脫附游離法（Matrix-assisted laser desorption/ionization, MALDI），應用於分析生物大分子（biological molecule）的方法。

以前對於分子生物的質量分析，只能用於小分子，因爲小分子容易加溫蒸發。至於蛋白質這種不容易蒸發的大分子，自從有了MALDI，就能用質譜儀辨識蛋白質的質量，並經過蛋白質離子在加速撞擊所產生的碎片的質量分布的分析，進一步了解蛋白質分子的結構。

---

225 日籍化學工程家，日本東北大學名譽博士。與美國科學家約翰．芬恩（John Fenn）、瑞士科學家余特里希（Kurt Wuethrich）三人研發出能鑑定生物大分子（包括蛋白質在內）的方法，且突破性地運用質譜儀與核磁共振做研究，使得化學生物學成為當代的大科學，也啟迪新藥的革新研發，同獲二〇〇二年諾貝爾化學獎。其中，芬恩發展的方法是電噴灑游離法（electrospray ionization, ESI）；田中耕一發展的方法是基質輔助雷射脫附游離法。

總之，這位講者談及MALDI的方法與原理，是把樣品跟基質[226]混合在一起，等到溶液揮發了，混合物變成固體之後，在眞空室內再以雷射光照射。「照射時，基質接收了光的能量，同時與樣品增溫，一起脫附、游離，而一部分的樣品與基質就離化了，跟其他大部分的氣體噴發出來，把離子送進質譜儀，就可以測量這些離子的質量。」

至於產生分子生物的離子的原理，講者也談到，本來有很多種臆測，但是後來有兩派想法在競爭：占上風的一派認爲，離化的過程是雷射的光子把基質激發到電子激發態，而這些電子激發態的基質碰在一起，便將一些能量集結起來，產生能位更高的電子激發態，最後才把它電離，而產生離子與電子，稱之「態量集結」。這理論主要是瑞士的瑞納托．贊諾比[227]教授和理查．諾亨莫斯[228]教授兩研究團隊。

「我聽了之後，覺得能量集結這理論是很有問題的。」李遠哲質疑。

他依照過去以來對光分解從事多年研究的經驗，提出他的想法：「含有芳香族的基質，通常吸收了光子之後，會很快地經過內部轉移，把電子激發後的能量快速轉變成分子震動的能量，再變成熱能。而升溫後的基質，因爲有很多氫鍵把分子聯結在一起，質子從一個分子轉移到另一個分子，而產生一對正離子與負離子，才該是最有效的電離的方法。」

「雖然已經有好幾千篇論文用這個方法分析生物分子，也有數不盡的實驗探究MALDI中生物分子的電離基本原理，但我覺得結論是不對的。」李遠哲說。

爲了找出眞正的原理，李遠哲與團隊「做了很多實驗，都是想了解MALDI的生物大分子以雷射激發之後，到底是怎麼電離的。」

有一回，田中耕一來臺演講，李遠哲上前請教MALDI的離化原理：「請問，你這離子是怎麼產生的？」

「不要問我，我只是一個工程師。」田中耕一僅有大學畢業，卻能在私人企業發明這方法，非常了不起，獲得諾貝爾獎後受母校日本東北大學頒給名譽博士學位，卻也不清楚電離的原理。

這項主題研究進行了兩年多，李遠哲意外地當選國際科學理事會會長，展望接下來的七年半，他必須要為這個「促進國際科學研究，帶給人類社會福祉」的組織，奔波於世界各地，尤其頻繁往訪理事會的辦公室所在地法國巴黎。

「我研究團隊要託付給了你喔！」他對倪其焜說。此後，他改為每週到原分所與倪其焜的學生們討論進度及成果。但有時工作繁忙，常得要取消這每週一次的會面。

持續努力研究之下，倪其焜及學生解開眞正的原理，證明「離子的產生，確實是李遠哲所建議的，是因為質子從一個分子轉移到另一個分子，產生正離子跟負離子，而不是先前大多數學者所說

---

226 matrix，在生物學上，指動物或植物細胞；在化學分析時，指的是被分析物之外的部分。

227 Renato Zenobi，瑞士蘇黎世聯邦理工學院（ZTH）分析化學教授。

228 Richard Knochenmuss，瑞士伯恩大學化學與生物化學系教授。

的，能量累積把電子打出來產生離子。」倪其焜說。

在倪其焜與其團隊努力下，後來持續發表許多精細的實驗數據，闡明理論基礎，漸漸的，團隊所提出的「熱能誘導質子轉移」的理論也獲得學術社群認同。

「原理對不對很重要，因爲未來的發展，其他運用MALDI做大的生物分子研究，都要以對的原理爲基礎做分析，才能分析出正確的成果。這是很不容易的。」李遠哲說。

揭開MALDI電離的眞正原理後，才能夠把這方法進一步發展，增加靈敏度與足夠的準確性，成爲後盾與基礎，有助於科學家進一步檢測大分子生物與開發新醫藥。

基因體研究中心有不少研究主題是醣和醣蛋白研究，於是，李遠哲和倪其焜的探究步伐轉進了醣分子和醣蛋白的質譜儀。

醣蛋白是未來重要的化合物，但是不知道爲什麼，很不容易用MALDI帶入質譜儀，如果發展出更有效地把它送入質譜儀的方法，將可能帶給分子生物和生物醫學重大進展。

合作團隊經過討論，都認爲醣類本身或離化後，在高溫下很容易分解；但是雷射強度不高，溫度過低，醣類也不容易揮發。

李遠哲就建議：「好，如果我們把一些水滲入基質與醣分子內，先冰凍後才放入眞空室，以免水分子被抽掉。雷射打入之後，水的蒸發不但使溫度不易飆高，增加的水蒸氣壓還可幫助醣分子的蒸發。」

團隊的研究得到初步成功。這樣嘗試之後，醣分子的檢測靈敏度增加了約一百倍。

現在倪其焜與團隊中年輕成員們再接再厲，新造了一個冰凍的設備，要挑戰更高的靈敏度。

「我有多年的研究經驗累積，所以雖然沒有眞正動手做實驗，還是能提出一些構想，和這些學生討論，我也成長很多。」李遠哲說，這些都是倪其焜和團隊成員的研究成果。

可以說，這十年來，李遠哲間接提點原分所的年輕學者解決了臭氧洞與MALDI電離原理的學術爭論。

二〇一四年七月，李遠哲從國際科學理事會會長正式卸任，成爲卸任會長。此後，他每週至少到原分所兩次，週二會和林志民及倪其焜的學生各討論九十分鐘。因倪其焜的學生人數較多，李遠哲會於週四再和他們討論一次。原分所舉辦的學術演講，他也會主動參與。

「每個星期我到原分所，主要是爲了幫忙培養這些助理和研究生。」李遠哲說。

儘管許多人羨慕原分所擁有諾貝爾獎得主的指導，但是李遠哲意識到這一點，他不搶學術成就，同時將成就歸功於眞正應得的學者與團隊。他更謹守一個原則：「我應該讓年輕人去做，不要在有限的時間裡管太多事，導致年輕人無法發揮。」

從一九九四年回臺以來，他在臺灣收的學生一一被點亮，後來均任教於國內外重要系所或研究機構。包括：東華大學物理學系教授鄭嘉良、中山大學化學系助理教授王家蓁、嘉義大學應用化學系副教授黃正良、臺灣科技大學化工系教授江志強、任教於美國夏威夷莫哈那大學化學系的羅夫・凱瑟、東華大學物理學系教授彭文平、任教於印度高爾班加大學（University of Gore Banga）的加爾・佳德胡里（Chanchal Chaudhuri）、美國聖荷西州立大學副教授萬佳登（Annalise Van Wyngarden）、中研院原分所研究員林志民、中研院基因體研究中心副研究員王亦生、暨南國際大學應用化學系教授吳志哲、國家同步輻射研究中心助研究員劉振霖、交大應用化學系助理教授曾建銘，以及他指導的博士後研究學者楊學明，不僅轉任中國科學院大連化學物理研究所副所長，也成爲中國科學院院士。他們都和李遠哲在美國指導的數十位學生一樣，受過李遠哲的耐心指導。

二〇一五年十二月，七十九歲的李遠哲自原分所退休[229]。

李遠哲回到臺灣逾二十二年，對他專研的物理化學及化學動態學領域有什麼貢獻？

他用時間與智力點亮學生，引領學生動手做研究，讓學生享有榮耀與成就。這是一位教師的智慧，也是一位教育家的作風。如同那篇美國《化學教育期刊》研究論文彰顯的意義。

「我雖然不再領薪水了，仍然會當義工，繼續指導原分所的學生和助理。」

當年，每位十八歲臺大新生曾渴望的導師，已然來到這一代年輕人身邊，要激發他們探索科學的熱情，挑戰無邊無際的未知。

---

229 李遠哲於二〇一五年十二月退休，結清九年年資並擇領新制一次退休金一五三萬九一七五元。保險年金方面，支領公保養老給付總金額五八萬六〇九三元。依法並無任何月退俸或獎金。

1 2006 年，(左起)李遠哲、林志民和林志民研究團隊成員(大學部專題生李久林、碩士生呂育儒、研究助理潘俊維)。後方為林志民於 2006~07 年打造的交叉分子束儀器。

2 李遠哲(右)、倪其焜(左)與蔡尚廷(中)共同打造的多質量光分解產物速度分析儀。

返臺貢獻二十餘年的李遠哲，以時間與智慧點亮學生與臺灣人民。他將繼續站在年輕人的身邊，激發他們探索科學的熱情，一如當年他在夢想的道路上所經歷的成長與體悟。

結語

床邊的鬧鐘鈴聲響起，李遠哲從臺北家中醒來。凌晨一點鐘，比平常提早就寢的他，吃過吳錦麗準備的早餐就驅車前往他出生成長的家鄉：新竹。

車輛奔馳於高架橋與高速公路，他深思稍後將發表的五分鐘致詞內容。

早在一九七九年，李遠哲就與浦大邦等有志之士倡議、奔走，推動我國籌設同步輻射研究中心，一九八三年成立之後，他頻繁回臺襄助。三十七年來，這裡孕育臺灣的科學研究與同步輻射設施建造技術水準，育才無數。也吸引世界各國科學家來此，探索科學的未知。

二〇一六年九月十九日，歷經十年打造，全世界最強的「臺灣光子源同步加速器」正式啓用。這新光源具有超高亮度、超微聚焦與高同調的特性，未來，科學家能藉此加快探索未知的速度，加速科學探索的進展，並找出商業應用潛力。新光源的意義，猶如一束束「開創未來的光」。

約當同時，我國首位女總統蔡英文，以發現J粒子聞名的華裔諾貝爾物理學獎得主丁肇中也抵達，他們要和首位臺籍諾貝爾獎得主李遠哲一起，共同見證臺灣光子源的啓用。

曾任同步輻射研究中心董事長，現爲董事的李遠哲上臺致詞，他說：

「同步輻射能有今日的成就，得自三十年來中心團隊一步步努力，假日也加班……你們辛苦了！」

全場響起掌聲，工作人員欣見李遠哲的鼓勵，感覺一切的努力被看見了。李遠哲說起自己曾建議國家提供獎助金吸引中東科學家來此做研究，他觀察，女性科學家的表現尤爲傑出，而且：

「從這些國外研究人員來同步輻射研究中心的合作經驗，他們深刻感受到，相較其他國家，同步輻射研究中心的人員友善、程度高，而且不驕傲。他們回到自己的國家研究單位，會鼓勵與臺灣合作。」

他仍不忘爲臺灣光子源後續的興建建言：

「剛才主持人說，臺灣光子源設施，就像航空母艦要起航了，讓我爲臺灣感到驕傲。但是這艘艦需要戰鬥機，戰鬥機就是光束線，最多可承載四十四架飛機。今天啓用第一期僅七條光束線，等於七架飛機；後續第二、第三期一共還有十八條，估計到二〇二三年共有二十五條，離四十四條的目標還有距離……如果在這個階段預算因大幅刪減而無法建造適當的光束線，我們就會看到航空母艦出航而沒有戰鬥機的窘境。臺灣光子源是臺灣科學的一個亮點，是我國能促進亞洲各國國際合作的據點，我們應該好好利用這難得的機會。」

李遠哲以幽默的比喻，使來賓和工作人員們不禁會心一笑。當總統蔡英文致詞時，她也幽默回應李遠哲的比喻，並說：「我聽懂了，也會支持，但要回家找行政院長商量。」

李遠哲的人生之於臺灣，一如歸雁，實踐了年少「與家鄉父老同甘苦」的許諾。不僅止於科學與學術界，在醫界、文化藝術、體育活動與環境保護等各領域，都有他追夢播種的足跡。

「李院長放棄美國的一切回到臺灣，對他是犧牲，他回來是因爲愛臺灣，一定有他的使命感。」臺灣大學牙醫專業學院名譽教授韓良俊與李遠哲同爲一九三六年出生。韓良俊留學日本並在日本工作時，眼見臺灣被迫退出聯合國之際，受恩師一句話啓發：「日本的口腔外科醫師多一個少一個沒有什麼差別，但是，臺灣需要你！」因而束裝返國服務。因此，韓良俊能體會李遠哲回臺灣接任中央研究院院長，放棄美國籍的決定。

身爲醫師科學家，韓良俊研究證實吃檳榔會導致口腔癌，公開呼籲民眾防範卻惹惱既得利益者，人身安全屢遭威脅。李遠哲挺身支持韓良俊，中研院舉辦了有關檳榔的國際研討會邀請韓良俊發表論文。「李院長鼓勵我們醫師做研究，到臺大醫院來演講時還提醒醫師要關懷社會。他的影響是無形的！」韓良俊深受感召。

大約一九九六年，「有一回董事們說，我們要不要邀李先生來當董事？我去了中研院院長辦公室跟他說。我第一次了解，什麼叫『沉思』。兩、三分鐘後，他說：『好，我幫你募款！』」一九七三年創辦雲門舞集的林懷民回憶。

二〇一五年淡水雲門劇場啓用，李遠哲也出席見證雲門多年來的成長。「李院長有一顆愛臺灣的心，他看到有可能的事，他都希望參與、協助。從此，他變成雲門的榮譽董事長。這麼多年來，董事會開會，他只要在國內，就會來參加。」林懷民說。

李遠哲還曾襄助漢唐樂府、南投縣埔里的新故鄉文教基金會等藝術文化團體的募款，爲這塊土地播下藝術文化的種子。

「每兩、三個月，我就會去找院長聊聊這段日子的狀況，院長會給我一些鼓勵。重要的是，看到院長，心情就會變得平靜。」職業網球選手盧彥勳說。

一九九七年，十七歲的盧彥勳在網球場上認識李遠哲；二〇〇三年，盧彥勳立下衝進國際網球排名一百名的目標，需要延聘外國教練，但因失怙而經費苦無著落，因而求助李遠哲。「他知道我的困難，所以請他的朋友來幫忙，夫人也有幫忙。」

在李遠哲尋求企業界贊助出國訓練與比賽經費後，盧彥勳一路突飛猛進，二〇〇四年首度進入全球排名前一百名，二〇一〇年打入溫布頓八強，日後創下生涯二十三座挑戰賽單打冠軍、ATP挑戰賽最多男單頭銜紀錄保持人。「我贏球的時候，院長是其中一個我最想跟他講的人。但我希望是獲得突破性的成績，才跟他報告。」

然而，贏球的風光隱藏著輸球的挫折。偶爾盧彥勳會收到李遠哲的來信。

彥勳：

我在French Open的網站，看到你在落後兩盤之後，英勇地追平到二比二，的確看到你的努力。我打開電腦時你們已打到第五盤，局數七比七，但也慢慢看到你在保住發球局的艱辛，打了四個多小時必也累了。我希望你不要太在意輸了這場球，雖說職業選手爭的就是一場又一場的勝利，但努力培養自己能夠在過程與競爭中盡力發揮自己的才華和毅力，確實也一樣重要。……我希望你也能夠適當地放鬆些，不要一直太在意有些不如意的事，放開心胸，善待自己與你身邊的一些人。希望你的努力與上進能夠也帶著愉快的心情與可愛的笑容。祝健康快樂！

遠哲

「在網球這段路上，他很了解我的好和壞，已經跟家人沒有太大區別，甚至於大過家人。家人一定會幫助你，最難能可貴的是，他不是血親的家人，還能夠這樣幫助和鼓勵。」盧彥勳說：「這段路上我也常遇到挫折，碰到瓶頸時會想放棄，我哥哥會提醒我，這麼多貴人幫助我、支持我、關心我，讓我重新點燃自己，我要對這些人負責。假如我都放棄自己，那他們怎麼辦？我曾受他們幫助，我能做的回饋，就是在球場上報答他們。」

二〇一五年年底，李遠哲從中研院原分所退休當晚，他跟中研院統計所研究員陳君厚等幾位中研院網球社員約好餐敘。一進餐廳赫見數十位社員攜家帶眷，盧威儒和盧彥勳兄弟也來了。雖然驚訝，李遠哲的笑容卻沒有停過。「有一幕令我最感動的，就是李院長和夫人帶著彥勳向各桌敬茶致意，就像父母親帶著自己的小孩敬酒一樣。不過事實也是如此，彥勳和我都是中研院網球社長輩們一手看顧大的，我們會永遠記住各位的恩情。」盧威儒說。

不獨盧彥勳，李遠哲出面邀請企業贊助[1]栽培的網球選手尚有王宇佐、陳迪、楊宗樺、謝政鵬、謝淑薇、莊佳容、詹詠然、詹皓晴、詹謹瑋等，如今這些優秀選手一一征戰國際，打出夢想的佳績。

二〇一五年十二月二十六日，李遠哲首次在臺灣走上街頭，參與環保團體舉辦的「全臺反空汙大遊行」，呼應「無煤家園：逐年淘汰燃煤電廠」與「逐年除霾減碳」等遊行訴求。

更早之前，東日本大震災的毀滅性結果震驚全球科學界，二〇一一年災害爆發當下，李遠哲深刻體認到：「位處地震帶的臺灣，核電確不是一個選項，尤其是核廢料處理無解，與拼裝的核四。」他屢屢疾呼政府放棄核四，以永續發展的角度來規畫能源轉型與經濟發展模式。

二〇一六年中，李遠哲受邀出席臺北醫學大學口腔醫學院首任院長林哲堂榮退午宴，席開近百桌。許多與會者見他在場，紛紛要求合影。

一位醫師夫人來對他說：「李院長，如果不是您在關鍵的時候，發揮關鍵的影響力，臺灣今天也不會這樣好。」

回到家，李遠哲對吳錦麗說：「臺灣今天的轉變，我有努力，我很高興。」

榮獲諾貝爾獎，讓李遠哲被世界給予一個公共的舞臺，期待他爲人類，爲這片土地做更多有意義的事。而他一如諾貝爾獎得主席格柏教授曾耳提面命，即使人們問他許多不曉得答案的問題，他都必須尋求方向，好好用功，不能說不。

二〇一六年十月，李遠哲榮獲諾貝爾獎三十週年。回顧這些日子，他實踐席柏格教授的箴言，將自己的生命用三倍的效率燃燒般地打拚著；就像是「藍色毛毯上的居里夫人」，用熱情探索科學的未知，貢獻世界，卻也懷抱著理想情懷，追求公平正義的可能性。

只不過，八十歲的他雖然已經退休了，工作行程表卻越來越滿。爲了人類的下一代，這位持我國

1 陪同李遠哲出席各種為網球選手尋求贊助場合的陳君厚指出，贊助者包括宏益纖維副董事長陳宏正、義美食品總經理高志明、《Taiwan News》社長翁嘉宏、三曜建設創辦人吳劍森、阿瘦集團總裁羅水木、誠品書店創辦人吳清友，以及中油公司、中鋼公司、中華電信、華航等企業。

護照積極奔走的世界公民，需要跋涉的里程越來越遠。

「你需要再退休一次。」吳錦麗開玩笑提醒他。

在追夢播種的足跡之間，一顆顆種子開花結果；一個個新的希望已然點亮。

Eurasian Publishing Group
圓神出版事業機構
用心與你對話・網野無限寬廣
圓神出版社
Eurasian Press

www.booklife.com.tw reader@mail.eurasian.com.tw

圓神文叢 203

李遠哲傳（下）

作　　者／藍麗娟
手稿提供／李遠哲
發 行 人／簡志忠
出 版 者／圓神出版社有限公司
地　　址／台北市南京東路四段50號6樓之1
電　　話／（02）2579-6600・2579-8800・2570-3939
傳　　真／（02）2579-0338・2577-3220・2570-3636
總 編 輯／陳秋月
主　　編／吳靜怡
專案企畫／賴真真
責任編輯／周奕君
校　　對／周奕君・吳浩宇・林雅萩
美術編輯／李家宜
行銷企畫／吳幸芳・陳姵蒨
印務統籌／劉鳳剛・高榮祥
監　　印／高榮祥
排　　版／杜易蓉
經 銷 商／叩應股份有限公司
郵撥帳號／18707239
法律顧問／圓神出版事業機構法律顧問　蕭雄淋律師
印　　刷／祥峯印刷廠
2016年11月　初版
2017年2月　8刷

定價800元（上下冊不分售）　ISBN 978-986-133-597-1

如果臺灣已經很好，
我會繼續留在實驗室埋首研究。
與其說對故鄉的眷戀，
倒不如說是對這塊養育我多年的土地的強烈責任感，
使我一直無法安寧……

——《李遠哲傳（下）》

國家圖書館出版品預行編目資料

李遠哲傳（下）／藍麗娟 著. -- 初版 -- 臺北市：圓神，2016.11
480 面；17×23 公分 --（圓神文叢；203）

ISBN 978-986-133-597-1（下冊：平裝）

1. 李遠哲　2. 臺灣傳記

783.3886　105016075